経営の
解釈学

Hermeneutics of Management

稲垣保弘 著
Inagaki Yasuhiro

東京 白桃書房 神田

はしがき

　組織活動の必然性に確固たる根拠は見出せるのだろうか。
　2012年の9月に中国で起きた「反日デモ」に関連して，北京のフランス大使館関係者はつぎのように述べている。

　　一連の反日デモも党内の権力闘争から視線をそらすために当局が奨励した節がある。この国に偶然などない（日本経済新聞，2012年，9月20日）。

　共産党による一党独裁体制の中華人民共和国では，偶然などなく，起こることは必然だというのである。だが，この必然性は，空が真っ黒な雲に覆われれば，豪雨が降ってくるというような自然界に見られる類のものではない。
　さらに身近な周囲を見回すと，通勤通学の電車内には，「優先席付近では携帯電話の電源をお切りください」というステッカーが貼られている。またかつては，電車内で化粧などすべきではないとされていた。しかし，この2

つの電車内の行動様式の必然性の性格はまったく異なる。携帯電話の出す電波が心臓のペースメーカーに悪影響を及ぼすという，いわば自然科学的な法則の「発見」にもとづいた確固たる根拠をもつ必然性と，電車内で化粧をするのは見苦しいとかはしたないといった思考の共有にもとづく，文化的ないし社会的な必然性との違いである。

携帯電話の電波が心臓のペースメーカーに作用するという法則自体には，人間は直接的に関与できない。電車内での化粧は，現在では頻繁に見かけるようになった。化粧する人には時間の有効活用になるし，近くに居合わせた乗客もはしたないとは思わず，のっぺりした素顔がアクセントのある凛とした仮面に変容するのを心地よく観賞し，皮膚の空間に鮮烈な色彩を塗りこめる「電車内アート」として楽しんでいるのかもしれない。電車内の化粧をめぐる必然性は，人間の関与によって成立している。

このような文化的ないし社会的な必然性の根底には，つきつめると恣意性しかないのかもしれない。人類学者のGeertzも，「人間は自分自身がはりめぐらした意味の網の中にかかっている動物である」と述べているが，人間は意味の網に絡め捕られているだけでなく，その意味の網は「自分自身がはりめぐらした」ものである。そこには，恣意性しか見出せないだろう。

しかし，根底に恣意性しか見出すことのできないような必然性が，人間の行動を，組織の活動を左右する。だから組織理論では，適合性，一貫性，整合性，共有といった意味の網を示唆するような，関係性による制御にかかわるコンセプトが重宝される。ただ，その文化的ないし社会的必然性は，はしたない行為が「電車内アート」，それが言い過ぎなら，車内で冷ややかに見られることなく許容される行為に変貌するというように，暫定的な性格を免れない。根拠として恣意性しか見出せない必然性なのだから，そうなるのも必然である。

だとすれば，組織現象を明らかにするためには，確固とした普遍の法則を「発見」しようとするよりも，現象を「解釈」していく姿勢が求められるだろう。そこで幸運にも，組織現象を規定するような意味体系，あるいは記号体系を見出せれば，個別の事象ないし行為をその体系よって意味を規定された記号として，暗号や信号を「解読」するように理解することができるだろ

う。そこにはたらくのは関係性の論理である。

　ただし，その記号体系ないし意味体系の創出，そして変容のプロセスについての考察は不可欠であり，そこではいわば生成の論理がはたらき，「解読」ではなく「解釈」という行為が重要性を高めるだろう。意味体系の創出と，それによる制御と，その変容（＝新たな意味体系の創出）という循環的なダイナミズムは，解釈学的循環と重なり合う。したがって，組織現象を理解するためには，Heideggerのいうように，「解釈学的循環に適切に入り込むこと」が求められるのではないだろうか。

　以上のような粗っぽい説明では誤解を招いてしまうかもしれないが，本書ではこのような発想にもとづいて，経営学の主要なテーマについて検討がなされている。理論的には，前著『組織の解釈学』に依存している。その続編という性格も備えている。

　さて，本書を完成するまでに多くの方々のお世話になった。とくに前著『組織の解釈学』を出すときに白桃書房に当時いらした照井規夫氏からいただいた御尽力がなければ，いま本書を出すこともなかったと思う。また本書の出版にあたっては，白桃書房社長の大矢栄一郎氏から格別のご配慮をいただいた。お二人に感謝の意を表したい。

2012年11月

稲垣　保弘

目　次

はしがき　i

第1章　解釈学のノート ——————————————— 1

　Ⅰ　契機　1
　Ⅱ　変容　4
　Ⅲ　意味　7
　Ⅳ　合理性　10
　Ⅴ　循環　14

第2章　組織の官僚主義化 ——————————————— 17
　　　　　——創造性と合理化のダイナミズム——

　Ⅰ　解のある問題と解のない問題　17
　Ⅱ　官僚主義的組織の特徴　19
　Ⅲ　支配の類型化と官僚制組織　23
　Ⅳ　創造性と合理化のダイナミズム　28
　Ⅴ　官僚主義化の抑制　30

第3章　組織形態と組織編成の次元 ——————————————— 35

　Ⅰ　機能とは何か　35
　Ⅱ　職能別組織と部門の「部分性」　38

Ⅲ　事業部制組織と事業部の「全体性」　40
　　Ⅳ　マトリックス組織と組織編成の基軸　44
　　Ⅴ　組織形態の過渡的性格　48

第4章　リーダーシップと意味形成────53
　　Ⅰ　世界経済フォーラムとアメリカ空軍のあいだには……　53
　　Ⅱ　リーダーシップ理論の展開　54
　　　1）資質理論
　　　2）リーダーシップ・スタイルの研究
　　　　ⅰ）オハイオ研究
　　　　ⅱ）ミシガン研究
　　　　ⅲ）リカートのシステム4
　　　3）リーダーシップのコンティンジェンシー理論
　　Ⅲ　意味形成のリーダーシップ　64
　　Ⅳ　リーダーシップの二面性　72

第5章　意思決定の様相────77
　　Ⅰ　行為は意味に導かれて対象へと向かう　77
　　Ⅱ　チェスのゲームと直観　79
　　Ⅲ　サイモンの意思決定論　81
　　Ⅳ　組織の階層的秩序と目的の先与性　83
　　Ⅴ　多様性と多義性　85
　　Ⅵ　あいまい性，あるいは組織化された無秩序　87
　　Ⅶ　組織選択のゴミ箱モデル　89
　　Ⅷ　意思決定と意味形成　92

第6章　経営戦略形成の様相 ―――――――――――― 97
　　　　　――余韻と徴候のあいだ――
　　Ⅰ　徴候あるいは予感　97
　　Ⅱ　経営戦略論の性格：二つの方向性　100
　　Ⅲ　分析と統合，あるいは直観の作用の示すこと　109
　　Ⅳ　計画性と創発性　112
　　Ⅴ　意味は回顧的，戦略の意味も回顧的，
　　　　しかし回顧したのでは……　117

第7章　日本的経営 ――――――――――――――― 125
　　Ⅰ　「擬態」　125
　　Ⅱ　「日本的経営」論　127
　　Ⅲ　長期性の見通し，そして「特異点」　134
　　Ⅳ　知的熟練の形成，あるいは組織特殊的人的資産の蓄積　138
　　Ⅴ　「擬態」の消失するとき　142

第8章　組織の二面性，あるいは重層性 ――――――― 147
　　Ⅰ　ヤヌスの顔　147
　　Ⅱ　「全体」と「部分」の相対化，そして「実体」の相対化　148
　　Ⅲ　「境界人」としての管理者　153
　　Ⅳ　会社の二面性　159
　　Ⅴ　ヤヌスは顔を変える　163

第9章　組織の流動性 ―――――――――――――― 169
　　Ⅰ　静止画　169
　　Ⅱ　構造　173
　　Ⅲ　構造化　178
　　Ⅳ　動画　182

第10章　組織の力動性 ——————————————— 189

 Ⅰ　パブロフの犬から　189
 Ⅱ　パワーについて——行使者Aが消えていく——　194
 Ⅲ　パワーの反転——パノプティコンから——　202
 Ⅳ　コンフィギュレーションとパワー　207
 Ⅴ　「差」と「違い」は違う　215

第11章　企業文化の様相 ——————————————— 221
 ——組織における文化的必然性，あるいは恣意性——

 Ⅰ　ホモ・デメンス＝錯乱のヒト　221
 Ⅱ　企業文化論から　224
 Ⅲ　企業文化の作用　230
 Ⅳ　文化とシンボリズム　232
 Ⅴ　恣意性について　234

第12章　階層性，流動性，そして循環 ———————— 241

 Ⅰ　狩人の知から　241
 Ⅱ　解釈学的循環と意味形成　246
 Ⅲ　意味の共有と行為　251
 Ⅳ　全体性があらかじめ与えられて　253
 Ⅴ　アフォリズム風に　256

初出一覧　263
事項索引　265
人名索引　270

第1章
解釈学のノート

I 契機

　事象や行為はどのようにして有意味なものとなり，社会的現実を形成していくのだろうか。北杜夫の小説『幽霊』のつぎのような書き出しのなかには，意味形成の契機について考察する手がかりが潜んでいる[1]。

　　人はなぜ追憶を語るのだろうか。
　　どの民族にも神話があるように，どの個人にも心の神話があるのだ。その神話は次第にうすれ，やがて時間の深みのなかに姿を失うように見える。——だが，あのおぼろな昔に人の心にしのびこみ，そっと爪跡を残していった事柄を，人は知らず知らず，くる年もくる年も反芻しつづ

けているものらしい。そうした所作は死ぬまでいつまでも続いてゆくことだろう。それにしても，人はそんな反芻をまったく無意識につづけながら，なぜかふっと目ざめることがある。わけもなく桑の葉に穴をあけている蚕が，自分の咀嚼するかすかな音に気づいて，不安げに首をもたげてみるようなものだ。そんなとき，蚕はどんな気持がするのだろうか。

どの人の心の中にも神話がある。しかし，その存在の記憶は時の流れとともに意識の奥底に埋没していき，人はそうとは知らず，その神話に導かれるままに行為を反復していくというのである。ところが，人はそのように無意識の反復行為を継続していくなかでふっと目ざめて，その行為の性格を，そして自分の心のなかにある神話の存在を意識することがある。その契機となるものは何なのだろうか。

蚕は，自分が桑の葉を咀嚼するかすかな音に気づいて不安げに首をもたげてみるというのだが，人は，自分が反復的に継続している行為とそれを規定している神話の存在とをどのようにして意識することになるのだろうか。

これと類似した構図をGadamerの解釈理論のなかにも見出すことができる。人が事象や行為を解釈するとき，その解釈は先入見で構成される解釈学的状況に規定されることになる。ところが，この先入見は，「われわれを規定している限り，われわれはその先入見〔先行判断〕が判断であることを，知りもしなければ，考えもしない」のである[2]。人は，かつて行なわれた判断ないし解釈により形成された先入見で構成されている解釈学的状況に依拠して事象や行為を理解するのだが，通常はその先入見ないし解釈学的状況の存在さえも意識してはいないのである。

では，この先入見の存在を人が意識するようになる契機は何に求められるのだろうか。Gadamerによれば，それは先入見とは隔たりのある異例との出会いである。事象や行為についての理解を規定してきた先入見からなる解釈学的状況のなかで，それとは隔たりのある異例なものに出会うとき，それまで意識していなかった先入見が際立たされることになる。人は，そのような異例を理解ないし解釈するために，先入見への依存，すなわち先入見の妥当性を一時保留する必要に迫られるのである。Gadamerはつぎのように述

べている[3]。

　　　理解が始まったというときの最初の事柄は，なにものかがわれわれによびかけてくるということである。このことが，解釈学のあらゆる制約のなかで最高の制約である。われわれはいまや，この制約によって何が要求されているのかを知る。それは，われわれのもろもろの先入見を根本的に中断することである。

　人は，先入見に依拠して事象や行為を理解ないし解釈するのだが，この先入見とは相容れない異例としての事象や行為に出会うまで，その先入見の存在を意識することはなく，異例との出会いによりはじめて先入見が際立たされ，それまで先入見に規定されてきたことに気づくのである。だとすれば，時間の流れのなかで消失したかに見えながらも人の行為を規定していた神話が再びその存在を意識されるのは，その神話とは相容れない異例としての事象や行為と出会ったときだということになる。

　Geertz は，「人間は自らが張りめぐらした意味の網の中にからめとられている動物である」と述べている[4]。「自らが張りめぐらした意味の網」，すなわち，かつて自らが形成した意味体系がその人の認識や行為を規定してきたのだが，その過程が継続していくなかで意味体系の存在感は薄れ，それ自体としては意識されなくなり，その意味体系と整合的な認識や行為だけが顕在化していくことになるのだろう。

　意味体系の存在が人に意識されるのは，その意味の網の目を自ら張りめぐらせているときであり，形成された網の目にからめとられてしまった後では，その存在が意識に上ってくることはなくなるだろう。そして Gadamer の主張に従えば，再び意味体系の存在が際立たされて，人が意味の網の目にからめとられている自分を意識するのは，その意味体系とは相容れない異例としての事象や行為と出会うときなのである。

　蚕は，自分が桑の葉を咀嚼するかすかな音に気づいて不安げに首をもたげてみるというのだが，人は，自らが継続してきた行為が異例と出会い不協和音を奏で始めるとき，それを耳にしてはじめて自らの行為の性格とそれを規

定してきた発想を意識するとでも言えるだろう。人は異例としての事象や行為と出会ったときに，それまで自らが行なう解釈や行為を規定してきた「心の神話」，「先入見で構成された解釈学的状況」，あるいは「意味の網の目」の存在自体を意識することになる。そこには，異和感や驚きがあるだろう。この異和感や驚きは，心の神話，意味体系，あるいは解釈学的状況に何をもたらすのだろうか。

II 変　容

作家五木寛之によれば，彼の小説『ガウディの夏』は，「はじめて訪れたバルセロナで，突然ガウディの建築に接したときのあの異様な衝撃，実に奇怪なめまいの感覚を物語の形をかりて再現してみたいという，すこぶる個人的な勝手な試み」として書かれたものだという[5]。この小説のなかに，広告代理店に勤務する峰井透と新人歌手水科杏子との間で，Antonio Gaudí の聖家族教会をめぐるつぎのような会話がなされている場面がある。

「あたし，知ってる」
「ほう」
峰井は意外な気がして，目の前の青白い歌手の顔を眺めた。
「あの気持ちわるいみたいな変わった教会をつくった人でしょう？」
と彼女は言った。
「そうだ。あれは聖家族教会(サグラダ・ファミリア)，というんだがね。それにしても，きみはどうしてガウディなんかを——」
「少女漫画家で中原みづき，って人，ご存知ですか？」
「少女漫画家？」
「ええ。とっても有名な先生。本なんか沢山出てるんですよ」
「知らないな。で，その人がなにか——」
水科杏子は，うなずいて答えた。
「ええ。〈バルセロナの愛〉っていう，とってもロマンチックな漫画の中で，そのガウディの建物をいっぱい描いてるんです。ちょっとグロテ

スクみたいな——」6)

「学生のころスペインへ旅行したことがあったんだよ。そのときバルセロナへ行って，ガウディのいろんな仕事を見た。たちまち夢中になっちまってね」
　峰井は，ビールを一口飲んで，両手を上から下へゆるやかなカーブを描いておろした。
「あの聖家族教会(サグラダ・ファミリア)の建物を見ると，吐き気や目まいがしてきそうな感じだったんだ」
「ふーん」
「帰国してからも，ずっとガウディのイメージが頭にこびりついて離れなかったんだよ。まるで熱病にかかったみたいでね。それでなんとか映画を一本とることで，ガウディから自由になりたかったのさ」7)

　ここでは，峰井透と水科杏子それぞれにとっての Gaudí，より正確には聖家族教会の未完成の姿——それが現実のものであろうと描かれたものであろうと——との出会いが語られている。そして，これは異例との出会いである。
　あるテクストを解釈する場合，少し読み進むうちに，すなわちテクストのある部分に触れることにより，そのテクストの全体的イメージが形成される。そこから先の各箇所は，その全体像に規定されて意味をもつことになる。各箇所は，先取りされた全体像を構成する部分としての意味をもつのだが，この意味は各箇所の存在可能性の1つである。すなわち，各箇所についてある1つの存在可能性である部分としての意味が形成されるのである。
　しかし，さらに読み進んでいくと，テクストの別の箇所が先取りされたテクストの全体像とは隔たりのある異例として現れてくることもある。このとき，その隔たりを埋めるべく先取りされた全体像が変容され，新たに形成された全体像が，引き続いて行なわれていくテクストの読みを導いていく。テクストの各箇所は別の存在可能性を顕在化し，新たな意味をもつことになる。
　このようなテクスト解釈の過程は，解釈学でいう解釈学的循環として捉えられるだろう。解釈学的循環とは，全体と部分の間を循環しながら展開して

いく過程であり，全体の理解も部分の意味もその展開につれて変容していくかもしれない過程である[8]。そこでは，全体と部分との相互規定の変容していくダイナミズムが示される。そして，この構図はテクスト解釈だけに限定されるものではなく，あらゆる解釈の過程に妥当するだろう。

　『ガウディの夏』の水科杏子は，ロマンチックな漫画として読み進んでいた〈バルセロナの愛〉のなかで，「ちょっとグロテスクみたいな」，すなわち「とってもロマンチックな」ストーリーという全体像とは隔たりのある異例としての聖家族教会の姿に出会うことで，当初に想定したストーリーの全体像を変容させたかもしれない。もっとも，「ちょっとグロテスクみたいな」と軽くかわすことで，ロマンチックなストーリーの世界に留まったのかもしれないが。

　Gaudí は峰井透に対して，はるかに深刻な異例として出現している。学生時代のスペイン旅行で出会った本物の聖家族教会の未完成の姿は，それまでの峰井の生き方を覆すような，いわば彼の人生の全体像に対する異例であり，彼の人生観に変容を迫るほどのものであった。峰井の言葉にある「吐き気」はこの異例への拒絶反応を，「目まい」はその衝撃の強さを，そして「熱病にかかった」はその拘束力の強さを示すものだろう。

　峰井は人生観の変容を避けるために，すなわち Gaudí のイメージによる拘束から逃れようとして，映画を撮るという行為によって Gaudí に立ち向かい，その映画のなかに Gaudí のイメージを定着させることで，さらに言えば封じ込めることで Gaudí から距離をとり，自由になろうとしたのだろう。ただし，Gaudí のイメージの拘束から自由でいるということは，それまでの人生観にとらわれたままであるということでもあるのだが。

　既存の全体像からの隔たりの経験である異例との出会いは，その全体像の存在を際立たせて変容を迫る契機となる。Gadamer は，このような全体像の変容を「地平の融合」として捉える[9]。すなわち，先入見で構成される解釈学的状況においてそれとは隔たりのある異例と出会ったとき，それまで意識されることのなかった先入見の存在が際立たされてその妥当性が一時保留され，それまでの解釈学的状況という地平と異例の拠って立つ地平とが融合されて，新たな地平としての包括的な解釈学的状況が形成されるというので

ある。このとき，従来の解釈学的状況に規定されていた事象や行為の意味も，新たな解釈学的状況に規定されることになり変容する。事象や行為の別の存在可能性が顕在化され，それまでとは異なった意味をもち，異なった様相を呈することになる。これは，事象や行為について新たな意味が形成されるという意味形成である。ただし『ガウディの夏』の峰井透は，この地平の融合の生起を回避して既存の地平に留まろうとしていたのであるが。

Ⅲ 意 味

解釈学的循環，あるいはそれを基調とする「地平の融合」という構図に依拠すれば，先入見で構成されている解釈学的状況に規定されて事象や行為の意味が顕在化するのだが，異例との出会いを契機とする地平の融合が生起し新たな解釈学的状況が形成されると，それにともない事象や行為の意味も変容することになる。このように表現されると，意味が，事象や行為自体という「実体」に対して，変容をその性格とする不安定な要素として位置づけられることになるかもしれないが，この意味の変容にこそ社会的現実形成のダイナミズムを見出さなければならないだろう。

Gadamer は，「テクストの意味はつねにその著者を超えている」という[10]。また Morin は，「どんな行為であれ，ひとがそれを企てた途端，行為はすでに当人の意図を逃れ始めている」と述べている[11]。テクストも人間の行為も，その意味が作者ないし行為者の意図や動機から自律するとき，作者や行為者の個人的なものではなくなり，Gadamer の「地平」という言葉に示される広がりのなかに位置づけられて社会的次元を獲得し，また「地平の融合」による新たな包括的な地平の形成という意味の変容のダイナミズムに対して開かれたものとなる。

対象の意味とは，対象自体の存在可能性の 1 つであり，理解や解釈を通じて顕在化する。Bernstein はこの点について，つぎのように述べている[12]。

　　意味を所有しているのは芸術作品やテクストそれ自身である。さらにいえば，この意味なるものは，ただ「そこ」に発見されうるものとして，

自己充足的に存在しているわけではない。意味は理解という「出来事」において，またそれを通じて，初めて実現するに至るのである。

　事象や行為は，その存在可能性の1つが顕在化することで有意味となり現実を形成していく。このとき，事象や行為の実体性と顕在化する意味の様相はどのように捉えられるのだろうか。Polanyiの暗黙知の理論は，実体と意味についてある重要な洞察を与えてくれるだろう。

　Polanyiは，人間の認識と知のあり方について暗黙知（tacit knowing）という概念を提起し，意味の世界を捉える方向性を示している。まず対象を把握する感知として，焦点的感知（focal awareness）と全体従属的感知（subsidiary awareness）とが存在する[13]。たとえば，人はある特定の人物の顔を莫大な数の顔のなかから識別する。人はそのときに識別する人物の目，鼻，口など具体的対象に注目するが，しかしこれらは単に目，鼻，口それ自体であるだけでなく，識別する人物の顔という包括的全体（comprehensive entity）の部分としての諸細目（particulars）でもある。ここで目，鼻，口などそれぞれをそれ自体として完結的に感知するのが焦点的感知であり，それら諸細目が包括的全体，すなわち上位の原理のなかではどのような位置で役割を果たすのかに注目するのが全体従属的感知である。人は，ある親しい人物についてその目，鼻，口など個々の細目の特徴については明確に語ることができなくても，すなわち暗黙的なままであっても，それら諸細目について感知していることを統合して包括的全体としてのその人物の顔を識別するのである。

　このように，あるひとつの包括的全体を知るためにまず具体的な諸細目に注目し，それらを全体従属的に感知することによってその上位にある原理に焦点を移すという構図が存在する。手がかりを暗黙的に統合して全体像を把握するという暗黙知の構図である。Polanyiによれば，「暗黙知は，意味をともなった一つの関係を2つの項目のあいだにうちたてる」のであり，「特徴的な全体の相とは，その諸部分の意味である」ということになる[14]。すなわち，全体従属的な感知によって包括的全体が想定され，諸細目はその全体の部分としての存在可能性という意味をもつことになるのであり，この意

味は包括的全体により規定されることになる。これは部分を手がかりに全体が想定され、その全体にもとづいて部分としての意味が規定されるという構図でもあり、既述の解釈学的循環とも重なり合う。

さらに、暗黙知の構図における諸細目から包括的全体へ、すなわち部分から全体へという2層関係の設定は2層完結的なものではなく、可能性として層が無限に重なり合っているかもしれない重層性のなかで認識主体の注目によって現出する2層の関係である。ある対象が全体従属的に感知されると、その対象はひとつ上位の層である包括的全体の部分となり、その全体との関係で部分としての意味をもつことになる。また、この包括的全体としての上位の層も全体従属的に感知されれば、さらにその1つ上位の層に設定された包括的全体の部分として位置づけられることになる。

このように重層的な意味の世界のなかである対象が認識されるとき、その対象の現われ方は注目の仕方によって異なってくるのである。対象を部分とするような包括的全体である1つ上位の層から見れば、その対象は実体的に捉えられる。しかし、その対象を包括的全体とするような部分から、すなわち1つ下位の層から見れば、その対象は部分の意味を規定する全体像として虚構的に顕在化する。対象が実体的に捉えられるのか、あるいは「実体」の意味を規定する全体像として現出するのかは、対象自体の属性によって決まるのではなく、対象をめぐる重層的な意味の世界での注目のされ方によるのである。

実体性は絶対的なものではなく、重層的な意味の世界のなかで、注目によって現出する2つの層のうち下位に位置づけられる層が実体的に見えるということにすぎない。実体性は重層的な意味の世界のなかでは、相対化されるのである。Polanyiの表現によれば、「いまや世界はいくつもの層で満たされているが、それらはいく対もの上下の層をなし、意味を形成しつつ、つなぎあわされている」ということになる[15]。

意味の世界は重層的に構成され、そこでの事象や行為の存在の様相は注目の仕方により異なるのである。たとえば、会社は、社員や設備というその下位の層から見れば、それらの存在の様相を規定する全体像として虚構的に捉えられ、経済社会というその上位の層から見れば、それを構成する「実体」

として捉えられるので，意味階層のどこに焦点を合わせるのかによって実体的に顕在化したり，虚構的に現出したりすることになる。

IV　合理性

　Sir Arthur Conan Doyle の推理小説『緋色の研究』のなかで，名探偵 Sherlock Holmes は事件を解決するための推理について，Watson 博士につぎのように解説している[16]。

　　「いつかも話したとおり，異常な事がらというものは手がかりにこそなれ，決して障害になるものじゃない。こうした事件を解くにあたって大切なのは，過去にさかのぼって逆に推理しうるかどうかだ。これはきわめて有効な方法で，しかも習得しやすいことなんだが，世間じゃあんまり活用する人はない。日常生活のうえでは，未来へ推理を働かすほうが役に立つから，逆推理のほうは自然なおざりにされるんだね。総合的な推理のできる人五十人にたいして，分析的推理のできる人はせいぜいひとりくらいのものだろう」

　Holmes の言葉のなかにも「異常な事がらというのは手がかりにこそなれ」とあるように，異例との出会いは，現実が展開していく過程できわめて重要な契機となる。しかし，ここで注目したいのは「過去にさかのぼって逆に推理しうる」という箇所であり，すでに生起した事件が結果とし与えられたときに，その結果から回顧的に過去へ遡っていく過程を通じて事件の全容を解明しようとする発想である。このように結果が与えられた時点から過去へ遡及していくことによってこそ，事象や行為が展開してくる流れのなかにその結果に至る合理的な筋道を見出すことができるだろう。結果が前提としてすでに在るのだから。

　過去の事象や行為について現時点で回顧的に考察する場合には，その事象や行為がその後に展開してきた過程を現時点から過去へ向けて逆に遡るのであるから，現時点をまだ実現していない将来とする過去の時点でその事象や

行為について考察するよりも合理的な理解が形成されるだろう。過去から現時点まで広がる包括的な「地平」にもとづいて，すなわち過去を単に再現的に見るのでもなければ，過去との連続性を断ち切って現在の視点からだけで見るのでもなく，その事象や行為を理解しているからである。当然のことながら，さらに将来の時点で同じ事象や行為を回顧的に考察する場合には，現時点のものとは別の合理的な理解が形成されることになるかもしれない。

現実を理解しようとするときに，過ぎ去った過去の事象や行為については，ある時点で回顧的にふり返るならば，その時点での合理的な理解が形成される可能性が高いということである。したがって現実の事象や行為についての合理性というのは，回顧的にふり返った過去の事象や行為について確保される回顧的合理性なのである。また，このような合理性は，特定の時点で暫定的に確定されたものにすぎないという歴史的性格を免れることはできないだろう。

現時点というのは時の流れのなかの一瞬であり，事象や行為の流れに注意を向けるときには，注意の対象はすでに過去のものとなっていて，現実の事象や行為の理解は回顧的要素をもつことになる。しかし，現時点とは過去と未来の境界ないし接点でもあり，過去への回顧性という視点だけでは将来への展開という未来への視点が排除されることになる。Holmes は，「過去にさかのぼって逆に推理」できる人が極めて少ないと述べているが，じつは組織や管理の研究者たちの多くは後に触れるように，Holmes と同じく組織現象の流れを逆方向に遡ることで合理的な筋道を見出そうとしてきたのである。ただし Holmes は，すでに生起してしまった結果である事件の全容を解明してみせればよいのだが，組織現象を考察する場合も，過去に遡ってある時点までの合理的な筋道を明らかにするだけでよいのだろうか。

既述の解釈学的循環のなかには，2 つの全く異質な過程が識別される。1 つは，ある事象ないし行為を手がかりにそれを部分とするような全体を先取りするという「部分から全体への過程」であり，もう1 つは，その先取りされた全体のなかに事象や行為を活動を通じて部分として位置づけていく「全体から部分への過程」である。部分から全体への過程は，ある事象なり行為についてそれを部分とするような全体を想定することで，その事象なり行為

についてある1つの存在可能性である部分としての意味が形成されることから意味形成の過程として捉えられるだろう。全体から部分への過程は，全体像が想定されて後に，その全体を実現すべく活動を通じて事象や行為を部分として位置づけていき，その部分としての意味を定着させていくという意味定着の過程として捉えられるだろう。

全体から部分への過程では，全体はすでに想定されて既定のものとなっている。組織現象の流れのなかでは，通常この全体は将来達成すべき望ましい状態のことであり，ヴィジョンや目的として表現されることが多い。すなわち目的とは，将来達成すべき望ましい状態を記述したものである。そして，将来達成すべき望ましい状態としての全体が既定のものとなっていて，その全体から現状まで回顧的に遡ってきて全体を実現するために事象や行為が部分として位置づけられるというのは，Holmesの「過去にさかのぼって逆に推理」するのと同じ方向性をもつ構図である。

またWeickも未来完了思考（future perfect thinking）として，「もし将来の出来事がすでに終わり行なわれたかのように扱うことができれば，その特定の結果を生み出したえたであろう特定の歴史を過去の経験にもとづいて，書くことは容易となろう」[17]と述べているが，これも同様の発想だろう。全体から部分への過程には，回顧的合理性の要素が浸透しているのである。これまでの多くの組織研究は，既定の目的を達成するための有効な手段の探求の過程として，この全体から部分への過程に焦点を合わせて合理的思考を展開しようとしてきたのである。

ところがもう1つの過程，すなわち部分から全体への過程は，ある事象ないし行為を手がかりにそれを部分とするような全体を組織現象の流れのなかで想定する過程である。したがって，手がかりとなった事象や行為以外の要素をも部分として包括するような，まだ実現していない全体を想定するのであるから「未知の包括」であり，そこには思考の「飛躍」が存在するだろう。この過程には，合理性や論理必然性が貫徹することはない。

これまでの組織理論が，既定の目的を達成するための有効な手段を探求するというかたちで，「全体から部分への過程」に研究の焦点を合わせる傾向が顕著であったとしても，いくつかの例外的な研究は存在する。たとえば

Barnard は,「部分から全体への過程」を「非論理的過程」として捉え, そこには「直観」,「インスピレーション」,「天才のひらめき」などの言葉で表現されるべき, 論理に従うことのない思考の「飛躍」が存在することを指摘している[18]。Weber は, 官僚主義的組織の性格とは異質の非日常的で特別な能力を発揮して, 組織現象の流れのなかで「部分から全体への過程」を生起させる役割を「カリスマ」に求めている[19]。March ＝ Olsen は, 組織選択のゴミ箱モデルを提起して組織現象のダイナミズムを問題, 解, 参加者, 選択機会という４つの流れで表現し, この部分としての４つの流れの合流の「タイミング」に部分から全体への「飛躍」の契機を求めている[20]。Weick は, 組織化の進化論的モデルのなかで, この「飛躍」を, 行為を含むイナクトメント過程で捉えようとしている[21]。組織シンボリズム研究は,「対象の把握に先行し, 対象の内容を予示し, 形成する」というメタファーのもつイメージ創出の役割に部分から全体への「飛躍」の契機を求めている[22]。Thayer は, そのリーダーシップ研究のなかで「代替性 (alternity)」の提示, すなわち世界が別のものであり得ることを示し,「世界に, 納得せざるを得ない別の"顔"を付与すること」の重要性を強調している[23]。これも異質な事象や行為を手がかりに, それをも包括できるような既定のものとは別の全体像を想定することである。そして, Polanyi は「直観をともなうイマジネーションによる創発」に部分から全体への「飛躍」の契機を求めている[24]。

ここに示された「直観」,「インスピレーション」,「天才のひらめき」,「カリスマ」,「タイミング」,「イナクトメント」,「メタファーの創造的役割」,「別の"顔"の付与」,「直観をともなうイマジネーションによる創発」などの表現に共通するのは, 論理的整合性や事実による裏づけという従来の理論構築の基調をなす要素とはかけ離れた「異端の要素」とでもいうべきものだろう。ちなみに Simon は, この異端の要素を除去することが研究の「科学性」の確保につながるとでもいうかのように, 意思決定を既定の目的を達成するための手段の選択として捉え, この「飛躍」をともなう過程を考察の対象からあえて排除しているように見える[25]。

V　循　環

「常に，10年先と今とのバランスを考えている。」[26]

　ある雑誌のインタビューでこう語ったのはソニーの出井伸之会長（当時）であるが，これは何気ないようでありながら，きわめて含蓄に富む言葉である。そして，組織の解釈学の構想と鮮やかに共鳴する言葉でもある。

　ここで重要なのは10年という具体的な期間ではない。10年先であろうと20年先であろうと将来を視野に入れて現状に対処するためには，まだ実現していない将来と現在との間に何らかの関係性を識別することが前提となる。そして，将来と現状とを媒介する2つの全く異質な過程が「部分から全体への過程」と「全体から部分への過程」なのである。すなわち，組織現象の流れのなかに変化や異質性を示唆するような事象や行為を見出したとき，それを手がかりにそれを部分とするような将来の全体像を先取りする，これが部分から全体への過程である。その想定された将来の全体像を実現すべく事象や行為が活動を通じて部分として位置づけられていく，これが全体から部分への過程である。ここでいうバランスとは，全くの現状優先でもなければ，将来のために現状をすべて否定することでもなく，2つの過程を媒介とした将来と現状との関係性のなかに見出されるものだろう。

　ただし組織現象の流れのなかで，想定されていた将来の全体像とは相容れない異例としての重要な事象や行為が認識されれば，その全体像は変容を迫られ，その全体像に部分として包括されていた事象や行為の捉え直し，すなわち新たな意味形成が生起することになるかもしれないという点で，この関係性は固定的な相互規定ではなく変容のダイナミズムをはらんだ関係性である。おそらく，このような異例との出会いを契機とする将来の全体像の変容とそれにともなう事象や行為についての新たな意味形成の可能性を絶えず意識しているからこそ，「常に…考えている」という表現になるのだろう。

　このように組織現象の流れのなかで，将来と現状，そして全体と部分とを媒介する2つの異質な過程，すなわち部分から全体への過程と全体から部分への過程とをともに視野に入れて組織現象を理解しようとするのが組織の解

釈学の構想である。この2つの異質な過程で構成される解釈学的循環は，全体と部分の間を循環しながら展開していく過程であるが，全体の理解も部分の意味もその展開につれて変容していくかもしれない変容のダイナミズムをはらんだ過程である。Heidegger は解釈学的循環について，「決定的に重要なことは，循環から脱け出ることではなくて，正しい仕方に従ってその内に入って行くことである」[27]と主張している。この点に関して重要なことは，これまでの組織理論で研究の対象から排除される傾向のあった部分から全体への過程に適切に入り込むことであり，その契機となる異例としての事象や行為との出会いを手がかりにして，新たな全体像の想定の可能性を探求することである。名探偵 Sherlock Holmes も「異常な事がらというものは手がかりにこそなれ，決して障害になるものじゃない」と述べているのだから。

【注】

1) 北杜夫『幽霊――ある幼年と青春の物語』中央公論社, 1968, p. 3.
2) Gadamer, H. G., *Hermeneutik I: Wahrheit und Methode*, Tübingen, 1986, p. 304（池上哲司・山本幾生訳「真理と方法」瀬島他訳『解釈学の根本問題』所収, 晃洋書房, 1977, p. 204).
3) *Ibid*., p. 304（邦訳, p. 204).
4) Geertz, C., *The Interpretation of Cultures*, Basic Books, 1973, p. 5（吉田禎吾・柳川啓一・中牧弘允・板橋作美訳『文化の解釈学 I』岩波書店, 1987, p. 6).
5) 五木寛之『ガウディの夏』角川書店, 1987, p. 410.
6) 同上書, p. 16.
7) 同上書, p. 22.
8) 稲垣保弘『組織の解釈学』白桃書房, 2002, p. 240.
9) Gadamer, H. G., *op. cit*., 1986, p. 306（邦訳, p. 209).
10) *Ibid*., p. 301（邦訳, p. 200).
11) モラン, E.『複雑性とは何か』(古田幸男・中村典子訳) 国文社, 1993, p. 118.
12) Bernstein, R. J., *Beyond Objectivism and Relativism: Science, Hermeneutics and Praxis*, The University of Pennsylvania Press, 1983（丸山他訳『科学・解釈学・実践 I』岩波書店, 1990, p. 275).
13) Polanyi, M., *Personal Knowledge: Towards a Post-Critical Philosophy*, The University of Chicago Press, 1962, pp. 55-57.
14) Polanyi, M., *The Tacit Dimension*, Peter smith. 1966, p. 13（佐藤敬三訳『暗黙知の

次元:言語から非言語へ』紀伊國屋書店,1983, p. 28).
15) *Ibid.*, p. 35(邦訳, p. 59).
16) ドイル, A. C.『緋色の研究』(延原謙訳)新潮社, 1995, p. 193.
17) Weick, K. E., *The Social Psychology of Organizing*, 2 nd ed., Random House, 1979, p. 198(遠田雄志訳『組織化の社会心理学 第2版』文眞堂, 1997, p. 257).
18) Barnard, C. I., *The Functions of the Executive*, Harvard University Press, 1938, p. 305 (山本安次郎・田杉競・飯野春樹訳『経営者の役割』1968, p. 318).
19) Weber, M., *Wirtschaft und Gesellschaft*, Grundriss der verstehenden Soziologle, vierte, neu herausgegebene Auflage, besorgt von Johannes Winckelmann, kapitel IX. Soziologie der Herrschaft (S. 541-632), 1956 (世良晃志郎訳『支配の社会学Ⅰ』創文社, 1960, p. 52).
20) March, J. G. and Olsen, J. P., *Ambiguity and Choice in Organizations*, Universitetsforlaget, 1972, pp. 26-27(遠田雄志・A. ユング訳『組織におけるあいまいさと決定』有斐閣, 1986, pp. 31-33).
21) Weick, K. E., *op. cit.*, 1979, p. 130(邦訳, pp. 169-170).
22) Morgan, G., "Research as Engagement: A Personal View," in Morgan, G. (ed.), *Beyond Method: Strategies for Social Research*, Sage, 1983, p. 13.
23) Thayer, L., "Leadership/communication: A critical review and a modest proposal," in Goldhaber, G. M. and Barnett, G. A. (eds.), *Handbook of Organizational Communication*, Norwood, 1988, pp. 231-263.
24) Polanyi, M., *op. cit.*, 1966, p. 45(邦訳, p. 72).
25) Simon, H. A., *The New Science of Management Decision*, revised ed., 1977, Prentice-Hall(稲葉元吉・倉井武夫訳『意思決定の科学』産業能率大学出版部, 1979).
26)『Brutus』マガジンハウス, 第22巻第15号, 2001.
27) Heidegger, M., *Sein und Zeit*, Tübingen, 1927(溝口兢一訳「解釈学的循環の問題」前掲邦訳書『解釈学の根本問題』所収, p. 120).

第2章
組織の官僚主義化
―― 創造性と合理化のダイナミズム ――

I 解のある問題と解のない問題

　Weber は『職業としての政治』のなかで，官吏，すなわち官僚と政治家との根本的な差異について，つぎのように述べている[1]。

　　官吏にとっては，自分の上級官庁が，――自分の意見具申にもかかわらず――自分には間違っていると思われる命令に固執する場合，それを命令者の責任において誠実かつ正確に――あたかもそれが彼自身の信念に合致しているかのように――執行できることが名誉である。このような最高の意味における倫理的規律と自己否定がなければ，全機構が崩壊してしまうであろう。これに反して，政治指導者，したがって国政指導

者の名誉は，自分の行為の責任を自分一人で負うところにあり，この責任を拒否したり転嫁したりすることはできないし，また許されない。官吏として倫理的にきわめて優れた人間は，政治家に向かない人間，とくに政治的な意味で無責任な人間であり，この政治的無責任という意味では，道徳的に劣った政治家である。

ここには，「政治的無責任」あるいは「道徳的に劣った政治家」とあるが，利権をあさるだけの政治屋と職権を濫用して私腹をこやすだけの一部のお役人様との相互作用が引き起こす醜悪な，時として喜劇的な混乱状態の生起する可能性について述べられているわけではない。きわめてすぐれた官僚であっても，いやすぐれた官僚であるからこそ政治家に必要な能力を保持していない，すなわち官僚と政治家とでは必要とされる思考や行為のパターンに決定的な差異があるという根本的な問題が提起されているのである。

小室直樹は Weber のこのような主張を別の角度から，つぎのように明解に表現している[2]。

マクス・ヴェーバーは，「最高の役人は最低の政治家である」と曰った。「役人というものは，朝から晩まで，答えのある問題の解決にだけ没頭しているものだから，そのように頭が出来上がってしまっている。だから，政治家には向かない」ということを彼は言わんとしているのである。

政治家の任務は，答えのない問題に取り組まなければならないことにある。解けないかもしれない問題にも対決しなければならない。それなのに，役人は，良い役人として仕上げられた人であればあるほど，問題には答えがあり，解けるに決まっていると思い込んでいるものだから，答えのない問題，解けないかもしれない問題に直面すると途方に暮れ，しっぽを巻いて逃げ出してしまうのだ。だから，役人として仕上げられれば仕上げられるほど，政治家には向かなく成り果てるのである。

官僚は，解のある問題，あるいは将来達成すべき望ましい状態を想定した

ものとしてのヴィジョンやそれをより明確に記述したものである目的など，上位者によってすでに設定されたものを実現ないし実行に移すために，日常的業務遂行のレベルで規則体系に依拠しながら具体的な手段の工夫に専念することになる。したがって，業務遂行活動の流れのなかで上位者により設定されたヴィジョン，目的，あるいは問題の枠組とは相容れない異例としての重要な事象や行為に出会っていても，それと気づかないか，気づいても逸脱として排除したり，あるいは既定の方向性のなかで何とか取り繕うことになり，その異例の重要性を認識してそれをも包括するような新たな問題や目的を設定したり，別の新たなヴィジョンを描いたりすることはできないことになる。

　これに対して政治家は，現実の世界のなかで異例としての重要な事象や行為に出会えば，それを手がかりに将来あるべき姿としてのヴィジョンを描き直したり，目的を変更したり，解決すべき問題を設定し直さなければならない。それらがどのようなものとなるのかは，その時点では論理必然的に決定される保証がない。すなわち，唯一の正解が発見されるのを待っていてくれるという保証はないのである。

　このような解のある問題と解のない問題への対応の決定的な差異は，政治家や官僚という個人の問題だけでなく，組織活動のなかでもきわめて重要な意味をもち，官僚主義的組織の根本的性格を規定することになるだろう。

II　官僚主義的組織の特徴

　官僚主義的組織の研究は，Weberによる官僚制の理論がその基点となっている。Weberが明らかにした官僚制組織の特徴は，つぎのように要約できるだろう[3]。
　　○　規則にもとづく明確な権限の体系が存在する。
　　○　上下関係が明確に整序されたものとしての組織階層が存在する。
　　○　職務は専門化されて担当者により遂行される。
　　○　職務遂行は専門的知識と規則に従って行なわれる。
　　○　業務上の処理や伝達は文書によって行なわれる。

Weberによれば，このような官僚制の組織的特徴は中央官庁や地方自治体などの行政的組織に限定されるものではなく，企業組織も含めた組織一般において顕在化し得るものであるという[4]。これらのなかでも官僚制ないし官僚主義的組織を特徴づける要素として現在でも特に重要なものは，徹底した専門化，多数の組織階層により示される階層性，そして詳細な規則ないし手続きの体系だろう。

　専門化が徹底されると，仕事の分担が細分化されて限られた範囲の職務に専念すればよいので，担当者の専門知識や技能の向上が期待できることになる。また一般的には，組織階層が命令系統や情報伝達経路として機能していると考えられている。組織の上層部で提示されたヴィジョンや抽象的な決定内容でも，組織階層を通過していくことで特定化ないし具体化されて実行可能な指示や命令に変容していく。逆に組織の下層部で収集された多様性をはらむ現場情報は，各組織階層が不純物を取り除くフィルターのような役割を果たすことでその多様性が削減され，上層部の意思決定に必要とされる情報に編集されていくということである。そして，規則と手続きの存在は，行動を制約するだけでなく行動を可能にもするという二面性をもつ。すなわち規則や手続きに従うことで，どのような行動をとるべきかが明確化され行動自体が可能になるとともに，行動の選択の幅は狭められることになる。また規則や手続きに従うことが前提にあれば，組織の他のメンバーの行動の理解や予測が容易になり，組織全体として統一のとれた活動が形成される可能性が高まる。

　組織メンバーの業務遂行の観点から見れば，官僚主義的組織では，規則と手続きに従うことで日常的業務における各メンバーの行為の正確性と他のメンバーの行為との整合性，そして階層性と専門化により各メンバーの行なうべき決定と行為の特定化と具体化にもとづく日常的業者遂行の正確性が確保されることになる。さらに，活動が文書化され前例として残されることで，過去の活動との整合性も前例に従うことによる反復性というかたちで確保される。すなわち，組織での日常的業務遂行の停滞や混乱を回避するために行為の正確性，反復性，そして整合性が確保されることになり，これは，一般的には組織活動の効率化あるいは合理化に結びつくと考えられるだろう。

しかし現在では，官僚主義的組織は形式主義，非能率，あるいは腐敗という好ましくないイメージを連想させ，企業も創造性の喪失という症状を呈する「大企業病」という名の官僚主義化を克服することを組織編成の重要課題としている。このような官僚主義的組織の逆機能については再三にわたって検討がなされてきている。

Mertonは，「どんな行為も，それが何を達成するかの見地から考えてみることもできるし，また何を達成しないかの見地から考えてみることもできる」5)という当然すぎる発想にもとづいて，官僚主義的組織活動では達成できない面，すなわちこの組織による活動の限界について明らかにしている。Mertonが，官僚主義的特徴により形成される組織全体に対する非貢献的作用である逆機能として特に強調するのは，目標の転移（displacement of goals），すなわち手段の目的化である。この点について，Mertonはつぎのように述べている6)。

　　もともと規則を守ることは一つの手段だと考えられていたのに，それが一つの自己目的に変わるのである。ここには，目標の転移というよくある過程が生じており，そのため「手段的価値が終局的価値となってくる」。規律とは状況の如何を問わず，規則に服することだと簡単に解釈され，特定の目的達成のために定められた方策だとはみられなくなり，ビューロークラシーの中にある人々の生活設計において，規律は直接的な価値となってくる。もとの目標が転移し，力の入れ処がこのように変る結果，融通のきかない杓子定規となり，迅速な適応能力が欠けることになる。所定の手続きを几帳面に守るのだといういかにも文句のつけようもない口実で，形式主義，さらに儀礼主義が生じてくる。この傾向がいっそう昂ずると，規則厳守の関心が第一となって，そのために組織の目標達成が阻害されるようになる。

既述のように規則と手続きは，行動を可能にするとともに行動を制約することで，組織メンバーの行動を組織にとって望ましい特定の方向に導く。したがって，規則と手続きは組織の目的を達成するための手段であるはずだが，

行動を直接的に規定するものであるために，規則と手続きに従うこと自体が目的となる傾向が顕在化する。また，規則や手続きに従っていれば，好ましくない結果がもたらされても，責任を問われることはない。そのようなとき，本来の目的は忘却されたり，行為が遂行される時点での適切さを問われることはなくなる。このように手段的価値が究極的価値に転換してしまう現象が目標の転移，すなわち手段の目的化である。

　また Merton は，専門化が「訓練された無能力」をもたらすことも指摘している[7]。専門化という職務遂行範囲の限定により，専門的技能の向上と専門的知識の蓄積が促進されるが，それは特定の環境の下での効率的な仕事の遂行を可能にするのであり，環境の変化，あるいは異なった状況の下ではそれらの知識や技能が役に立たなくなるかもしれないことをも意味するのである。

　　　訓練された無能力とは，人の才能がかえって欠陥または盲点として作用するような事態のことである。訓練と技倆にもとづいてこれまでは効果のあった行為も，変化した条件の下では不適当な反応に終ることがある。技倆の発揮に柔軟性がかけていると，変化した環境の下では多かれ少なかれ重大な不調整に終る[8]。

　このような専門化にともなう訓練された無能力の形成と既述のような手段の目的化とは，Merton によれば「同調過剰」，すなわち専門化された職務内容あるいは規則と手続きの体系への過剰適応によるものである。また当然のことながら，専門化の徹底は各メンバーの関心を自らの職務ないし自分の所属部門に集中させることになり，他部門や組織全体への関心が薄れることで，部分最適化の発想やセクショナリズムを生起させることにもなる。

　命令系統と情報伝達経路としての組織階層にともなう逆機能は，多数の階層を通過することによる指示や命令あるいは情報の伝達の遅れであり，指示や命令の実行と情報伝達にもとづく意思決定のタイミングの遅れとして顕在化する。さらに多数の階層を通過する過程で伝達内容に歪曲が生ずる可能性もある。

このような検討からは，Weick による「適応が適応可能性を排除する」[9]という命題が官僚主義的組織に最も妥当することが明らかになる。官僚主義的組織において確保される組織メンバーの行為の正確性，反復性，そして整合性などの特性は，Merton の「同調過剰」という表現にも示されるように，ある特定の状況への徹底的な適応を組織の末端部にまで浸透させることになり，状況の変化により形成される新たな別の状況に対して適応できる余地を残さないことになる。したがって新たな状況への適応可能性を確保する途は，組織編成の工夫によって組織の官僚主義化を抑制すること，あるいは業務遂行装置としての官僚主義的組織とは別の要素に求められなければならないことになる。

III 支配の類型化と官僚制組織

Weber によれば，官僚制組織は合法的支配が最も純粋なかたちで顕在化したものである。ここでは，Weber に依拠しながら合法的支配を含む支配の諸類型について検討しておこう。官僚制組織の性格を規定する合法的支配の特徴が明らかになれば，官僚制組織についてさらに何らかの洞察が得られるかもしれない。Weber の表現では，支配とは「一定の命令に対して服従を見出すチャンス」[10]，すなわちある範囲の人々を一定の命令に対して服従させる可能性が存在していることである。そして支配は，複数の人間が協働する社会的行為の重要な要素として，その「共同社会行為」に何らかの秩序と目的志向性とを付与することになる[11]。

> 無定形な共同社会行為から新たに合理的な利益社会関係を誕生せしめるものは，非常に多数の場合において，支配と支配の行使の態様とであり，そうでない他の場合にも，共同社会行為に形を与え，とりわけ「目的」に対するその志向性をそもそも始めて一義的に決定するものは，やはり支配の構造と支配の展開となのである。

また，支配関係の存在には支配される側の服従が必要とされることから，

支配する側の一方的な強制や支配される側の恣意的あるいは個人的な動機や利害関係だけでは，安定した支配関係の存続は困難である。Weber によれば，支配関係を安定させるための持続的な服従意欲を確保するためには，支配の根拠となる何らかの正当性が必要であり，それが前提となって人々の思考パターンや行動を方向づける目的志向性や秩序が形成されることになる[12]。Weber は，このような支配の根拠となる正当性を，合法性，伝統，そしてカリスマに求めている。すなわち正当的支配には，合法的支配，伝統的支配，そしてカリスマ的支配の３つの形態が存在することになる。

Weber は合法的支配について，つぎのように述べている[13]。

> 制定規則による合法的支配。最も純粋な型は，官僚制的支配である。根本観念は，形式的に正しい手続で定められた制定規則によって，任意の法を創造し・変更しうる，ということにある。

合法的支配は，規則体系の形成にもとづくものであり，規則が規定する範囲内で人々の服従の可能性が確保されて，人々の業務遂行上の思考パターンや行動が制約される。すなわち「制定された規則に対して服従が行なわれ，この規則が，誰に対して，またいかなる範囲で服従されるべきかを決定する」[14]ことになる。合法的支配では，人々の服従は支配者自体にではなく規則体系により確保され，それが純粋なかたちで顕在化したものが官僚制組織である。

伝統的支配は，支配の正当性の根拠を時間の流れを経ても存続してきた伝統に求める。Weber によれば，伝統的支配は「昔から存在する秩序と支配権力との神話性，を信ずる信念にもとづいている」[15]のである。慣習化した行動パターンや制度化された秩序が，伝統として人々の服従の可能性を確保し行動内容を規定する。このような支配関係のなかでは，「命令の内容は伝統によって拘束されている」[16]のである。

カリスマ的支配は，支配の正当性の根拠を支配者その人の，他者にはもち得ない非日常的な特別の能力や資質，すなわちカリスマ性に求める。Weber はカリスマ的支配について，つぎのように述べている[17]。

カリスマ的支配は，支配者の人と，この人のもつ天与の資質（カリスマ），とりわけ呪術的能力・啓示や英雄性・精神や弁舌の力，とに対する情緒的帰依によって成立する。永遠に新たなるもの・非日常的なもの・未曾有なるものと，これらのものによって情緒的に魅了されることとが，この場合，個人的帰依の源泉なのである。

　そしてカリスマ的支配では，支配者個人のもつ非日常的な特別の能力や素質について，「われわれにとって決定的なのは，それらの資質がカリスマとして通用し・現実に作用したかどうか，すなわちカリスマとして承認されたかどうかという事実のみである」[18]ということが重要になる。カリスマ的支配では，支配者個人のもつ非日常的な特別の能力や資質が，主として支配される側の情緒的信頼によりカリスマとして受容されることで，安定した支配関係が形成されることになる。
　いずれの支配においても，支配関係を存続させるためには，秩序と支配される側の服従とを維持するための行為が必要であるが，このような行為を確保するための装置を Weber は「組織」として捉えている。

　　あらゆる支配関係において，被支配者の事実上の従順性が永続的に存在するために極めて決定的なことは，とりわけ，行政幹部が存在し，また，秩序の実施と支配への服従の（直接または間接の）強制とを目指す・行政幹部の行為が存在する，という事実である。支配を実現するこのような行為を確保することが，「組織」という言葉で意味されているものにほかならない[19]。

　そして，合法的支配と伝統的支配の下では，通常の日常的業務の継続的遂行が重要視され，秩序と服従を確保する装置としての「組織」は，日常的業務遂行に焦点を合わせた「恒常性をその最も重要な特質の一つとするごとき構成体」という意味での「日常的構成体」となる[20]。ところが，「特に非日常的な・純粋に個人的な社会関係」[21]であるカリスマ的支配では，日常的業務遂行とは異質な何らかの不確定な状況のような非日常的事態への対応を創

出する基礎としてカリスマが存在するのである。

さらに Weber は，これら3つの支配形態の関係性を示唆するかのように，カリスマ的支配に関連してつぎのような興味深い指摘を行なっている[22]。

> カリスマ的支配は，特に非日常的な・純粋に個人的な社会関係である。しかし，この支配が継続して存在し続けるときは，おそらくとも個人的なカリスマ保持者の脱落とともに——この脱落が生じたとき，カリスマが直ちに消滅することなく，何らかの仕方で存続し，したがってヘルの権威が後継者に移転するときは——，支配関係は日常化してゆく傾向をもつ。この日常化は，(1)秩序の伝統主義化によっておこなわれる。カリスマ保持者またはカリスマ的資格をもつ行政幹部によって，法や行政命令が引き続きカリスマ的に新たに創造されてゆく代わりに，判例や先例が権威をもち，これらの判例や先例が彼らを守り，または彼らに帰せしめられるに至る。カリスマ的支配の日常化は，更に(2)カリスマ的行政幹部，すなわち使徒団や従士団が，内部的な支配権または特権によって専有された支配権（レーエン Lehen・プフリュンデ Pfründe）を引受けることによって，合法的または身分制的幹部に転化することによって，また(3)カリスマそのものの意味の変化によって，生ずる。

カリスマ的支配の下での非日常的性格の強い支配関係が，その継続的存続につれて日常的業務遂行に焦点を合わせる支配関係へと変容していく，すなわち支配関係が日常化していく方向性が示されているのである。この日常化の過程で，先例に従うという伝統への依存による秩序維持が，そして，支配的地位の根拠を合法性に求める傾向が顕在化する。すなわち，カリスマ的支配の下で生起した支配関係の日常化していく過程が，伝統的支配，さらには合法的支配の要素を形成しながら展開されていく可能性が示唆されているのである。

ただし Weber は，社会の特徴を規定する支配形態が，歴史の流れに沿ってカリスマ的支配から伝統的支配を経て合法的支配へと至るまで直線的に展開することを明確に主張しているわけではない。Weber は，あくまで支配

の類型化について明らかにするという姿勢を崩さず,『支配の社会学』における論述も常に一貫してまず合法的支配,つぎに伝統的支配,そしてカリスマ的支配という順序でなされている。また,合法的支配形態をその特徴とする社会でも,カリスマは「依然として,社会構造のきわめて重要な一要素なのである」[23]という指摘もなされている。

カリスマ的支配では,日常的業務遂行を超えたレベルで,カリスマ支配者の創造性により社会的共同行為の方向性が提示される。伝統的支配と合法的支配では,それぞれ成功体験としての先例を踏襲すること,あるいは規則体系に依存することで,日常的業務遂行の合理性が追求される。Mommsenは,これらの支配形態のなかでカリスマ的支配が支配関係の展開の「第一動因 (primum movens)」であると規定し,つぎのように述べている[24]。

> 史的発展の初発にはつねにカリスマ的支配形態が存在する。合理化と日常化がカリスマの手強い敵である。それらの作用の結果として,もとカリスマ的な支配形象の中から伝統的支配の類型が,ついには合法的支配の類型が生れ出る。

ただし,カリスマ的支配の形成される状況は,伝統や規則体系の未形成な秩序なき状況だけに限定されるわけではなく,伝統ないし規則体系にもとづいた社会的枠組や秩序では対応不可能な異例の事態や制度的危機が生起している状況も含まれることになる。Mommsenはこの点についても触れながら,Weberが明らかにした3つの支配形態の関係性について,つぎのように総括する[25]。

> 支配形態にかんする彼(Weber)の類型論の中に現れる歴史過程は,むしろ次のように描き出す方が正確であろう。歴史過程はカリスマ的な生活と支配の形態が優勢な段階から伝統的な生活と支配の形態へ,ついには官僚制的な生活と支配の形態へとつねに「傾斜」する,と。この傾斜は,繰り返し,カリスマの突然の出現によって全面的あるいは部分的に中断され,新たな方向へと導かれる。

これら3つの支配形態の関係性のなかには，既述のMommsenによる「合理化と日常化がカリスマの手強い敵である」という表現に象徴的に示されているように，カリスマによる個人的創造性と秩序ないし規則体系による日常的活動の合理化との間を揺れ動くダイナミズムが潜在しているのである。カリスマによる創造性の発揮や方向性の提示は，論理的必然性や合理性を超えたレベルで行なわれる。そしてカリスマに導かれた支配関係であっても，日常的業務遂行の合理化に「傾斜」するとき，合理化はそれ自体を推進力として進行することになる。

　　　ここに記したカリスマと合理化の二元論にとってはやはり次の点が重要である。すなわち，合理化はその前進のためにそうした理念的起動力をもはや原則上必要としないこと，合理化が進めば進むほどますますそうなること，これである[26]。

　しかし，それ自体を推進力とする合理化の過程を中断し新たな方向へ導くのはカリスマなのである。
　以上のような3つの支配形態の関係性とそこに潜在するカリスマと合理化の間を揺れ動くダイナミズムは，合法的支配が顕在化したものとしての官僚制組織の性格を解明する上で重要な洞察を与えてくれることになる。

Ⅳ　創造性と合理化のダイナミズム

　カリスマ的支配者の個人的創造性により提示された方向性に導かれた支配関係が，伝統の形成や規則体系の設定にもとづいて日常化と合理化へ「傾斜」していくとき，日常化と合理化はそれ自体を推進力として進行していくようになる。このような日常化と合理化の過程を中断して新たな方向性を提示するのは，Mommsenによって「この傾斜は，繰り返し，カリスマの突然の出現によって全面的あるいは部分的に中断され，新たな方向へと導かれる」[27]と指摘されているように，カリスマである。しかし，カリスマの創造性によって提示されたこの新たな方向性も，また日常化と合理化へと「傾

斜」していくことになる。

　Mommsenにより提示されたこのような支配の展開に関連する創造性と合理化のダイナミズムを示す構図は，すでに別の機会に論じたような組織の解釈学の構想のなかに位置づけることができる[27]。組織の解釈学によれば，組織現象の流れのなかには，部分から全体への過程と全体から部分への過程という2つの異質な過程が識別される[28]。この2つの過程は，それぞれMommsenが示したカリスマによる創造性の発揮と伝統ないし規則体系にもとづく合理化と基本的には対応するものである。

　部分から全体への過程とは，組織現象の流れのなかである事象を手がかりにそれを部分とするような全体像を先取りする過程であり，その事象についてある1つの存在可能性である部分としての意味が形成されることから意味形成の過程として捉えられることになる。この過程では，ある事象を手がかりにそれを部分とする全体が組織現象の流れのなかで想定されるのであるから，その事象以外の部分も含むような現実にはまだ実現していない全体の想定，すなわち"未知の包括"がなされ，その過程には思考の「飛躍」が存在することになる。WeberとMommsenは，この「飛躍」を可能にするものをカリスマの創造性として捉えたのである。

　全体から部分への過程とは，全体が想定された後にその全体像にもとづいて諸事象が部分として位置づけられていき，活動のなかで部分としての意味が定着していく意味定着の過程として捉えられることになる。この過程は，Barnardによる「論理的過程」という表現にもあるように大筋において論理的展開に従うものである[29]。Mommsenの指摘する日常化と合理化への傾斜は，この全体から部分への過程にほぼ対応して位置づけられるものであるが，きわめて重要な相違点が1つ存在する。それは，既述の「合理化はその前進のためにそうした理念的起動力をもはや原則上必要としないこと，合理化が進めば進むほどますますそうなること」[30]というMommsenの主張に示されているように，合理化への傾斜が全体から部分への過程に重ね合わされるとしても，合理化の進行にしたがって「理念的起動力」となっていた想定された全体像が忘却されて，合理化はそれ自体を推進力として展開されていくという点である。

合法的支配が純粋に顕在化したものである官僚制組織の展開，あるいは支配関係の日常化と合理化への「傾斜」の典型としての組織の官僚主義化は，当初は全体から部分への過程である意味定着の過程として進行するが，合理化がそれ自体をその推進力とするようになるにつれて，この過程の前提である想定された全体像が忘却されることになる。この官僚主義化の過程は，各事象に部分としての意味を付与していた全体が忘却されて意味が喪失していくことから，意味定着の過程ではなく意味喪失の過程という性格を備えることになるのである。

Weberの表現によれば「純技術的に最高度の仕事をなしうる，形式的に最も合理的な支配の行使形態」[31]である官僚制組織では，規則体系の形成の意味が忘却され，技術あるいは形式としての規則が事象や行為を規定することになる。確かに，規則体系が事象や行為の意味を一義的に規定しているという捉え方ができないわけでもないが，あくまで規則体系は全体から部分への過程において，前提となる全体像が付与する意味を定着させるための手段であったはずである。

このような意味喪失の過程としての官僚主義化による事象や行為の意味，すなわち全体像の喪失についての具体的表現が，手段の目的化や専門化の徹底による部分最適化なのである。したがって官僚主義化の過程とは，組織現象の流れのなかで全体から部分への過程が全体の忘却により意味喪失の過程となったものであり，そこでは前提である全体像が忘却された以上，その全体に対する異例としての事象や行為もそれとは認識されずに，当然のことながら異例を手がかりとして新たな全体を想定する部分から全体への過程も生起し得ないことになる。すなわち，創造性と合理化の間を揺れ動くダイナミズムは失われ，創造性なき合理化の過程が合理化それ自体を推進力として規則体系に支えられながら進行していくことになるのである。

V 官僚主義化の抑制

組織の官僚主義化は，組織現象の流れのなかで識別される全体から部分への過程に対応するのだが，合理化がそれ自体を推進力として進行することで，

前提となる想定された全体像が忘却されていく全体から部分への過程，すなわち意味喪失の過程としての性格を備えていく。そして，官僚主義的組織の主要な逆機能はこのような過程の性格から生起することになる。規則体系や専門化がそれらの形成された本来の意味を喪失し，技術や形式としてだけの規則や専門化が組織における事象や行為を規定することになるのである。たとえば，手段の目的化のように本来の目的が忘却されて，その目的を達成するための手段であったものが目的化し，専門化の徹底により部分として全体に貢献することよりも部分最適化の志向性が顕在化し，下位階層の活動の意味がその上位階層により付与されるという重層的意味連関が解体して組織階層が地位の上下関係を伴う縦方向の専門化にすぎなくなるというように[32]。

　組織現象の流れのなかに識別される2つの異質な過程は，解釈学でいう解釈学的循環にもとづいて明らかにされる。この解釈学的循環について，Heideggerは「決定的に大切なことは循環から脱け出ることではなくて，正しい仕方に従ってその内に入っていくこと」であると主張した[33]。これは，組織現象の流れのなかでは，ある事象を手がかりにそれを部分とするような全体を先取りするという部分から全体への過程，そしてその全体像を実現すべく活動を通じて諸事象を部分として位置づけていく全体から部分への過程，さらにその過程で想定された全体像とは相容れない重要な事象と出会えば，それを契機に全体像が変容するという部分から全体への過程が再び生起するという継続的循環に入り込むことである。

　しかし，日常化と合理化への「傾斜」の典型である組織の官僚主義化において識別されるのは，想定された全体を忘却していく全体から部分への過程である。全体像が忘却された以上は，その全体像とは相容れない異例としての事象も認識されることはなく，あるいは規則体系によって逸脱として排除され，全体像を変容させる新たな部分から全体への過程も生起する余地はない。すなわち，ここでは創造性は期待できないことになる。

　組織における創造性の確保について，この章で検討したような支配関係の展開と組織の官僚主義化との関連で明らかにできることは2つある。1つは，組織ないしそれを構成する組織単位の規模の抑制である。詳細な規則と手続きの体系，徹底した専門化，そして多数の組織階層などの官僚主義的組織の

特徴は，組織の大規模化につれて必然的に形成されるものである。したがって，これらの特徴が過度に備わってしまう事態を回避するための組織編成の工夫として，組織ないし組織単位の規模の抑制が考えられることになる。ただし組織全体の規模の抑制は，組織が発展すれば必然的に大規模化していくのであるから，あまり現実的ではないかもしれない。もう1つは，官僚主義的組織をあくまで日常的業務遂行の「装置」として捉え，創造性の確保はこの「装置」以外の要素に求めることである。それが Weber や Mommsen の表現ではカリスマであり，Mommsen はつぎのように述べている[34]。

> カリスマは，個人に働きかけて特定の理想ないし目標設定に対する興味を呼び起こすだけではない。さらにその全存在を傾けて個人を「内部から」感動せしめ，彼の生活態度をこの新しい理想に向けて一貫して整えるように仕向ける。

カリスマは，官僚主義的組織の性格とは異質な非日常的で特別な能力を発揮して，組織現象の流れのなかで部分から全体への過程を生起させることになる。新たなヴィジョンの提示や変革のリーダーシップという聞き慣れた表現は，この過程の遂行を意味しているのである。

組織編成が専門化にもとづいて行なわれる職能別組織では，その主要な構成単位である職能別の部門が規模の経済性による効率化を追求するという性格を備えているために，組織単位の規模の抑制よりもトップ・マネジメントの創造性やタスク・フォースのような部門横断的で小規模な臨時的組織単位の活用に，組織の官僚主義化の抑制が期待されることになるだろう。また事業部制組織では，主要な組織単位である各事業部の規模の抑制と自律性の確保，そしてトップ・マネジメントと各事業部長の創造性とに組織の官僚主義化の抑制が求められることになるだろう。

さて，この章の冒頭で触れておいた解のある問題と解のない問題についての小室の指摘からは，政治家が創造性を発揮して「装置」としての官僚制組織を活用するという方向性が示唆されているのだが，この創造性の発揮がいかに困難なことであるのかは，残念ながら日本の現状を見れば改めて言うま

でもないだろう。創造性の発揮，すなわち部分から全体への過程の生起には，既述のように思考の飛躍が伴い論理必然的に追求することはできないのである。あの周到な組織理論を展開したBarnardでさえ，この飛躍を達成する契機を「直観」「インスピレーション」「天才のひらめき」などの言葉でしか表現できなかったように[35]。

【注】

1) Weber, M., *Gesammelte Politische Schriften*, Dritte erneut vermehrte Auflage (hrsg. von Jobannes Winckelman), Tübingen 1971（脇圭平訳『職業としての政治』岩波書店，1980, pp. 41-42）.
2) 小室直樹『数学が嫌いな人のための数学』東洋経済新報社，2001, p. 46.
3) Weber, M., *Wirtschaft und Gesellschaft*, Grundriss der verstehenden Soziologie, vierte, neu herausgegebene Auflage, besorgt von Johannes Winckelmann, kapitel IX. Soziologie der Herrschaft (S. 541-632), 1956（世良晃志郎訳『支配の社会学Ⅰ』創文社，1960, pp. 60-63）.
4) *Ibid.*,（邦訳，pp. 34-35）.
5) Merton, R. K., *Social Theory and Social Structure*, The Free Press, 1957（森東吾・森好夫・金沢実・中島竜太郎共訳『社会理論と社会構造』みすず書房，1961, p. 182）.
6) *Ibid.*,（邦訳，p. 183）.
7) *Ibid.*,（邦訳，p. 181）.
8) *Ibid.*,（邦訳，p. 181）.
9) Weick, K. E., "Educational Organizations as Loosely Coupled Systems", *Administrative Science Quarterly*, Vol. 21, March, 1976, p. 7.
10) Weber, M., *op. cit.*, 1956（邦訳，p. 32）.
11) *Ibid.*,（邦訳，pp. 3-4）.
12) *Ibid.*,（邦訳，p. 32）.
13) *Ibid.*,（邦訳，p. 33）.
14) *Ibid.*,（邦訳，p. 33）.
15) *Ibid.*,（邦訳，p. 39）.
16) *Ibid.*,（邦訳，p. 39）.
17) *Ibid.*,（邦訳，p. 47）.
18) *Ibid.*,（邦訳，p. 50）.
19) *Ibid.*,（邦訳，p. 51）.

20) Weber, M., *op. cit.*, Soziologie der Herrschaft (S. 633-734), 1956 (世良晃志郎訳『支配の社会学Ⅱ』創文社, 1962, p. 398).
21) Weber, M., *op. cit.*, Soziologie der Herrschaft (S. 541-632), 1956 (邦訳, p. 52).
22) *Ibid.*, (邦訳, p. 52).
23) Weber, M., *op. cit.*, Soziologie der Herrschaft (S. 633-734), 1956 (邦訳, p. 497).
24) Mommsen, W., *Max Weber, Gesellschaft, Politik und Geschichte*, Suhrkamp Verlag, 1974 (中村貞二・米沢和彦・嘉目克彦訳『マックス・ウェーバー：社会・政治・歴史』未来社, 1977, p. 182).
25) *Ibid.*, (邦訳, p. 183).
26) *Ibid.*, (邦訳, p. 179).
27) 稲垣保弘『組織の解釈学』白桃書房, 2002. 本書の第1章で多少「粗っぽく」示されている.
28) 同上書, p. 249.
29) Barnard, C. I., *The Functions of the Executive*, Harvard University Press, 1938, p. 302 (山本安次郎・田杉競・飯野春樹訳『経営者の役割』ダイヤモンド社, 1968, pp. 314-315).
30) Mommsen, W., *op. cit.*, 1974 (邦訳, p. 179).
31) Weber, M., *op. cit.*, (S. 122-180), 1956 (世良晃志郎訳『支配の諸類型』創文社, 1970, p. 26).
32) 重層意味連関についての詳細はつぎの文の文献を参照のこと.
 ・稲垣保弘『前掲書』
33) Heidegger, M., *Sein unt zeit*, Tübingen, 1927 (溝口競一訳「解釈学的循環の問題」『解釈学の根本問題』晃洋書房, 1977, p. 127).
34) Mommsen, W., *op. cit.*, 1974 (邦訳, p. 176).
35) Barnard, C. I., *op. cit.*, 1938, p. 305 (邦訳, p. 318).

第3章
組織形態と組織編成の次元

I 機能とは何か

　組織について考察するにあたって,意外に思われるかもしれないが,まず人類学者 Radcliff-Brown のつぎのような主張に耳を傾けることにしよう。そこには,組織活動について説明するときにきわめてよく用いられる「機能（function）」という概念の性格が明確に示されているからである[1]。

　　有機体の生命から社会的生命に目を転じ,アフリカとかオーストラリアの一部族といったようなコミュニティを調べてみると,我々は社会構造の存在を認めることができる。個々の人間——すなわちこの場合には基本的単位となるが——は,一連の明確な社会関係によって,統合され

た全体につなぎ合わされている。社会構造の継続性は，有機体構造のように構成単位に生じた変化によって破壊されるというわけではない。個人個人は，死やその他の事情でその社会を離れるかもしれないし，他の人々が入ってくるかもしれない。構造の継続性は社会的生命の過程によって維持されている。そして社会的生命とは，個々の人間や彼らが統合された組織集団の，諸活動と相互作用から成り立っている。コミュニティの社会的生命は，ここでは社会構造を「機能させる」ものとして定義される。犯罪の処罰とか葬式などのような，あらゆる反復される行為の「機能」は，全体としての社会的生命の中でそれが演じている役割であり，それ故に構造の継続性の維持のためにそれが果たしている貢献である。

したがってここで定義されたような機能という概念では，「構造」は「実在する単位」間にある「諸関係のセット」から成り立っており，構造の「継続性」は，それを構成している諸単位の「活動」から成り立っている「生命の過程」によって維持されているという見解を含んでいる。

ここで「機能」とされているものは，ある要素がそれを包括する全体のなかで，その全体の存続のために演じている役割である。すなわち，機能とはある要素が部分として全体に貢献するはたらきに他ならない。

この機能という概念は，Radcliffe-Brown からの引用部分の冒頭にも「有機体の生命から社会的生命に目を転じ」とあるように，生物学から社会科学に転用されてきたものである。Merton も，機能の概念が社会科学で用いられる場合に，「有機体の維持に役立つという観点からみた生命的または有機的な過程」という生物学的意味内容と結びついていることを指摘している[2]。また Giddens は，全体の存続を可能とするのに必要な諸条件である機能的要件（functional requirements）が，その全体を構成する各要素によってどの程度充足されているのかを明らかにしようとする機能分析について，「社会科学における機能分析が，生物学におけるその対応物と大きな論理的斉一性を共有しているという見方を棄てた機能主義者はほとんどいないはずである」[3]と述べることで，社会科学における機能の概念と生物学のそれとの関

連性を再確認している。すなわち，社会科学における機能の概念は，生物学での有機体の生命維持とその諸器官の活動との関係性を社会や組織現象の考察に適用したもので，部分の活動が全体の存続に貢献するはたらきを示している。

　また，Radcliffe-Brown は機能の概念について考察していくなかで，つぎのようにも述べている[4]。

　　　ここに提示された定義によれば，「機能」は部分部分の活動が全体的活動——部分的活動はその一部である——に果たしている貢献である。ある特定の社会慣例の機能は，全体的社会体系を機能させるものとしての全体的社会生命に，それが果たしている貢献である。このような見解では，社会体系（一社会の社会構造全体に，社会慣例——社会慣例の中に構造が現れ，構造が継続的に存続するために社会慣例に依存している——の全体を加えたものの意である）はある種のまとまりを持っており，それを我々は機能的まとまりとよんでよいのではないかということを意味している。我々はそれを，社会体系のあらゆる部分が，十分な程度に調和し，すなわち内的一貫性を持ってともに活動している一つの状態，つまり，解決することも統制することもできないような長期にわたる軋轢を生ずることのない状態と定義することもできよう。

ここで指摘されているのは，機能とは全体の存続にその各構成要素が部分として貢献するはたらきであるから，全体の存続が確保されているときには，各要素の機能が全体の存続のために統合された機能的まとまり，すなわち「機能的統一」が維持されているということである。各部分の活動が全体の存続に貢献するとき，その貢献のはたらきとしての各機能は，全体の存続の確保のために何らかのかたちで統合されているというのである。

　したがって，機能自体が全体への貢献であることに加えて，さらに諸機能について「機能的統一」の状態が想定されるとすれば，機能の概念は，既定の全体の維持が前提とされる全体優位の発想と不可分の関係にあることになる。言いかえれば，機能の概念には，部分のはたらきを示しながらも，全体

から部分へ，すなわち全体が各構成要素の部分としての意味を決めるという意味規定の流れが潜在していることになる。

ただし，生物学が研究対象とする有機体の場合には，その構成要素としての各器官が自らの意思をもって行為することはないが，組織の構成要素は，自ら意思決定を行なう行為者，あるいはそのような行為者を包括する，たとえば部門のような組織単位である。したがって機能の概念は，組織に関連して用いられる場合には，既存の全体としての組織の存続のために個人や部門の意思決定や行為を制約するという性格をも示すことになるだろう。

要約しておこう。機能とは，ある要素が全体のなかで部分としてその全体の存続のために貢献するはたらきである。したがって，機能あるいは職能の概念が組織や組織単位に付されるとき，そこには前提として全体への貢献や全体の存続という全体維持の関係性，さらには全体優位の発想がすでに潜在しているのである。組織形態について検討する上で，このことのもつ意味はきわめて大きい。

さて，Chandlerが提示した「組織は戦略に従う」という有名な命題は，アメリカ企業における事業部制組織の成立を事例研究にもとづいて分析し，企業が多角化戦略を採用すると，組織形態が職能別（機能別）組織から事業部制組織へと移行することを明らかにしたものである[5]。このように組織の形態は不変ではなく，さらに現実の企業組織について詳細に検討すれば，各企業がそれぞれ細部には個別的な特徴をもつ多様な組織形態を採用しているのが明らかになるだろう。

ここでは機能という概念のもつ意味を意識しながら，組織編成の論理を探求するために，まず職能別組織，事業部制組織，そしてマトリックス組織という代表的な3つの組織形態について検討しておこう。

II　職能別組織と部門の「部分性」

職能別組織とは，同じような専門的知識や技能を必要とする諸活動を一括して，それぞれ研究開発，製造，販売，財務などのように活動内容別に部門化した組織形態である。この組織では，トップ・マネジメントの下に並列的

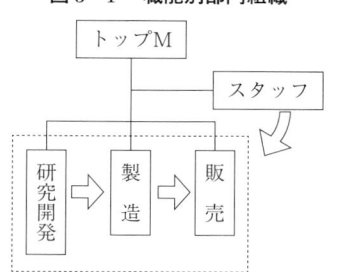

図 3-1　職能別部門組織

に配置される製造部門，販売部門などの職能別部門が組織の基本的な構成単位となる（図 3-1）。

　事業部制組織が導入される以前には，きわめて多くの企業がこの組織形態を採用しており，一般につぎのような長所を備えていると考えられている。

- ○　同じような内容の仕事がひとつの部門にまとめられて一括して遂行されるので，それらが企業内で分散的に遂行されるよりも，重複もなく資源も効率的に活用される。すなわち規模の経済性を実現できること。
- ○　同じような内容の仕事をひとつの部門にまとめるという編成は，全体としての活動を専門ごとに分化するという専門化でもあり，各職能別部門では限られた範囲の仕事に専念することで専門的知識の蓄積と技能の向上が可能になる。すなわち業務活動の効率性が高まること。

以上のように，職能別組織は，規模の経済性と専門化により組織活動の効率性を追求する組織であると考えられるだろう。

　この組織形態に職能別（機能別）という名称が与えられているように，研究開発，製造，販売，財務などの各部門活動が，組織全体に貢献する部門のはたらきとしての職能，すなわち機能である。既述のように，機能という概念自体には，全体優位や全体による活動の意味規定という発想が潜在しているとともに，全体の存続のために「機能的統一」の状態が確保されなければならないという仮説が伴う。このことは，現実の職能別組織においてどのようなかたちで顕在化するのだろうか。

　専門化の徹底自体は，各部門の業務遂行活動の視野を組織全体の活動の一部にすぎない自部門の専門範囲に限定させて，部分最適化やセクショナリズ

ムの傾向を生起させ，組織全体の成果に対する部門の責任を不明確にするかもしれない。したがって，各職能別部門が組織全体の存続に現実的に貢献するためには，それらの部門間に緊密な連携にもとづく相互依存関係が維持されるように部門間の活動の綿密な調整が不可欠となる。

ただし，何らかの重要な問題が生起した場合には，当事者間での調整で問題を解決することは双方の主張が平行線をたどりやすいために難しい。そこで構造的には，問題内容を理解して一方の主張に偏らずに組織全体の観点から調整を行ない，しかもそれを当事者に受容させるという点で，当事者から組織上等距離にある1つだけ上位の階層が調整を担当することになる。職能別組織の形態では，各部門間の調整はトップ・マネジメントにより遂行されることになる。

このような構造はトップ・マネジメントに過重な負担とともに，強い権限をもたらすことになるだろう。また企業活動の変革に不可欠な創造性や変化への適応性もトップ・マネジメントが発揮しなければならないことになる。専門化された各職能別部門は，自部門の活動を超える視野を容易にはもてず，他部門との密接な相互依存にも制約されて，組織全体に波及するような革新を生み出すことが難しいからである。

このことは，職能別組織では官僚主義的組織の特徴が逆機能として顕在化するのを抑制する役割も，トップ・マネジメントにあることを示している。組織規模が拡大すると官僚主義的組織の特徴が顕在化しやすくなるが，職能別組織は職能別専門化に依存しているので，この傾向が強い組織である。そして，規模の経済性により経営資源の効率的活用を実現しているので各職能別部門の規模の抑制は難しく，職能別部門は効率的な業務遂行の「装置」として用いられ，創造性や変化への適応性はトップ・マネジメントに依存することになる。

Ⅲ　事業部制組織と事業部の「全体性」

Chandler は，企業が多角化戦略を採用したときに，その組織形態を職能別組織から製品別事業部制組織に移行させる傾向のあることを指摘したが，

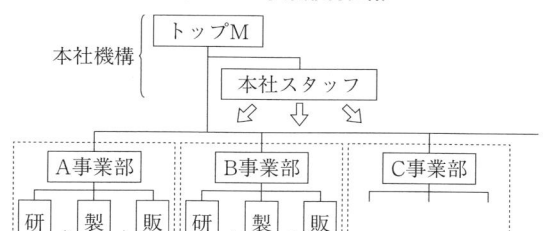

図3-2　事業部制組織

```
本社機構 ┌ トップM
         └ 本社スタッフ
           ↙    ↓         ↘
    ┌A事業部┐ ┌B事業部┐ ┌C事業部┐
    │研 製 販│ │研 製 販│ │        │
    │究 造 売│ │究 造 売│ │        │
    │開     │ │開     │ │        │
    │発     │ │発     │ │        │
    └───────┘ └───────┘ └───────┘
```

職能別組織から事業部制組織への移行は、企業活動の「多様性」の顕在化に対応する必要性から生起するものであると一般化できるだろう。すなわち、多角化により形成される事業の多様性、あるいは国際化により生起する活動地域の多様性に対応するために、企業は組織形態として製品別事業部制あるいは地域別事業部制組織を採用することになる。

このような事業部制組織では、企業の組織が製品別あるいは地域別に複数の事業部に分割され、この事業部が組織編成の基本的構成単位となる（図3-2）。

各事業部のトップである事業部長は、その事業部が担当する製品あるいは地域について、意思決定とその実行の権限を与えられている。通常、各事業部は製造部や販売部などの職能別部門を備え、利益責任を負うプロフィット・センターとして独立採算制を採用することになる。

またこれらの事業部とは別に、企業全体の経営戦略の策定と実行を担当するトップ・マネジメントと各事業部の活動を補佐する本社スタッフが本社機構として設けられている。各事業部に備えられていない職能が本社スタッフとして包括されているのである。

このような事業部制組織は、一般につぎのような長所をもつとされている。

○　トップ・マネジメントが日常的な業務遂行レベルの意思決定や活動から解放され、戦略的といわれる意思決定や活動に専念できる。

○　各事業部は、担当事業について利益責任を負う自律的な組織単位なので、各事業部間の競争意識の高まりなどにより業績向上や組織の活性化

が期待できる。
- ○ 各事業部は自律性をもち，担当事業に関連する特定の環境に適応すればよいので，環境の変化にも機敏に対応できる。
- ○ 事業部長での経験が将来，経営幹部としての業務遂行に役立つので，将来の経営者の育成に適した組織形態である。

ただし，事業部制組織の特徴は，つぎのような短所として顕在化する可能性もある。
- ○ 各事業部がそれぞれ職能部門をもつために，事業部間での人員の重複や研究開発，生産設備への投資の重複などにより，組織全体としての経済性が損なわれるかもしれない。
- ○ 各事業部間の競争意識の高まりは，組織全体よりも事業部自体の成功を追求する部分最適化の傾向を顕在化させるかもしれない。
- ○ 各事業部が独立採算制のプロフィット・センターであり，その業績が定期的に明確化され評価の対象となることは，事業部の活動が利益重視の短期的視野で行なわれる傾向を強めすぎるかもしれない。

このような事業部制組織の特徴は，各事業部の自律性が高まるほど長所としても短所としても明確に顕在化するだろう。当然のことながら，この自律性は各事業部に組み込まれている職能別部門の種類が多いほど高くなる可能性が高い。すなわち，各事業部が製造，販売，財務，研究開発などの職能別部門を多く備えているほど，他部門への依存の必要性がなくなり自己充足的で自律性が高くなる。

ところが実際には，各事業部の自律性が必ずしも高くない事業部制組織も存在する。すなわち研究開発，技術，人事，財務など多数の職能別部門が事業部には組み込まれずに，本社スタッフとして本社機構にまとめられていれば，本社の各事業部に対する影響力が強化され，各事業部の自律性が弱められることになる。この場合には，事業制組織の特徴が長所としても短所としてもその顕在化が抑制されることになるだろう。

さて，職能すなわち機能とは部分として全体の存続に貢献するはたらきであるから，各事業部ごとに職能別部門が置かれるとすれば，それらの部門が部分として貢献する全体とは事業部である。ここに組織全体とは別の事業部

という全体が存在することになる。

　事業部のもつ「全体性」という性格は，事業部の自律性が高いほど，すなわち事業部に多くの職能別部門が備わっているほど強くなるだろう。各事業部の「全体性」が強まれば，組織全体を統合する組織の「全体性」が弱まることになる。この組織全体の「全体性」の弱体化を抑制しようとすれば，各事業部に組み込まれる職能別部門を減らしてその分多くの職能別部門を本社スタッフとして本社機構内に置くことになる。

　各事業部が自律性＝全体性を高めれば，既述の事業部制組織の長所を享受できるとともに，短所も顕在化することになる。また各事業部の自律性＝全体性を抑えて本社スタッフを充実させれば，事業部制組織の長所が薄められるが，その短所の顕在化は抑制できることになる。

　職能すなわち機能は全体に貢献する部分のはたらきであるから，活動が機能として捉えられるということは，その活動の主体を包括する全体が既存の存在としてあり，活動主体を規定しているということなのである。そして各事業部が「全体性」を備えるということは，各事業部間の関係性や連結が，職能別組織における「部分性」の強い各職能別部門間の関係性や連結とは異質のものになることを意味している。また各事業部の「全体性」は，事業部制組織自体は各事業部長に権限委譲のなされた分権的組織であるとともに，各事業部自体は事業部長が大幅な権限をもつ集権的組織になるという二面性を示すことになる。部分の全体従属性を示す機能概念の焦点が，組織全体から各事業部の現象へと移行するのである。

　すでに第2章で論じたように，組織は大規模化していくにつれて必然的に専門化の徹底，詳細な規則と手続きの制定，組織階層の多層化，文書化といった官僚主義的組織の特徴を備えていき，その逆機能も顕在化させることになる[6]。事業部制組織でこのような官僚主義化を防ぐためには，各事業部の規模を抑制しなければならないだろう。

　しかし，企業が発展し大規模化していくなかで各事業部の規模を抑制すれば，事業部の数が増加し類似した事業内容をもつ複数の事業部が現れることになる。そうなるとこれらの事業部間で事業内容の重複が生じ，それは研究開発や生産設備への投資の重複や人員の重複というかたちで，組織に無視で

きない非効率性をもたらすことになる。そこで事業部制組織を採用している大規模企業では、複数の類似した事業部の事業内容を調整すべく事業部のひとつ上の組織階層に事業本部を設置することがある。これが事業部制組織を採用している大規模企業によく見られる事業本部制という組織形態である。

Ⅳ　マトリックス組織と組織編成の基軸

　マトリックスという言葉が組織編成に用いられ始めたのは、アメリカの航空宇宙産業においてである[7]。変化に富む最先端技術を活用し多様なプロジェクトを遂行する複雑な事業活動のなかで、マトリックス組織が形成されたというのは示唆的である。変化、多様性、複雑性などを特徴とする事業活動を遂行する上で、職能別組織や事業部制組織という従来型の組織形態では対応できない事態が生起していたはずである。それは何なのだろうか。
　Davis ＝ Lawrenceによれば、マトリックス組織は企業組織の新しい「種（species）」であって、既存の組織形態の単なる変種ではないという[8]。そして、マトリックス組織が他の組織形態と明確に区別される特徴を示しながら、この組織形態をつぎのように定義している[9]。

　　　われわれは、最も有効な定義はマトリックス組織が伝統的組織から最も明確に区別される特徴を明確化することによって可能であると信じている。
　　　それは、古い「ワンマン・ワンボスの原則あるいは、一元的命令系統の原則」を放棄し、「2ボスあるいは多元的命令系統」に切り替えたところにある、といえる。したがってわれわれは、この多元的命令系統を組み入れた組織ならどんなものでもマトリックス組織である、と定義する。

　たしかにマトリックス組織の一般的な組織図では、縦軸には製造、販売、研究開発、財務といった職能別部門が並び、横軸には各プロジェクトないし事業が配置され、組織メンバーの行動はこの2つの軸にもとづく命令系統に

図3-3 マトリックス組織
（職能別と事業別の2次元）

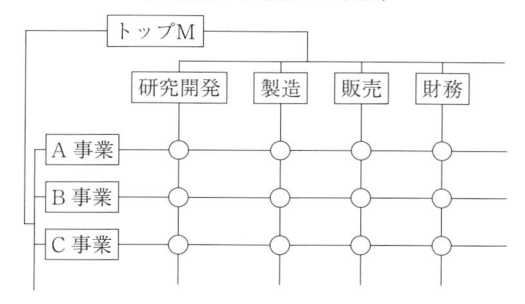

```
         ┌─トップM─┐
         │    │    │    │
      研究開発 製造 販売 財務
  ┌A事業─○────○────○────○
  ├B事業─○────○────○────○
  └C事業─○────○────○────○
```

より二元的に規定されている（図3-3）。

マトリックス組織は，既存の組織形態との関連でいえば，職能別組織の効率性と事業部制組織の多様な事業展開への対応とを実現できるようにみえる。マトリックス組織にはつぎのような長所があると考えられるだろう。

○ 複数の組織編成の次元が採用されることによって，それらの次元のもたらすメリットを期待できる。たとえば，職能別と事業別という次元が採用されれば，職能別による効率性と事業別による事業活動の柔軟性と適応性が確保される。

○ 複数の命令系統に規定されて複数の役割を遂行するメンバーの存在により，経営資源の効率的活用とメンバーの複数分野での熟練形成が可能である。

○ 複数の命令系統の交点で，機能，製品，地域など異なる分野間の調整を同時に行なうことができる。

○ 多元的な命令系統と報告経路の存在によって，情報伝達の柔軟性と迅速性が確保され，組織内のコミュニケーションが促進される。

しかし，複数の命令系統から矛盾した指示ないし命令が出されるとき，組織活動は容易に混乱し，矛盾した指示ないし命令を受けたメンバーの負担とストレスは増大するだろう。この複数の命令系統による組織の混乱がマトリックス組織の克服しがたい欠点であり，この組織形態の普及を妨げてもいる。

そして，マトリックス組織の出現が明らかにしたのは，組織の命令系統の多元化の問題だけではないかもしれない。Davis = Lawrence による「重要なポイントは人間組織のさまざまな可能性が，われわれに組織モデルの選択の余地を提供してくれる」[10]という指摘，あるいは「組織編成は，機能，地域，製品あるいはサービスのいずれを中心として行なわれるべきなのか」[11]という問いは，組織編成の次元が可能性として多数存在するなかでどれを基軸として選択するのかというきわめて基本的な問題として検討できるだろう。すなわち，多角化戦略の採用による職能別組織から製品別事業部制組織への移行も，じつは職能別から事業別へという組織編成の基軸の転換であり，そこには可能性として多数存在する組織編成の次元のうちどれを基軸として採用すべきかという選択の問題が存在しているのである。

そして従来型の組織形態では対応できない事態とは，組織活動にとって複数の組織編成の次元の重要性に優劣が決まらない状況である。このとき，複数の次元がともに組織編成の基軸として選択され，マトリックス組織という組織形態が採用されることになる。そこには，組織編成の複数の基軸にもとづく複数の命令系統の存在という問題が顕在化することになるのである。

また，Davis = Lawrence による「マトリックスは決して組織構造の究極の形ではない」[12]という指摘は，この組織形態の重要な特徴を明らかにしている。これは，組織編成の複数の次元の優劣がつかないときマトリックス組織が採用されるが，その後の組織活動で複数の組織編成の次元のうちどれが最重要なのかが明らかになったとき，マトリックス構造が解消されるかもしれないということを意味している。

Davis = Lawrence は，以下のようにマトリックス組織の形成と展開の過程を，すべてのマトリックス組織がこれに従うものではないという可能性を認めて，あくまで一般論として提示しているが，そこではマトリックス組織の過渡的組織としての性格が明確に示されている[13]。

○ 第1段階：初期の組織

機能別，製品・サービス別，地域別，あるいは顧客別というようにあるひとつの次元を基軸として組織編成をすると，他の次元を選択した場合に得られるメリットをあきらめることになる。この点を意識することが第一

段階である。
○　第2段階：短期的な重複組織
　組織編成の基軸として複数の次元の可能性が考えられても，組織活動への重要性が同等でない場合，最重要の次元を基軸として組織が編成され，それを補完するかたちで他の次元が活用されるという組織形態が形成される。この典型が，プロジェクト・チームないしタスク・フォースのような臨時的組織の活用である。たとえば，職能別組織で新製品開発のために各職能別部門から選抜されたメンバーによるプロジェクト・チームを編成する場合，職能別という組織編成の基軸に対して製品別という次元が補完的な軸として採用されているのである。通常，プロジェクト・チームないしタスク・フォースは臨時的組織としてその課題達成後は解散され，メンバーは本来の所属部門へ復帰するので，この2つの軸の採用は一時的なものである。
○　第3段階：恒久的な複合組織
　企業によっては，プロジェクト・チームないしタスク・フォースのような臨時的組織を解散せずに，そのまま存続させる場合もある。たとえば，新製品開発のプロジェクト・チームのプロジェクト・マネジャーが製品担当マネジャーないしブランド・マネジャーとして残り，製品別という組織編成の次元が職能別のような基軸を補完する場合である。このような組織では，組織編成の基軸に加えてあくまで補完的にではあるが，もう1つの次元の採用が継続されることになる。
○　第4段階：成熟したマトリックス
　組織活動にとって優劣つけがたい重要性をもつ複数の組織編成の次元がともに基軸として採用される，一般的なマトリックス組織の形態である。命令一元性の原則が除去されて複数の命令系統が確立し，既述のようなマトリックス組織のメリットとデメリットが顕在化する。
○　第5段階：マトリックスのつぎにくる形
　マトリックス組織は，複数の組織編成の次元の重要性に優劣がつけられないとき，それら複数の次元を基軸として採用することで形成される。したがって，組織活動の進展につれてマトリックス組織を編成する複数の基

軸について優劣が明らかになれば，最重要の次元を基軸として組織が再編成され，他の組織形態へ移行するかもしれない。

このようにマトリックス組織の一般的な形成と展開の過程を概観してみると，マトリックス組織の過渡的性格が明らかになる。マトリックス組織を形成する複数の組織編成の基軸の同等の重要性は不変のものではない。Davis = Lawrence はこの点について，つぎのように述べている[14]。

> また，マトリックス組織によっては，組織化の軸と軸の間の勢力関係がつねに変化しているわけであるから，かつての主要軸の地位を，第二の軸，またはあとから設定された軸が奪いさり，後者がしだいに主要軸となっているケースも見られる。

すなわち，マトリックス組織の形成と展開の過程とは，組織編成の複数の軸の組織活動に対する重要性の相対的変化の過程であり，この重要性に優劣のつかないとき典型的なマトリックス組織が成立するのである。

V　組織形態の過渡的性格

マトリックス組織は，複数の次元を組織編成の基軸とするために命令系統が複雑化し，組織活動に混乱を招く危険性のある扱いにくい組織である。Davis = Lawrence もつぎのように述べている[15]。

> しかし，ここで強調しておかなければならないのは，マトリックス組織は非常に複雑な組織形態であって，必ずしもすべての組織に適するとはかぎらない，という点である。多少，乱暴な言い方をすれば，もしマトリックスの必要を感じないのであれば，これを導入すべきでない，と言いたい。

しかし，マトリックス組織という発想は組織について検討する上で重要な示唆を与えてくれる。

Davis＝Lawreneはマトリックス組織を多元的命令系統を組み入れた組織として定義しているが，むしろ組織編成には編成の基軸となる次元の選択の問題が存在している点を明確にしたところに組織理論的な意味があるだろう。組織活動にとって複数の次元の重要性に優劣がつけにくいとき，それらがともに組織構成の基軸を構成し，マトリックス組織が形成される。

　また，Davis＝Lawrenceは，マトリックス組織の形成と展開の一般的な過程について明らかにするなかで，「マトリックス組織は究極の組織形態ではない」[16]ことを指摘している。これは，マトリックス組織が組織編成の基軸となっている複数の次元について重要性の優劣が明らかになれば，マトリックス構造が解消される過渡的な組織形態であることを意味している。「マトリックスは動詞（verb）である」[17]という表現がこのことを象徴的に示している。マトリックス組織は，組織現象の流れのなかで形成され，変容し，消滅するかもしれない。

　過渡的な組織形態であるという性格は，当然のことながら職能別組織や事業部制組織などあらゆる組織形態に妥当するだろう。組織形態が過渡的なものであるということは，組織現象や組織活動が変化に富む流れであって，組織の形態や構造はその流れをある時点で切断した一断面に見られる関係性を示す構図であり，流れのある時点での姿を撮影したスナップ写真のようなものであることを示している。

　組織の形態や構造は組織活動を規定する，すなわち組織の形態や構造に規定されて組織的活動が制約されるとともに可能になる。そのような活動の遂行が形態や構造の存在を顕在化する。組織メンバーは行動の際に組織構造の存在を意識するだろうし，実際に行なわれる組織活動にはそれを規定している組織構造の存在が反映されるだろう。

　しかし，組織の形態や構造による規定から逸脱する事象や活動の重要性が排除できないとき，組織の形態や構造は変容を迫られるだろう。事業の多角化が職能別組織から製品別事業部制組織への移行の契機となり，臨時的組織として解散してしまうべきではないプロジェクト・チームの出現がマトリックス組織形成の契機となったように，それまでの組織編成の基軸であった次元とは別の次元が基軸として模索され採用されるだろう。

また，機能という概念は組織活動について考察するときに不可欠な概念として組織と不可分の位置づけを保ってきた。しかし，マトリックス組織の発想から明らかなように，組織編成の基礎に組織編成の基軸となる次元の選択の問題があるとすれば，機能は基軸となる可能性のある次元の1つとして相対化されることになる。Davis＝Lawrence はつぎのように指摘している[18]。

　　　たとえば，国内ビジネスを主とする企業においては，職能別と製品別の軸の組み合わせでマトリックスが構成されたり，グローバル企業では，地域別と製品別の組み合わせが多用される。また先に述べたように，マトリックスは市場別（農村と都会の区分，開発の度合による区分等），顧客の種類別（消費者，産業，政府の区分）の軸も活用可能である。サービス産業では，地域別と活動区分別の軸によってマトリックスを組むことが多い。

　このように機能という次元が相対化されるとき，機能と不可分の既存の全体の存続，あるいは全体優位の発想も相対化され，別の組織観の展開される可能性が生まれてくることになる。「重要なポイントは人間の組織のさまざまな可能性が，われわれに組織モデルの選択の余地を提供してくれるということにある」[19] と Davis＝Lawrence も述べているように。

【注】
1) Radcliffe-Brown, A. R., *Structure and Function in Primitive Society*, The Free Press, 1952, p. 180（青柳まち子訳『未開社会における構造と機能』新泉社，2002，pp. 248-249）.
2) Merton, R. K., *Social Theory and Social Structure*, The Free Press, 1957（森東吾・森好夫・金沢実・中島竜太郎共訳『社会理論と社会構造』みすず書房，1990，p. 18）.
3) Giddens, A., *Studies in Social and Political Theory*, Hutchinson & Co. 1977（宮島喬・江原由美子・森反章夫・儘田徹・本間直子・田中秀隆・百々雅子訳『社会理論の現代像：デュルケム，ウェーバー，解釈学，エスノメソドロジー』みすず書房，1992，p. 33）.
4) Radcliffe-Brown, A. R., *op. cit.*,（邦訳，p. 250）.

5) Chandler, A. D. Jr., *Strategy and Structure*, MIT Press, 1962（三菱経済研究所訳『経営戦略と経営組織』実業之日本社，1967）．
6) 稲垣保弘「官僚主義的組織の再検討——創造性と合理化のダイナミズム——」法政大学経営学会『経営志林』第39巻第4号，2003．本書に第2章として収録．
7) Davis, M. S. and Lawrence, P. R., *Matrix*, Addison-Wesley Publishing Company, 1977, p. 3（津田達男・梅津祐良訳『マトリックス経営：柔構造組織の設計と運用』ダイヤモンド社，1980，p. 5）．
8) *Ibid.*, p. 3（邦訳，p. 5）．
9) *Ibid.*, p. 3（邦訳，pp. 5-6）．
10) *Ibid.*, p. 6（邦訳，p. 11）．
11) *Ibid.*, p. 13（邦訳，p. 21）．
12) *Ibid.*, p. 39（邦訳，p. 65）．
13) *Ibid.*, pp. 39-45（邦訳，pp. 65-74）．
14) *Ibid.*, p. 45（邦訳，p. 74）．
15) *Ibid.*, pp. 7-8（邦訳，p. 13）．
16) *Ibid.*, p. 39（邦訳，p. 65）．
17) *Ibid.*, p. 45（邦訳，p. 74）．
18) *Ibid.*, p. 45（邦訳，p. 73）．
19) *Ibid.*, p. 6（邦訳，p. 11）．

第4章
リーダーシップと意味形成

I　世界経済フォーラムとアメリカ空軍のあいだには……

　スイスのスキー・リゾート地ダボスで開かれるのが恒例となっていた世界経済フォーラムの年次総会（通称ダボス会議）が，2002年はあえてテロリズムの恐怖に脅かされているアメリカのニューヨークに会場を移し，厳戒体制の下で開催された。世界経済のリーダーと目されている人々が集うこの第31回世界経済フォーラムのテーマは，「脆弱な時代におけるリーダーシップ：将来を共有するためのヴィジョン」であった[1]。ここでは，リーダーシップがヴィジョンという言葉によって表現されている。テロリズムも含めて脆弱な時代を象徴するかのような様々な社会現象あるいは経済現象が生起しているなかで，それらの間に埋もれている将来への可能性を秘めた何らかの事象

や行為を見出し，それらを手がかりに将来へのヴィジョンを描いてみせることが当時求められていたリーダーシップだというのだろう。

また一方で，リーダーシップ研究で有名なオハイオ州立大学の Halpin = Winer は，かつてアメリカ空軍の爆撃機搭乗員52組総勢300名に彼らの上司である52名の司令官のリーダーシップ行動について記述させ，その内容の分析から，集団の仕事遂行の枠組と手順を明確化し仕事の効率的達成を図る「構造設定」と，集団における人間関係やメンバーの感情面への配慮を重視する「配慮」とがリーダーとして成功するために不可欠な行動であるという結論を導き出したことがある[2]。この場合には，リーダーシップが「構造設定」と「配慮」というリーダー行動の次元で捉えられている。

将来的なヴィジョンの形成とそれによりはるかに具体的な現実の集団活動における「構造設定」と「配慮」というリーダー行動。このように，同じリーダーシップの名のもとに全く異質の活動が存在するという事態は，日頃から聞き慣れているはずのリーダーシップという言葉の奥行きの深さとともに，リーダーシップを有効に行使することの難しさをも示しているのかもしれない。

しかし，ここで例示された2つのリーダーシップの存在は，リーダーシップに全く異質の形態が存在し得ることを示すものなのだろうか。この章で展開される考察によれば，そうではない。この2つのリーダーシップの顕在化は，リーダーシップという1つの現象に不可欠な2つの異質な過程が存在することを示すものなのである。この2つの過程をともに視野に入れなければ，リーダーシップ現象を理解することはできないだろう。

II　リーダーシップ理論の展開

ここでは，リーダーシップ理論の展開を概観しておこう。資質理論，リーダーシップ・スタイルの研究，そしてリーダーシップのコンティンジェンシー理論といった主要な理論を再検討することでリーダーシップについて何らかの新しい洞察が得られるかもしれない。

1）資質理論

　初期のリーダーシップ研究は，リーダーの個人的資質（personal traits）に研究の焦点を合わせる資質理論（trait theory）であった[3]。リーダーとして成功するためには，他の人々には備わっていないような特別な資質が必要であるという発想にもとづいて，有能なリーダーだけに共通する資質を明らかにしようとすることになる。しかし，そのために身体的特徴などの外観，知的能力，パーソナリティ特性などが調査研究の対象となったが，例外も多く有能なリーダーだけに首尾一貫して共通する資質を明らかにして，有効な理論を構築するには至らなかった。

　その後のリーダーシップ研究の焦点は，リーダーの資質からリーダーの行動，すなわちリーダーシップ・スタイルへと移行するのだが，資質理論自体は衰退の途をたどりながらも，リーダーの個人的資質とリーダーの置かれている状況との適合性に研究の方向性を見出そうとする[4]。リーダーの資質と状況特性との適合性がリーダーの成功に影響を及ぼすというのである。かつて自由民主党の金丸信元幹事長が，首相候補者と目されていた人物たちの適性について「平時の羽田，乱世の小沢，大乱世の梶山」と語ったことがある[5]。はたして羽田孜，小沢一郎，梶山静六の各氏が首相の器であったのか，あるいは金丸氏の指摘が的確であったのかは全く別問題として，ともかくこのようなかたちで資質理論の発想は残存している。

2）リーダーシップ・スタイルの研究

　資質理論の後には，リーダーの資質ではなく，リーダーとして成功するためにはどのような行動が必要とされるのかを特定しようとするリーダーシップ・スタイルの研究が注目を集めることになる。リーダーの資質からリーダーの行動へと研究の焦点が移行したのである。そして，リーダー行動の組合せとしてのリーダーシップ・スタイルが問題とされ，集団に高い成果をもたらす有効なリーダーシップ・スタイルを状況特性に関係なく明らかにできる一般理論の構築がまず志向されることになる。このような研究の代表的なものとしては，オハイオ研究とミシガン研究がある。

ⅰ）オハイオ研究

オハイオ研究とは，オハイオ州立大学で1945年から行なわれた一連のリーダーシップ研究の総称であり，既述のHalpin＝Winerによるアメリカ空軍を対象とした調査研究もこれに含まれる。オハイオ研究では，インタビューと観察によるリーダー行動の実態調査やリーダーシップ関連の文献研究などにもとづいて，リーダーの行動を捉えるための多様な次元が設定されている。

たとえば，Stogdill, Goode＝Dayはリーダーシップ研究のために，つぎのような12の次元を提示している[6]：構造設定（initiating structure），配慮（considerations），代表（representation），対立的要求の調整（demand reconciliation），不確実性への耐性（tolerance of uncertainty），説得力（persuasiveness），自由の許容（tolerance of freedom），役割の引受け（role assumption），業績強調（production emphasis），先見性（predictive accuracy），統合（integration），上方志向（superior orientation）。

ところがこれらの次元のうちで，集団の仕事遂行の枠組を設定し仕事の手順を明確化することで集団的活動の効率化を図ろうとする「構造設定」と，集団における人間関係やメンバーの感情への配慮を重視する「配慮」の2次元だけでリーダーの行動をほぼ把握できるという認識が，次第に研究者たちの間で共有されるようになり，他の次元は注目されなくなってしまう。

しかし，この章で後に検討するように，予測する能力のあることを示す「先見性」，上司との適切な関係形成や上層部への影響力の発揮をともなう上昇志向を示す「上方志向」などの次元は，リーダーシップ現象を考察する上で重要な意味をもってくるのである。

オハイオ研究ではリーダーシップ研究のために多様な次元が提示されたが，結局は「構造設定」と「配慮」の2次元に研究が集約される。この，2次元は相互に独立的な次元として設定されていたので，「構造設定」と「配慮」というリーダー行動は両立可能となり，研究の結論として，有能なリーダーは「構造設定」と「配慮」とを高いレベルで同時に達成するような行動をとっているということになる。

ⅱ）ミシガン研究

　ミシガン大学でもオハイオ州立大学とほぼ同時期に一連のリーダーシップ研究が行なわれている。このミシガン研究では，組織の高業績部門のリーダーと低業績部門のリーダーの行動を比較検討して高業績リーダーの行動特性を明らかにすることを通じて，リーダーの行動を捉える次元と有効なリーダーシップ・スタイルの探求がなされている。

　1940年代から50年代にかけての初期ミシガン研究の成果を Likert は以下のように要約している[7]。まず高業績を上げているリーダーの行動にはつぎのような共通の特徴があるという。

- ○　従業員中心的監督行動：ある高業績部門の管理者による「私の職務は仕事を扱うというよりも，むしろ人間を扱うことです」[8]という言葉に典型的に表わされているように，部下たちの人間性を把握し，その個人的事情まで理解した上で，彼らを信頼して意思決定の権限を委譲したり，可能な限り彼らの望む方法で仕事を行なわせる姿勢を示す。
- ○　全般的な監督行動：リーダーは達成すべき目標は明確に示すが，仕事の進度や遂行方法について詳細な指示は与えずに，部下たちが各々のアイデアや経験を生かして仕事に取り組めるようにする。全体としての仕事遂行の枠組は提示するが，その範囲内での自由な活動を許容する行動である。
- ○　監督の役割に専念：仕事遂行の詳細については部下に任せるため，部下と一緒に仕事をするという行動は比較的少なくなり，余剰時間は対外的活動などに向けられる。
- ○　部下への支援的行動：部下に職務遂行上の失敗や誤りがあれば，それらを学習の機会として生かせるように支援的に対処する。
- ○　仕事に価値があるという信念の形成：会社の事業に社会的な価値を見出し，それを支えている部下たちの業務にも価値があるという信念を集団内に形成する。
- ○　以上のようなリーダーの行動による部下の感情や態度への影響として，部下たちの間に仕事達成への圧力を不当なものとは感じない傾向が現われる。

また一方で Likert の要約によれば，低業績部門のリーダーの行動には，つぎのような特徴が認められることになる。

○ 職務中心的な監督行動：リーダーは，集団全体の活動をその構成要素となる単純な仕事に分割して各メンバーに割当て，それらの遂行方法まで決定し，定められた進度で規定された手順どおりに各仕事が遂行されるように監督する。

○ 個別に詳細な指示を与える監督行動：部下の仕事遂行に対して個別に詳細な指示を与える。

○ 部下の仕事に直接に関与する傾向：部下の仕事に直接に関与して詳細な指示を出すので部下との接触に多くの時間を割くことになるが，その時間は分断されているし，部下の自発的な業務遂行の流れも断片化される。

○ 部下への処罰的対応：部下の職務遂行上の失敗や誤りに対して批判的，処罰的に対応する。

○ 仕事の価値よりも規定どおりの遂行を重視：仕事に価値があるという信念の形成よりも規定どおりの実際の仕事遂行を重視する。

○ 以上のようなリーダーの行動による部下の感情や態度への影響として，部下たちは仕事達成への圧力を不当と感じるようになる。

このような初期ミシガン研究の発見のなかでも，従業員中心的監督行動と全般的な監督行動が集団の高業績に結びつくという仮説が重要な研究成果とされ，それ以外の項目が特に注目されることはなかった。すなわち，従業員中心的監督行動と全般的な監督行動を特徴とする「従業員志向」のリーダーシップ・スタイルと，職務中心的監督行動と個別に詳細な仕事遂行上の指示を与える監督行動を特徴とする「生産志向」のリーダーシップ・スタイルが識別され，「従業員志向」のリーダーシップ・スタイルが集団の高業績に結びつくという仮説が初期ミシガン研究の成果とされているのである。

この「従業員志向」のリーダーシップ・スタイルは，既述のオハイオ研究の「配慮」にほぼ相当し，「生産志向」のリーダーシップ・スタイルは，「構造設定」とほぼ重なり合うものと一般的には考えられている。ところが，オハイオ研究では「構造設定」と「配慮」が相互に独立的な次元として提示さ

れているので，リーダーの行動をこの2つの次元について高度なレベルで両立させることが可能であるとされているのに対し，初期ミシガン研究では，「従業員志向」と「生産志向」が同一次元の両端に位置づけられていて，「従業員志向」が高業績に結びつき，「生産志向」が集団に低業績という結果をもたらすことになる。ただし，Lowin = Craig が指摘しているように，業績がリーダーシップ・スタイルに影響を及ぼす[9]，すなわち高業績であるから従業員志向のリーダーシップ・スタイルを採用する余裕が生まれ，低業績であるから生産志向のリーダーショップ・スタイルになり，リーダーが部下の仕事に直接に加わり，部下の失敗にも厳しくなるという仮説にも同程度の妥当性があるとも考えられる。業績とリーダーシップ・スタイルの関係は，相互作用的関係なのかもしれない。

その他のミシガン研究としては，Pelz によるリーダーの上方影響力（upward influence）と部下たちの職務満足との関係についての研究がある[10]。部下のアイデアや提案を尊重したり部下との関係を重視するようなリーダーの行動は，リーダーが自分の上司に対して発言力や自律性，すなわち上方影響力を確保しているときほど，部下の態度や行動に有効に作用し部下の満足度を高めるというのである。集団での部下たちへの影響力の他に，リーダーがその上司との関係を適切に形成し維持していけるような上方影響力を確保することが，有効なリーダーシップを発揮する要因となる可能性をPelz は指摘したのである。

また同じくミシガン研究のなかで，Seashore は集団メンバーがその集団に引きつけられている程度，すなわち集団メンバーに集団に留まるように作用するすべての要因の総合されたものである集団凝集性（group cohesiveness）が高いときに，高い業績目標が設定されていれば集団は高い成果を生み出し，低い業績目標が設定されていれば低業績に甘んずることになると指摘している[11]。

1940年代以降蓄積されてきたミシガン研究の成果をPelz や Seashore の仮説も含めて統合し，高い成果をもたらす有効なリーダーシップ・スタイルとそれに関連する管理システムの特性まで明らかにしようとしたのが，Likert である。

ⅲ）リカートのシステム4

Likertは一連のミシガン研究の成果にもとづいて，有効なリーダーシップ・スタイルは，つぎのような原則に従ったものとなることを主張する[12]。

○ 支持的関係の原則
○ 組織を重複的集団形態（overlapping group form）として捉え，集団的意思決定を行なうという原則
○ 高い業績目標の原則

そしてリーダーを管理者と重ね合わせるとき，これらの3原則は，Likertが提起しているシステム4という「集団参加型」の管理システムを構成する原則ともなる。

Likertは支持的関係の原則の内容について，つぎのように述べている[13]。

　　リーダーシップその他組織における諸過程は，組織内すべての相互作用と相互関係において，各成員が，その背景，価値，期待に即してその経験を支持的であるとみなし，さらにその経験を，個人の価値や重要性に対する各成員の意識を作りあげ，維持するような経験とみなすことを最大限に保つようなものでなければならない。

要するに支持的関係の原則とは，リーダーが組織での相互作用や相互関係において各メンバーのもつ背景，価値観，期待感を尊重することで彼らに対して支持的に行動し，彼らが自らの価値や重要性を意識できるような状況を形成すべきであるということである。

重複的集団形態とは，組織を集団の階層的連鎖により構成されているものとして捉え，上位集団とその下位集団とを結びつける結節点に位置づけられる管理者が，下位集団のリーダーであるとともに上位集団のメンバーでもあるという二重の役割を担うことで両集団に重複部分が存在することになるという形態である（図4-1）。

Likertは，このような管理者の二重の役割を「連結ピン（linking pin）の機能」と呼んでいる。この機能には，上位集団の意向を下位集団に浸透させるだけではなく，下位集団の発想にもとづいて上位集団への働きかけを行な

図 4-1

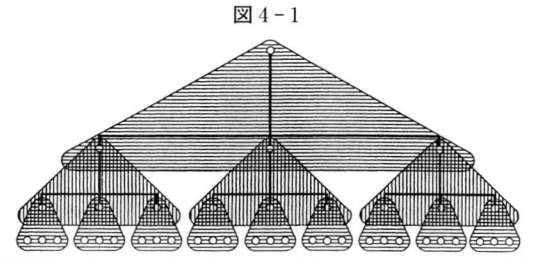

（出所）　Likert, R., New Patterns of Management, McGraw-Hill, 1961, p. 105.

うことも含まれている。この連結ピン概念の背後に既述の Pelz による上方影響力についての仮説が存在するのは明らかだろう。

　高い業績目標の原則とは，高い業績目標の設定が集団の高い成果に結びつくということであり，ここには既述の Seashore による集団凝集性についての仮説の影響が現れている。

　以上のような 3 原則に特徴づけられて，集団に高業績をもたらす管理システムとして Likert により提起されたのが，「集団参加型」の管理システム，すなわちシステム 4 である。Likert は管理システムをシステム 1 からシステム 4 までの 4 種類のシステムに類型化し，「集団参加型」のシステム 4 を最適の管理システムとして提起している[14]。

　システム 1 は「独善的専制型」の管理システムであり，権限は上層部に集中し，管理者が部下を意思決定に参加させることはほとんどなく，目標設定や計画策定は上層部で行なわれ，命令系統を通じて下層部へ伝達されることになる。システム 2 は「温情的専制型」の管理システムであり，管理者は部下に上からの気配りとしての温情は示し，限られた範囲内での権限委譲は行なわれるが，主要な意思決定の権限はすべて上層部に集中している。システム 3 は「相談型」の管理システムであり，全般的な方針や政策について意思決定の権限を上層部が保持し，動機づけの手段として個別的な問題について意思決定の権限が委譲されたり，上下のコミュニケーションが頻繁にとられたりする。

　これら 4 つの管理システムは，システム 1 とシステム 4 を両端として連続

線上に位置づけられ、システム2とシステム3は中間的形態としての性格をもつことになる。そして、システム1とシステム2のような専制的傾向の強い管理システムでは、高い業績目標が設定されると部下たちが不当な圧力を感じてしまうのに対し、「集団参加型」のシステム4では、支持的関係の原則、管理者の「連結ピンの機能」、そして集団的意思決定により集団凝集性が高められ、高い業績目標が部下たちに受容されて集団の高い成果が達成されるというのである。

3） リーダーシップのコンティンジェンシー理論

　Likertによる「システム4の基本的原理は、どのような状況においても変わるものではない」[15]という主張からも明らかなように、オハイオ研究とミシガン研究に代表されるリーダーシップ・スタイルの研究は、あらゆる状況に妥当する唯一最善の方法を提示できる一般理論の構築を志向するものであった。

　これに対してFiedlerは、有効なリーダーシップ・スタイルは状況によって異なるというリーダーシップのコンティンジェンシー理論を提起する[16]。集団の成果は、リーダーの置かれている状況と採用されるリーダーシップ・スタイルの適合性に依存するというのである。そこではリーダーシップ・スタイルと状況特性の適合関係の解明が研究の焦点となる。

　Fiedlerの場合、「集団の業績を最大化するためのリーダーシップ・スタイルの適切さは、集団のタスク状況の好意性に依存する」[17]という指摘にもあるように、リーダーの置かれている状況の特性は状況好意性（situational favorableness）という概念で捉えられている。そして、この状況好意性は次のような3つの次元で明らかにされる[18]。

- ○　リーダー＝集団メンバーの関係：リーダーが集団メンバーに支持され信頼関係が形成されているほど、状況はリーダーにとって好意的である。
- ○　タスクが構造化されている程度：仕事上の目標の明確性、目標達成や問題解決に至る手順の明確性、意思決定の特定性や検証可能性などの程度が高いことにより仕事が構造化されているほど、状況はリーダーにとって好意的である。

○ リーダーの職位にもとづくパワー：集団メンバーの行動を方向づけ，評価し，賞罰を与えるための公式的権限やパワーが与えられているほど，状況はリーダーにとって好意的である。

これら3つの次元を総合して状況の好意性の程度が明らかにされる。

Fiedler は，リーダーシップ・スタイルとしては人間関係志向（relationship-oriented）と仕事志向（task-oriented）を識別し，この2つのリーダーシップ・スタイルと状況好意性で捉えられた状況との適合関係を実証研究にもとづいて解明しようとする[19]。

Fiedler の結論は，集団の状況好意性が高い場合と低い場合という両極端の状況では，仕事志向のリーダーシップ・スタイルが有効であり，その中間の状況好意性が中程度の場合には，人間関係志向のリーダーシップ・スタイルが有効であるということになる[20]。

以上が主要なリーダーシップ理論の展開であるが，ここではリーダーシップ・スタイルの研究についてさらに若干触れておきたい。オハイオ研究，ミシガン研究，そしてコンティンジェンシー理論も含めて，名称は異なるものの内容的にはリーダーの行動が，仕事遂行の枠組と手順の明確化により集団の仕事遂行の効率化を志向するリーダーシップ・スタイルと，集団での人間関係やメンバーの感情に配慮するリーダーシップ・スタイルとで捉えられている。ところが，この章での考察との関連で重要なのは，オハイオ研究とミシガン研究の一連の研究過程のなかで，この2つのリーダーシップ・スタイルでは包括しにくいリーダー行動の特性が明らかにされている点である。すなわち，オハイオ研究における「先見性」「上方志向」の次元，初期ミシガン研究における「信念の形成」，Pelz の「上方影響力」，そして Likert の「連結ピンの機能」などである。これらは，後に明らかになるように，リーダーシップ現象のなかで前述の2つのリーダーシップ・スタイルが作用する過程とは別の過程と関連性をもつことになる。

すでに別の機会に，組織現象を理解するためには，組織的意味空間を重層的な意味の世界として捉えてそのなかで実体を相対化することと，組織現象の流れを解釈学でいう解釈学的循環と重ね合わせて捉えることの重要性を指

摘したが[21]，この構想をリーダーシップ現象の解明に適用するとどのような洞察が得られるであろうか。第Ⅲ節では，Smircich = Morgan と Thayer のリーダーシップ研究を検討することで，リーダーシップと意味形成について考察することになる。

Ⅲ 意味形成のリーダーシップ

Smircich = Morgan は，リーダーシップ現象についての考察を興味深い状況設定のもとで始める。企業組織のように公式の組織構造が存在する場合には，その構造を集団行為の枠組として意識しながら人々の行動を導いていくことが，リーダーシップであると捉えられる傾向があるが，公式的構造が形成されていない集団状況，すなわち人々の単なる集合状況にすぎない構造化されていない（unstructured）状況でのリーダーシップ現象を考察すれば，リーダーシップに固有のより根本的な特性が明らかになるというのである[22]。

そして Smircich = Morgan は，「リーダーシップは，ひとりないし複数の人間が他者たちの現実に枠組を設定してその現実を定義しようとする試みに成功していく過程で実現される」ことを指摘し，この過程は，「構造化されていない集団状況ではきわめて明らかであり，そこではリーダーシップが必然的に自生的に形成されている」というのである[23]。Smircich = Morgan の描く構造化されていない状況でのリーダーシップ形成は，つぎのように要約できるであろう[24]。

構造化されていないリーダー不在の集団では，メンバー間の相互作用を通じて，集団的行為が可能になるように共通の解釈モードと経験についての共通の理解が形成されていく。この過程で，人々は経験を有意味に体系化できる人物にリーダーシップを委ねるようになる。すなわちリーダーとなるのは，集団的行為が可能となるように経験を有意味なものとする枠組を提示し，状況を定義する役割を演じる人物である。この役割は，たとえばそれまで明確にされていなかった事柄に意味をもたせ，分節化し，定義することによって，また新たに注意を喚起するような焦点を形成するイメージや意味を創出する

ことによって，そしてそれまで支配的であった知をさらに強化したり，あるいは問題視したり，変容させたりすることなどによって遂行される。また，リーダーシップ現象は集団メンバー間の相互作用のなかで社会的に形成されるものなので，フォロワーとなる人々が自らの現実を形成し定義するパワーをリーダーとなる人間に自発的に委ねることもリーダーシップ形成の前提となる。

以上のような理解にもとづいて Smircich ＝ Morgan は，構造化されていない集団状況でのリーダーシップ形成の過程には，リーダーシップ現象にとって重要なつぎのような4つの局面が示されていると指摘する[25]。

○ リーダーシップは，相互作用を通じて定義される本質的に社会的な過程である。

○ リーダーシップには，導かれる人々に理解できるように現実を定義する過程が含まれている。

○ リーダーシップには，諸個人が現実を解釈し定義するパワーを他者に引き渡すという依存的関係が含まれている。

○ 公式的にリーダーシップをとる役割が形成されるのは，制度化というつぎの段階であり，そこでは経験と活動の性格を定義する権限と責任が認められ公式化される。

構造化されていない集団では，社会的相互作用を重ねていくうちに，集団的行為が可能になるように経験を有意味に体系化して現実を定義するメンバーがリーダーとしての役割を担うようになり，他のメンバーも自発的にそのメンバーにリーダーシップを委ねていく過程が存在するというのである。

企業組織のように構造化された状況，すなわち公式組織では，構造化されていない状況においてリーダーシップ形成の過程を構成する諸局面が，公式組織に既存の役割，規則，権限関係などによって部分的にではあるが代替されることになるという[26]。たとえば，役割は組織生活の現実を形成する相互作用をある程度まで制度化し，規則，慣例，業務慣行は経験を理解するのに役立つ既成の代表例示のようなものを提示し，権限関係はリーダーシップ過程を特徴づける依存関係のパターンを正当化し，誰がどのような環境で組織の現実を定義すべきかを特定化するというように[27]。すなわち，役割，

規則,権限関係などの公式組織にみられる諸要素はリーダーシップの制度化を支援するものとしても捉えられている。

ただし Smircich = Morgan によれば,組織において公式的構造により確立される意味や行為のパターンとそれらに対する個人の解釈や対応との間には緊張関係が存在し得るので,それを解消するための媒介的行動もリーダーには必要になるという[28]。そこで公式組織では,リーダーシップ現象につぎのような異質だが相互に補完的な2つの局面が現れることになるという[29]。

○ 組織の構造によってリーダーシップ過程が役割のネットワークに制度化される。

○ 媒介的ないし対人的リーダーシップ——リーダーシップ活動として非常に明確なもので,リーダーシップ形成過程で作用する原則を制度化された役割ネットワークというコンテクストのなかで作用させる。

Smircich = Morgan は,この2つの局面が過去のリーダーシップ研究では「構造設定」と「配慮」のような次元で捉えられてきたことを指摘した上で,このような既存の成果をリーダーシップに関連する「意味」についての考察で「補完(supplement)」すべきであると主張する[30]。既述のようにオハイオ研究やミシガン研究の焦点は,リーダーシップ・スタイルがリーダー行動の組合せであるからリーダーの行動自体にある。そこに事象や行為の「意味」という要素を研究対象に加えることで,既存の研究成果を「補完」しようというのである。ただし,この「補完」という表現に示される理論構築の姿勢には後述するように問題がある。

Smircich = Morgan の当初の発想は,リーダーシップ現象が他者の現実を定義する過程で生起するので,集団状況で事象や行為が有意味なものとなって現実が形成されていくときに,その意味がどのように創出され,維持され,変容されるのかに焦点を合わせれば,社会的過程としてのリーダーシップの基本的性格が理解できるということである。そして,リーダーシップにより集団的行為が可能になるためには,集団メンバーが現実について共通の解釈へ導かれなければならない。すなわち,集団メンバーが事象や行為を有意味なものとする,あるいは状況について意味形成を行なうとき,競合

する意味形成や解釈の存在は多様な現実形成の可能性を孕むことになり、集団行為を困難にするので、リーダーによる現実の定義が他者に共有され集団的行為の前提となるとき、リーダーシップは有効なものとなる。このような発想は、リーダーシップ研究に新たな展開の方向性を示すはずである。

しかし、Smircich = Morgan は、リーダーにとって重要な課題が「諸個人が望ましい目的の達成に向かうように意味を管理すること」であると結論づける[31]。この「意味の管理 (management of meaning)」としてのリーダーシップにおいて重要なツールとなるのが、「言語、儀礼、ドラマ、物語、神話などあらゆる種類の象徴的構築物の使用」であるという[32]。これでは、既定の目的との整合性の観点から一義的な意味規定がなされ、その意味が共有されていくための手段として、言語や物語までが動員されるということにもなりかねないだろう。このような捉え方では、事象や行為の意味まで視野に入れながらも、リーダーシップは将来達成すべき望ましい状態という全体像としての目的が既定のものとなった後でのリーダー行動に限定されることになる。

Smircich = Morgan のリーダーシップ研究の根底には組織シンボリズムの理論がある。Smircich = Morgan が既存のリーダーシップ研究の成果を意味レベルの研究で「補完」すると述べるとき、そこに組織シンボリズムの理論の限界が現れる。すでに別の機会に論じたように、Dandridge も組織におけるシンボルの機能の理解を「追加的レンズ (an added lens)」として使用することで、組織現象をより深層まで包括的に捉えることが可能になると指摘したが、この「追加的」あるいは「補完」という表現は組織現象を実体とそれに付与される意味という2つのレベルで捉え、実体的レベルに根拠を置くべきことを示唆するものである[33]。

また、Giddens も指摘しているように機能主義は全体優位の構想であり、機能とは既定の何らかの全体に対して部分として貢献するはたらきである[34]。したがってシンボルの機能というとき、すでに全体は既定の存在であり、新たな全体を想定する、あるいは全体が変容するという可能性は排除されているのである。後述するように、組織的意味空間という重層的な意味の世界のなかで実体を相対化しなければ、組織現象の流れのなかで意味形成

のダイナミズムを捉えることは困難なのである。

　さらに全体が既定のものであるならば，すなわち Smircich ＝ Morgan の場合にはそれが既定の目的であるが，それと整合的な意味体系のなかで事象や行為は一義的に意味規定されることになり，意味形成のダイナミズムは考察の対象から排除されることになる。そして「意味の管理」という斬新な言葉が，既定の目的達成のための手段としてのシンボル操作に精出すことと同義になってしまう。事柄の取り扱いを改めたり，表現の仕方を変えただけで，事がスムースに運ぶといったことが少なくないというような実践的示唆[35]にそれなりの重要性があることを認めないわけではないけれども。

　Thayer は，意味形成のダイナミズムを視野に入れてリーダーシップ現象を考察し[36]，リーダーについてつぎのように記述している。

- リーダーは，納得せざるを得ない物語の語り手（a compelling story teller）である[37]。
- リーダーは，エンジニアではなくブリコラージュをする人（bricoleur）である[38]。
- リーダーは，社会的現実の創造者である[39]。
- リーダーは世界に納得せざるを得ない"顔"を付与することによって，彼のフォロワーたちが世界を"自分にかかわることとみなす"様式を変容ないし誘導する人である[40]。
- リーダーは，エンジニアではなくアーチストや詩人のような人である[41]。
- リーダーは，意味形成を行なう人（meaning-maker）である[42]。
- リーダーは，どうなのか，どうなるのか，どうあるべきか，あるいは何がなされるべきかについて納得せざるを得ない物語を語ることにより，人間的／社会的代替性を創出する人である[43]。
- リーダーは，意味を付与する人（meaning-giver）であり，神話の語り手である[44]。

このような興味深いリーダーについての記述の背後には，どのようなリーダーシップ理論が存在するのであろうか。

　「すべてのものは，常にそれが何であるのかが明らかになっていく過程の

なかに位置を占めている」[45]のであり，「究極の真実があれば歴史は停止してしまう」[46]という主張からも推察できるように，Thayer のリーダーシップ理論の根底にあるのは，組織現象の流れのなかで事象や行為の意味は変容していき，それらについて究極の真実が確定されることでその変容が停止してしまうことはないという発想なのである。究極の真実に至ることはなく，絶えず事象や行為の意味が変容していく可能性をはらむ組織現象の流れのなかに人々は存在している。組織現象の流れのなかで何らかの異質な事象や行為と出会ったとき，組織現象についてのそれまでの全体的な理解が変容を迫られ，異質な事象や行為をも包括できるような新たな全体的理解が形成されることになる。新たな全体的理解が形成される度に，事象や行為の意味もそれに応じて変容を迫られることになる。このような事態が継続的に生起していくということなのだろう。

ここでリーダーの役割とは何なのかといえば，異質な事象や行為を認識して，それをも包括できるようなそれまでとは異なった全体的理解を形成することである。Thayer は，この新たな全体的理解の形成を「代替性 (alternity)」の提示——世界が別のものであり得ることを示すこと[47]，あるいは「世界に納得せざるを得ない別の"顔"を付与すること」[48]であると表現している。世界に別の"顔"を付与することは，そこでの事象や行為に別の意味が付与されることになり，「時代を画するような画家，彫刻家，そして詩人が，後に続く人々に異なった世界の見方——したがってその異なった世界での語り方や行為の仕方や知り方——を伝授するのと同様な」[49]ことなのである。すなわち，「リーダーは，エンジニアではなくアーチストや詩人のような人である」ということになる。

また Thayer はリーダーが捉える世界について，つぎのように述べている[50]。

> リーダーは，世界を"そうであるものとして"語るのではなく，"そうであるかもしれないもの"として語り，それによって，そうで"ある"ものに異なった"顔"を与えるのである。

ただし，世界を"そうであるものとして"語ることは，実体としての世界を語ることではない。この点について，Thayerはつぎのように述べている[51]。

> 物事とは，我々が過去に行なった解釈によってそれらが我々に現出してくる様相である。我々が現時点で行なう解釈によって，物事はその後に我々が見るようなものとなるであろう。

世界を"そうであるものとして"語ることは，過去に行なわれた解釈により現出している世界を語ることである。現時点で別の解釈が行なわれれば，その後で世界は別の"顔"をもって現出することになる。実体と見えるものが過去の解釈の産物であるという指摘は，実体も意味なのであるという重層的な意味の世界での実体の相対化を示している。

Thayerの主張を敷衍すれば，リーダーは，組織現象の流れのなかで，過去に行なわれた解釈，すなわち組織現象についてのそれまで有効であった全体的理解とは相容れない，異例としての事象や行為を認識したとき，その異質な事象や行為までも包括できるような新たな全体的理解としての代替的な世界像の提示，言いかえれば世界への別の"顔"の付与を行なうということになる。この代替的な世界像の想定によって事象や行為に新たな意味が付与されることになるので，これはリーダーによる意味形成である。その上でリーダーは，この代替的な世界像，すなわち別の"顔"を付与された世界をフォロワーと共有しなければならない。「どのリーダーとフォロワーの関係も，ひとつの共有された想像による代替性を要としている」[52]のである。この代替的な世界像をフォロワーと共有することで社会的現実を形成していくために，「リーダーは納得せざるを得ない物語の語り手」でなければならないのである。

ここでリーダーシップ現象を解釈学でいう解釈学的循環に依拠しながら検討してみよう[53]。解釈学的循環とは，全体と部分の間を循環しながら展開していく過程であり，全体の理解も部分の意味もその展開につれて変容していくかもしれない過程である。この解釈学的循環のなかには2つの異質な過

程が識別される。

　1つは，ある事象を手がかりにそれを部分とするような全体を先取りするという「部分から全体への過程」であり，この過程は，ある事象についてそれを部分とするような全体を想定することで，その事象についてある1つの存在可能性である部分としての意味が形成されることから意味形成の過程として捉えられることになる。もう1つは，その先取りされた全体のなかに諸事象を部分として位置づけていくという「全体から部分への過程」であり，この過程は，全体が想定されて後にその全体にもとづいて諸事象を部分として位置づけていき，活動のなかで部分としての意味を定着させていくという意味定着の過程として捉えられることになる。

　この全体から部分への過程は，全体という枠が想定された後でそのなかに諸部分を位置づけていくのであるから，大筋において論理的展開に従うものであるが，部分から全体への過程は，ある事象を手がかりにそれを部分とする全体を組織現象の流れのなかで想定するのであるから，その事象以外の部分も含むことになる，現実にはまだ実現していない全体の想定，すなわち"未知の包括"であり，そこには思考の「飛躍」が存在することになる。

　Thayer による「世界に納得せざるを得ない別の"顔"を与えること」，すなわち異なった代替的世界像の想定は，解釈学的循環における部分から全体への過程に相当し，そこには思考や論理の「飛躍」がともなうことになる。この「飛躍」が存在するからこそ，リーダーが語るのは「科学的」な理論ではなく物語になるのであり，リーダーはエンジニアではなくアーチストやブリコラージュをする人に喩えられるのである。

　ただし，解釈学的循環の構想に依拠すれば，代替的な世界像の提示という新たな意味形成がなされて後に，それを現実のものとすべく諸活動が遂行されてその意味が定着していくという，全体から部分への過程に移行することになる。この過程をリーダーシップ現象に重ね合わせれば，そこでは既述のリーダーシップ研究が提起したような「構造設定」と「配慮」，あるいは「生産志向」と「従業員志向」のリーダーシップ・スタイルの有効性が問題とされるはずであり，またリーダーはエンジニアとしての性格をも示すことになるのかもしれない。Smircich = Morgan による「意味の管理」も，意

味形成のダイナミズムを捉えることなく,「諸個人が望ましい目的の達成に向かうように意味を管理すること」に矮小化されるのであれば,それは手段的なシンボル操作となりこの全体から部分への過程における活動として位置づけられることになるかもしれない。

Ⅳ　リーダーシップの二面性

　組織的意味空間は重層的な意味の世界であり,そのなかに位置づけられることで事象や行為の実体性は相対化される。組織現象の流れを解釈学的循環に依拠して捉えるとき,そこには部分から全体への過程と全体から部分への過程,すなわち意味形成の過程と意味定着の過程という全く異質な2つの過程が識別される。このような「組織の解釈学」の構想54)を意識しながらリーダーシップ論を再検討してきたのが,この章の展開であるともいえるかもしれない。

　オハイオ研究とミシガン研究は,一連のリーダー行動の研究のなかで多様な発見をしながらも,結局のところそれらの成果を「構造設定」と「配慮」あるいは「生産志向」と「従業員志向」というリーダーシップスタイルに集約させるものであった。これらのリーダーシップ・スタイルは,リーダーシップ過程を解釈学的循環と重ね合わせるとき,全体から部分への過程と関連するものである。

　また,これらのリーダーシップ・スタイルで包括できないリーダーの行動特性,すなわちリーダーシップ・スタイルの研究ではあまり顧みられることのなかったオハイオ研究における「先見性」「上方志向」の次元,初期ミシガン研究における「信念の形成」,Pelz による「上方影響力」などは,意味階層の上位レベルの形成あるいは将来の全体像の先取りに関連するという点で,部分から全体への過程と重なり合うものである。

　このようにリーダーシップ現象は,部分から全体への過程と全体から部分への過程という全く異質な2つの過程に関連するものであるが,オハイオ研究と初期ミシガン研究は,結果として部分から全体への過程をその考察対象から排除してしまったのである。ただし Likert による「連結ピンの機能」

は，集団が実現すべき将来の全体像の設定を上位集団に委ねるのか，あるいは連結ピンとしてのリーダーによる上位集団への働きかけを通じてそれに主体的に関与するのかという問題は残るが，部分から全体への過程にも関連するかもしれない。

　Smircich = Morgan のリーダーシップ研究は，組織シンボリズムの理論に依拠しながら，事象や行為の意味を考察の対象に含めて，集団的行為が可能になるように状況あるいは現実を定義することにリーダーの主要な役割を見出す。しかし，Smircich = Morgan がリーダーシップを「意味の管理」，すなわち「諸個人が望ましい目的の達成に向かうように意味を管理すること」と結論づけたとき，事象や行為の意味は既定の目的と整合的な意味体系により一義的に規定され，意味形成のダイナミズムは考察の対象から排除される。「意味の管理」としてのリーダーシップは，全体から部分への過程と重なり合うことになる。

　Thayer は，意味形成のダイナミズムをリーダーシップ研究の視野に入れ，部分から全体への過程，すなわち意味形成の過程をリーダーシップ現象のなかに見出している。世界に別の"顔"を与えるということは，事象や行為に新たな意味を付与することになる意味形成である。そして，この部分から全体への過程には「飛躍」がともなう。したがって，部分から「科学的」に全体を想定することは困難なので，リーダーは全体像を説得力のある物語として語らなければならないのである。

　組織現象の流れのなかで，リーダーは，それまでの理解では捉えられない異例としての事象や行為に出会ったとき，それらを手がかりに世界に別の"顔"を付与する。これは，従来の発想を変えなければならない変革期に求められるリーダーシップともいえるかもしれない。解釈学的循環の構図に依拠すると，リーダーシップ現象には2つの異質な過程が識別され，従来のリーダーシップ理論は主として全体から部分への過程を対象としてきたが，Thayer が研究の焦点を合わせたのは部分から全体への過程なのである。リーダーシップ現象を捉えるためには，この2つの過程をともに視野に入れなければならない。部分から全体への過程だけでは，全体の想定がまさに物語のままで終わってしまうであろうし，全体から部分への過程だけでは，

リーダーシップが発揮されるほどに見当違いの努力が積み重ねられていくことになるかもしれない。

　ここで，ダボス会議とアメリカ空軍に話を戻しておこう。第31回世界経済フォーラムのテーマにある将来的ヴィジョンを形成するリーダシップとは，リーダーシップ現象のなかで部分から全体への過程に相当するものであり，アメリカ空軍の司令官による「構造設定」と「配慮」のリーダーシップ・スタイルは，全体から部分への過程に相当する。いずれの場合も，リーダーシップ現象のもつ2つの過程の一方に焦点が合わされて論じられているのである。

　この異質な2つの過程を同一のリーダーが担当すべきであるとは限らないかもしれないが，リーダーシップにはこの2つの過程が不可欠である。世界経済の素晴らしい将来的ヴィジョンが形成されても，それに続く全体から部分への過程が欠けていれば，そのヴィジョンはまさに単なる絵空事のままで終わることになるだろう。部分から全体への過程が欠けていれば，アメリカ空軍司令官の有効なリーダーシップ・スタイルに導かれて，有能なパイロットたちが攻撃してはいけない対象を効果的に空爆してしまう事態さえ起こり得ないとはいえないだろう。

【注】
1) Schmemann, S. "As Global Elite Meet, Critics Watch" *International Herald Tribune*, February 1, 2002.
2) Halpin, A. W. and Winer, B. J., "A Factorial Study of the Leader Behavior Descriptions" in Stogdill R. M. and Coons, A. E. (eds), *Leader Behavior: Its Description and Measurement*, Columbus: Ohio State University, Bureau of Business Research, 1957.
3) 例えば次の文献を参照のこと．
　・Mann, R. D., "A Reivew of the Relationships between Personality and Performance in Small Groups," *Psychological Bulletin*, Vol. 56, 1959, pp. 241-270.
4) Stogdill, R. M., *Handbook of Leadership: A Survey of Theory and Research*, Free Press, 1974.
5) 朝日新聞政治部『連立政権回り舞台』朝日新聞社，1994, p. 109.
6) Stogdill, R. M., Goode, O. S. and Day, D. R., "The Leader Behavior of Corporation

Presidents," *Personnel Psychology*, Vol. 16, 1963, pp. 127-132. これらの12次元についての考察はつぎの文献でも行なわれている.
   ・金井壽宏『変革型ミドルの探求：戦略・革新指向の管理者行動』白桃書房，1991, pp. 87-92.
7) Likert, R., *New Patterns of Management*, McGraw-Hill, 1961, pp. 6-13（三隅二不二訳『経営の行動科学：新しいマネジメントの探究』ダイヤモンド社，1964, pp. 12-21）.
8) *Ibid.*, p. 8（邦訳，p. 14）.
9) Lowin, A. and Craig, J. R., "The Influence of Level of Performance on Managerial Style: An Experimental Object-lesson in the Ambiguity of Correlational Data," *Organizational Behavior and Human Performance*, Vol. 3, 1968, pp. 440-458.
10) Pelz, D. C., "Influence: A Key to Effective Leadership in the First-line Supervisor," *Personnel*, Vol. 29, 1952, pp. 209-221.
11) Seashore, S. E., *Group Cohesiveness in the Industrial Work Group*, The Institute for Social Research, Michigan University, 1954.
12) Likert, R., *op. cit.*, 1961, pp. 102-108（邦訳，pp. 137-158）.
13) *Ibid.*, p. 103（邦訳，p. 138）.
14) Likert, R., *The Human Organization*, McGraw-Hill, 1967, pp. 3-46（三隅二不二訳『組織の行動科学：ヒューマン・オーガニゼーションの管理と価値』ダイヤモンド社，1978, pp. 7-51）.
15) *Ibid.*, p. 75（邦訳，p. 88）.
16) Fiedler, F. E., *A Theory of Leadership Effectiveness*, McGraw-Hill, 1967.
17) *Ibid.*, p. 147.
18) *Ibid.*, pp. 22-35.
19) *Ibid.*, p. 14.
20) *Ibid.*, pp. 133-151.
21) 稲垣保弘『組織の解釈学』白桃書房，2002, pp. 227-254.
22) Smircich, L., and Morgan, G., "Leadership: The Management of Meaning," *The Journal of Applied Behavioral Science*, Vol. 18, No. 3, pp. 258-259.
23) *Ibid.*, p. 258.
24) *Ibid.*, pp. 258-259.
25) *Ibid.*, p. 259.
26) *Ibid.*, p. 259.
27) *Ibid.*, p. 259.
28) *Ibid.*, p. 260.
29) *Ibid.*, p. 260.

30) *Ibid.*, p. 261.
31) *Ibid.*, pp. 262-263.
32) *Ibid.*, p. 263.
33) 稲垣保弘『前掲書』2002，第9章．
    ・Dandridge, T. C., "Symbols' Function and Use," in Pondy, L. R., Frost, P. J., Morgan, G. and Dandrige, T. C. (eds), Organizational Symbolism (Monographs in Organizational Behavior and Industrial Relations, Vol. 1), JAI Press, 1983, pp. 72-75.
34) Giddens, A., *Studies in Social and Political Theory*, Hutchinson & Co., 1977, chap. 1（宮島喬・江原由美子他訳『社会理論の現代像：デュルケム，ウェーバー，解釈学，エスノメソドロジー』1986，第1章）．
35) 遠田雄志『あいまい経営学』日刊工業新聞社，1990，p. 83.
    ・Cohen, M. D. and March, J. G., *Leadership and Ambiguity*, Harvard Business School Press, 1974, pp. 208-209.
36) Thayer, L., "Leadership/Communication: A Critical Review and a Modest Proposal," in Goldhaber, G. M. and Barnett, G. A.(eds), *Handbook of Organizational Communication*, Norwood, 1988, pp. 231-263.
37) *Ibid.*, p. 232.
38) *Ibid.*, p. 239.
39) *Ibid.*, p. 242.
40) *Ibid.*, p. 250.
41) *Ibid.*, p. 254.
42) *Ibid.*, p. 259.
43) *Ibid.*, p. 260.
44) *Ibid.*, p. 260.
45) *Ibid.*, p. 259.
46) *Ibid.*, p. 234.
47) *Ibid.*, p. 241.
48) *Ibid.*, p. 250.
49) *Ibid.*, p. 250.
50) *Ibid.*, p. 250.
51) *Ibid.*, p. 259.
52) *Ibid.*, p. 241.
53) 解釈学的循環についての詳細な検討は，つぎの文献でなされている．
    ・稲垣保弘『前掲書』2002，第10章．
54) 稲垣保弘『前掲書』2002を参照のこと．

第5章
意思決定の様相

I　行為は意味に導かれて対象へと向かう

　行為のもつある重要な性格を象徴的に示す例が，Cervantes の『ドン・キホーテ』のなかに出てくる。それは，遍歴の騎士ドン・キホーテが風車に突撃していくあの有名な場面である[1]。

　　「ふうむ」と，ドン・キホーテが応じた，「お前はこうした冒険にはよほど疎(うと)いと見えるな。実は，あれらはいずれも巨人なのじゃ。だが，怖いなら，ここから離れておればよい。そして，拙者がたった一騎で多勢(ぜい)の巨人どもを向こうにまわし，死闘を繰り広げるあいだ，お祈りでも唱えておるがよい。」

こう言うが早いか，乗り馬ロシナンテに拍車を当てたドン・キホーテは，従士のサンチョがうしろから，旦那様が攻めようとなさっているのは，間違いなく風車であって巨人なんかじゃありませんよ，と注意する声に耳を貸そうとはしなかった。なにしろ彼は，それらが巨人だと天から思いこんでいたので，従士サンチョの大声もまるで耳に入らなかっただけでなく，風車のすぐそばまで近づいても，その正体に気づきさえしなかったのだ。それどころか，意気揚々と，声高らかに呼ばわった——。
　「逃げるでないぞ，卑怯でさもしい鬼畜ども。おぬしらに立ち向かうは，たった一人の騎士なるを知れ。」
　折しも一陣の風が吹いてきて，大きな風車の翼がいっせいに動き出した。それを見ると，ドン・キホーテはこう叫んだ——
　「たとえおぬしらが，かの巨人ブリアレーオより多くの腕を動かしたところで，拙者が目にものを見せずにおくものか。今に思い知るぞ。」
　こう口走った彼は，かくも大きな危機を迎えたわが身を救いたまえと，思い姫ドゥルシネーアに心をこめて祈念しながら，盾をしっかりと構え，槍を小脇にかいこんで，ロシナンテを全速力で駆けさせ，いちばん手前にあった風車に突撃した。

　ドン・キホーテは，野原に立ち並ぶ風車の姿に多勢の「途方もなく醜悪な巨人」を見て，「かくも邪悪な族を地上から追いはらうのは神に対する立派な奉仕でもあるのだ」と宣言し，風車に向かって「正義の戦い」を挑んでしまう[2]。ドン・キホーテは，風力を利用して翼を回転させ製粉を行なう建造物に邪悪な巨人という意味を付与し，突撃してその翼のひとつに槍を突き立てるのである。邪悪な巨人という意味が形成されたとき，その建造物の翼は邪悪な巨人の腕となる。ドン・キホーテの行為は，邪悪な巨人という意味に導かれて翼をもつ建造物へと向かっていくことになる。
　これを一般化しようとすれば，"行為は意味に導かれて対象へと向かう"と表現できるだろう。ここで意味に導かれるとは，形成された意味に行為の選択や遂行が規定されるということであり，対象とはそのとき実体的に顕在化している行為対象ということである。このような発想にもとづいて，行為

の選択の過程である意思決定を再検討してみるとき，どのような展望が開けてくるのだろうか。

II チェスのゲームと直観

　論理的思考では解が見出せそうにないとき，人は直観に頼ることがある。直観は論理の飛躍を可能にし，論理性の断絶を埋めてしまう。論理的整合性と事実による裏づけをその基軸とする論理実証主義に依拠しながら[3]，組織理論や管理論の分野で意思決定に焦点を合わせて「科学的」な理論を構築しようとしたSimonが，意外なことにこの「直観」について論じている。このSimonによる直観の論述を検討することで，意思決定過程における意味と行為について考察していくための手がかりが得られるだろう。
　Simonは直観をつぎのように捉えている[4]。

　　　直観とは，一体，何であるのか。それは人びとが時として突然に，問題に対する解に到達するような，観察可能な事実である。

　問題に対する解に突然に到達するようなときには直観が作用しているというのである。「観察可能な事実」という表現にSimonの科学志向の姿勢の一端がうかがわれるが，具体的にどのような事実として観察されるのか，つぎのようなチェスの例で示されている[5]。

　　　理にかなったゲーム展開の中盤から，チェスの局面を名人あるいは大名人に示す。それをたった五秒か十秒見た後で，彼は普通，有無をいわせぬ指し手――それは非常にしばしばその局面では，客観的に最善のものである指し手――を考え出すことができるだろう。もしも彼が手強い相手とゲームをしているのなら，彼はすぐにその手を指しはしないだろう。彼はその最初の直観が本当に正しいかどうかを決めるために，三分間あるいは半時間身じろぎもしないかもしれない。しかし恐らく，このような場合，十中八九は，彼の最初の閃きが実際には彼に正しい指し手

を示すだろう。

このように，Simon はチェスのゲーム展開のなかで即座に「有無をいわせぬ指し手」を思いつくこと，すなわち瞬時に問題に対する解を発見するはたらきをするものとして直観を捉えている。

ところが Simon は指摘していないのだが，この例では直観が2つの過程で作用しているのである。まず，ゲーム展開のある時点での盤面の状況を手がかりにして，将来の在るべき望ましい盤面の状況を先取りするという過程で直観がはたらく。さらに，その想定された将来の望ましい盤面を実現するための手段となるつぎの一手を導出するという過程でも直観が作用している。

ある時点の盤面を手がかりに将来の望ましい盤面の状況が想定されれば，その将来の盤面の観点からその時点の盤面のもつ意味が規定されることになる。ただし，勝ちが決まるときの盤面に見られるパターンは多様であり，したがって多様な将来の盤面が想定される可能性があることから，その時点の盤面は意味の多様性，すなわち多義性を孕み，望ましい将来の盤面の想定はこの多義性に対処することでもある。また，将来の望ましい盤面の状況が想定されて後に，そこに至る可能性のある指し手の選択肢も多様であるかもしれず，つぎの一手を導出することはこの指し手の多様性に対処することでもある。すなわち，ここでは直観が，まずある時点での盤面のもつ多義性に対処し，つぎに指し手の多様性に対処するというように2つの過程で作用していることになる。

多義性と多様性の存在はともに不確定性を生み出す。したがって，つぎの指し手の決定という意思決定において，「こんなはずではなかった」という意図せざる結果が生起する可能性は，この多義性と多様性の生み出す不確定性に求められるだろう。チェスの名人はこの不確定性を直観により克服しているのである。ところで Simon の意思決定理論は，意思決定において不確定性を生み出す多義性と多様性という2つの要素にどのように対処しようとしているのだろうか。

III サイモンの意思決定論

Simon は，意思決定に焦点を合わせて組織現象を解明しようとする。なぜ組織メンバーの行動ではなくて意思決定なのか。その理由はつぎのように明らかにされている[6]。

> 実際のどのような活動も「決定すること」と「行為すること」の両方を含むのであるが，管理の理論は行為の過程と同様に決定の過程をも対象とすべきであることが，一般に認識されてこなかった。この決定過程の無視はおそらく，意思決定が組織全体の政策だけに限られるという考え方からきている。ところが決定の過程は，組織の全体的な目的が決定されたときに終了してしまうものではない。「決定する」という仕事は，「行為する」という仕事と全く同じように管理組織全体のどこにでも存在し，さらにこの両者は完全に結び付いている。管理の一般理論は，有効な行為を確保する諸原則を含まなければならないように，適切な意思決定を確保する組織原則をも含むものでなくてはならない。

実際には，どのような活動が形成されるべきかについて決定がなされ，その決定内容にもとづいて行為が行なわれるのであるとすれば，「決定すること」と「行為すること」とは不可分の関係にあり，「行為すること」が存在するのであれば，必ずそこに「決定すること」も存在していることになる。しかも，行為に先立つ決定によって実際の行為内容がすでに規定されているのであるから，意思決定は組織現象を解明する上できわめて重要な位置を占めていることになる。

Simon は，意思決定を選択（choice）の過程，すなわち複数の行動の代替案のなかから1つを選択する過程として捉える[7]。そして，このような意思決定過程をさらに分析し，この過程を構成するのは，つぎのような4つの活動であることを明らかにする[8]。

(1) 情報活動：意思決定を必要とする機会を探求する活動。

(2) 設計活動：実行可能な行為の代替案を探求する活動。
(3) 選択活動：行為の代替案のなかからひとつを選択する活動。
(4) 再検討活動：選択の結果を再検討する活動。

　このように意思決定過程を捉えた上で，Simonが問題とするのは，意思決定を行なう人間に「合理的」な選択が可能なのかどうかである。意思決定にもとづく行動，特に組織での人間の行動は通常，何らかの目的達成を志向する合目的な行動であるという。この場合に行動は何らかの目的を達成するための手段であり，意思決定は目的を達成するための手段の選択という性格を備えることになる。したがって，ここでの合理性とは目的とそのために選択される手段との整合性を示す概念であり，意思決定の合理性は，既定の目的を達成するために有効な手段が選択されるときに確保されることになる。

　意思決定が選択であるとすれば，選択活動において複数の代替案を評価し選択する基準が，意思決定の性格をかなり規定することになるだろう。最適化基準の適用，すなわち最適な代替案の選択を実現しようとする最適化意思決定では，選択に先立ってすべての代替案が明らかにされ，それら各代替案を選択したときの結果がすべて検討された上で最適のものが選択されなければならないことになる[9]。ところがSimonによれば，知識の不完全性（imcompleteness of knowledge），予測の困難性（difficulties of anticipation），そして行動の可能性の範囲（the scope of behavior possibilities）の限定性という制約要因のために，人間は選択のときに最適化基準に依拠することは困難であり，意思決定において完全な合理性を確保することは不可能なのである[10]。

　そこでSimonは，人間を認知能力に限界があって「制約された合理性（bounded rationality）」しか確保できない存在として捉える。このような人間が選択において依拠できる基準は，満足できる代替案があればそれを選択するという満足化基準である。この基準を適用する満足化意思決定では，あらかじめ満足できる基準を設定しておいてその基準に達する代替案が特定できたら，すべての代替案を探求することなくそれを選択することになる[11]。したがって，あらゆる代替案の探求という不可能な徒労に陥ることなく選択ができるし，満足化基準に達する代替案が発見できそうにないとき，あるい

は基準を満たす代替案があまりにも多いときには，この基準を変更することで現実的に対応することが可能となるのである。

ただし Simon は合理性の概念を放棄するわけではない。人間による意思決定や行動には完全な合理性という概念が適合しないことを認識しながらも，合理性を放棄するのではなく，「制約された合理性」という概念の提起により，合理性に課せられる「制約」を意識しつつ，その「制約」を緩和することで人間の行動の合理的側面の拡張を図ろうとする立場をとるのである。

> 心に留めるべき重要な事実は，合理性の限界が変化し得る限界であるということである。なかでも最も重要なことは，限界を意識すること自体がその限界を変えることになるかもしれないということである[12]。

そして Simon の場合には，合理性に課せられた「制約」を緩和するための装置が組織であり，特に組織の階層的秩序なのである。

Ⅳ　組織の階層的秩序と目的の先与性

複数の行動の代替案のなかから1つを選択するという意思決定には，何らかの目的を達成するための手段の選択という性格も備わっている。この目的と手段の関係性は，ある目的を達成するためにそれに適した手段の選択がなされて完結するという，ある目的とそのための手段で構成される2つのレベルだけに限定されるものではなく，多数の階層をもつ目的体系のなかに位置づけられるものである。

Simon はこの目的体系の階層性について，つぎのような具体例で説明している[13]。

> 特定の行為を支配する細かな決定は必然的に，目的と方法に関して，より広範な決定が適用される実際の個別的な場合である。歩行者は歩くために足の筋肉を収縮させる。彼は行き先に向かうために歩く。彼が行き先である郵便ポストに向かうのは，手紙を出すためである。彼が手紙

を出すのは，ある情報を別の人に伝達するためである，等々。それぞれの決定には，ある目的の選択とそれに適合する行動が含まれている。このような目的は，次々に幾分か遠い目的に対する中間目的として位置づけられていき，最終的な目的に至るまでこのような関係が続いていく。

この引用例のなかで，手紙を出すという目的に対して郵便ポストへ向かうという手段の選択がなされているが，この手紙を出すという目的自体が，ある情報を別の人に伝達するという1つ上位のレベルの目的に対する手段でもあり，また郵便ポストへ向かうという手段自体も見方を変えれば，1つ下位のレベルの歩くことの目的として位置づけられる。要するに，目的体系には階層性があり，各階層間の関係は，下位レベルの目的がその1つ上位レベルの目的の手段となっているという目的―手段の関係である。すなわち，全体としての目的体系は，目的―手段の連鎖により構成される階層的体系なのである。したがって，目的を達成するための手段の選択としての意思決定も，階層的目的体系に対応して意思決定階層を形成していることになる。そして組織における意思決定では，このような意思決定階層ないし階層的目的体系は，組織階層とほぼ重なり合うものとなるだろう。

「制約された合理性」しか確保できない人間が意思決定を行なうときには，不確定性と向き合わなければならない。Simonは，選択における代替案の多様性とそれに関連して考慮すべき要因の多様性とがもたらす不確定性を，意思決定の合理性を阻む制約として捉えている。そして，この制約は組織の階層的秩序により緩和できるのである。

目的が既定のものであれば，その存在自体が手段の選択の範囲を限定していることになる。Barnardが，目的の設定を「意思力を行使しうるように選択条件を限定しようとすること」として捉えているように[14]，目的の設定とは行為の選択の範囲を限定することに他ならない。あるいは意思決定階層に即していえば，上位の意思決定の結果が下位の意思決定における選択の範囲を限定するということになる。したがって，階層的目的体系や階層的意思決定体系と対応する組織階層の存在は，「制約された合理性」しか確保できない人間が行なう意思決定における「合理性への制約」の「制約」を緩和す

ることになるのである．

　本来，「制約された合理性」しか確保できない人間は，満足化意思決定を行なうことになるだろう．しかし，組織メンバーとして組織の階層的秩序に組み込まれることによって意思決定の合理性への「制約」が緩和され，組織階層の下層部へいくほど意思決定における選択の範囲が限定されて考慮すべき要因の多様性が削減されることになり，最適化意思決定に近い選択が可能になるだろう．ただし，このようなメカニズムが作用するためには，組織の階層的秩序において上位の目的があらかじめ設定されていること，すなわち目的の先与性が不可欠の条件となる．

V　多様性と多義性

　再びチェスの例に戻ろう．チェスの名人がゲーム展開の中盤で「有無をいわせぬ指し手」を直観的に思いつくとき，そこには，その時点での盤面の状況を手がかりに将来の望ましい盤面を想定する過程と，その望ましい盤面を実現するための手段としてつぎの一手を選択する過程とが存在していた．この2つの過程はいずれも不確定性をともなうために，チェス名人は直観に依存することになるのだが，Simonの意思決定理論で考察の対象とされているのは将来の望ましい盤面を想定する過程ではなく，すでに想定された盤面を実現するために手段を選択する方の過程なのである．

　しかし忘れてはならないのは，意思決定における意図せざる結果が，チェスのゲーム展開のある時点での盤面の状況を手がかりに将来の望ましい盤面を想定する過程にともなう不確定性によっても生起することである．ある時点での盤面の状況という手がかりがあっても，多様な将来の盤面が想定される可能性が高く，そのことによって，その時点の盤面は多様な将来像に規定された多様な意味，すなわち多義性をもつことになる．チェスの名人はこの多義性に対しても直観のはたらきで対応したわけであるが，Simonの意思決定理論は，この多義性から生起する不確定性を理論構築の対象から排除してしまっているかのように見えるのである．

　チェスのゲーム展開のある時点での盤面の状況を手がかりに将来の望まし

い盤面を想定する過程は，将来達成すべき望ましい状態を記述したものである目的を探求する過程としても捉えられるだろう。しかし，Simon の理論では目的は既定のものとされている。すなわち目的の先与性が前提とされていて，その目的を達成するための手段の選択だけが，意思決定で問題とされているのである。

また Simon は，意思決定過程の第 1 局面として，情報収集により意思決定の機会を探索する情報活動を識別している。この局面について，Simon は「意思決定が必要となる条件を見きわめるため環境を探索すること」[15]とだけ述べているが，そこには目的との関連で検討しなければならない内容が含まれている。

意思決定の機会の探索のなかで見出される意思決定の契機とは，どのような様相を呈するものなのだろうか。それまで達成すべき望ましい状態とされていた将来の全体像に規定されて遂行されてきた活動の流れのなかで，その全体像とは相容れない異例としての事象や行為と出会ったとき，何らかの意思決定が必要となるだろう。異例が単なる逸脱と見なされることで既定の全体像が維持されて，それまでの活動の流れが継続されていくかもしれないが，異例の重要性が認識されて，それを手がかりに新たな全体像の想定という全体像の変容が生起することもありうるだろう。だとすれば，意思決定過程には既定の目的達成のための有効な手段の探求だけでなく，目的の適切さの問い直しや目的の変容も包括されることになるだろう。

しかし，組織の階層的秩序によって意思決定における考慮すべき要因の多様性が削減されて意思決定の合理性への制約が緩和されるというとき，そこでは異例の認識とそれにもとづく達成すべき望ましい将来の全体像としての目的の変容が抑圧されることになる。意思決定の合理性とは，あくまで既定の目的を達成するための最適な手段の選択を確保することを示しているのである。

要約しておこう。意思決定における意図せざる結果は，全くの偶然による場合を除けば，考慮すべき要因の多様性と意味形成の多様性，すなわち多義性による不確定性から生起する。Simon は，制約された合理性しか確保できない人間がその「制約」を緩和して意思決定の合理性を高めるための装置と

して，組織の階層的秩序に注目した。この階層的秩序は，意思決定において考慮すべき要因の多様性を削減することで，意図せざる結果の生起を抑制することになる。ただし組織の階層的秩序，特に階層的目的体系と意思決定階層の構成には，目的の先与性という前提が不可欠である。しかし，目的の先与性を前提とすれば，その目的の観点から意味が規定されることになり，意味形成の多様性は考察の対象から排除されることになるだろう。したがってSimonの意思決定論では，意味形成の多様性，すなわち多義性から生起する意図せざる結果は想定されていないのである。

このように考慮すべき要因の多様性への対応は重視するが，対象の多義性については理論的枠組から排除してしまう傾向は，Simonの意思決定理論だけでなく，目的の先与性を前提にして目的達成のための有効な手段の探求をその基調とする多くの組織理論や管理論にも通底するものである。したがって，Marchによるつぎのような一見奇妙に思える指摘がきわめて重要になる[16]。

> 目標形成と選択とが行動的に無縁であるという議論は，明らかに誤っていると思う。目標が先にきて，行為がその後にくるということを想定した行動の描写は，しばしば根本的に間違っていると私には思えてならない。人間の選択行動は，目標にむかって行為するとともに少くともそうした目標を発見する過程でもある。

目的の先与性が前提にできないとすれば，意思決定過程はどのような様相を呈することになるのだろうか。March＝Olsenによる意思決定論をつぎに検討しよう。

VI　あいまい性，あるいは組織化された無秩序

社会学者のMorinは，「どんな行為であれ，ひとがそれを企てた途端，行為はすでに当人の意図を逃れ始めている」[17]という表現で，意図と行為の当然すぎると思われる関連性について，その脆弱さを指摘している。March

= Olsen は，この意図と行為の関連性も含めて，組織現象の形成や展開を規定するものと考えられてきた多様な因果関係の存在や秩序のはたらきに疑問を提起する。そして，関係性や秩序による規定を摺り抜けるかのように意図せざる結果が生起してしまうような組織状況が，実は異常事態ではなく，むしろ組織の常態なのだと想定する。すると組織状況を特徴づけるべく見出されるものは，つぎのような4つのあいまい性（ambiguity）だということになる[18]。

- 意図のあいまい性：組織が矛盾した不明確な諸目標をもっていること。
- 理解のあいまい性：組織の行為とその結果との関係がよく理解できないこと。
- 歴史のあいまい性：過去の出来事の記述や解釈が一様でないこと。
- 組織のあいまい性：個人によってどの意思決定に注意を払うかが異なり，しかもそれは時間の経過とともに変化するので，意思決定への参加のパターンは不確実で目まぐるしく変わること。

組織の意思決定の様相は，このような組織の至る所で顕在化するあいまい性と無関係ではありえないかもしれない。

　組織の意思決定状況では，どのような問題に対して，どのような参加者が，どのような選択基準にもとづいて，どのような解を選択するのかという，問題，解，選択，参加者を適切に関連づける基準を規定することが難しく，特につぎのような理解しにくい選好，不明確なテクノロジー，流動的な参加者という3つの要素が，意思決定状況を特徴づけることになるという[19]。

- 問題のある選好（problematic preferences）：選好はしばしば不確かである。つまり，選好理論で要請されるような標準的な首尾一貫性を満足する選好体系を，実際の選択状況に求めるのは無理なことが多い。組織はチグハグで不明確な選好基準をベースに動いているのである。組織は，一貫性のある構造としてよりも，多様な目的のルーズな集まりとして考えた方がふさわしい。選好は，行動の基礎であると同時に行動を通して発見されるものである。
- 不明確なテクノロジー（unclear technology）：テクノロジーは，しばしば不明確である。組織は生き残ろうと，そのうえ生産さえしようとい

ろいろと手を尽くすが，肝心のそれ自身のメカニズムが組織メンバーによって理解されているわけではない。ただ，単純な試行錯誤や，過去のふとした経験からの教訓のそれも残りカス，あるいは窮余の一策といったものを基礎にしてなんとかやっているのである。
  ○ 流動的な参加（fluid participation）：参加は，しばしば流動的である。参加者は，あちこちの決定場面に振り当てる時間と労力をその都度やりくりし，その量は一定していない。顔触れが刻々と変るのである。その結果，組織内の境界は，ゆらぎ，移ろう。すなわち，個々の選択場面の決定者と観客が，気まぐれに変わるのである。決定の全局面を終始支配するような参加者が一人もいないことも珍しくない。

 Cohen, March ＝ Olsen は，このような組織の意思決定状況を組織化された無秩序（organized anarchy）と呼ぶ。選択状況を構成すべき要素が，そこでの関係性や秩序にあまり規定されることなく，「決定におけるさまざまな関連性があいまい」[20]なのである。したがって，「ある選択状況で何が起こるかは，その選択状況（およびその参加者）が，選択状況外の他の人々，他の場所，他の事柄，そして他の出来事のその時に織りなす全体模様とどう調和するかに大きく左右される」[21]ことになる。すなわち，選択状況で生起する事態は，その選択状況内の要素の関連性に規定されるだけではなく，むしろその選択状況が部分でしかない全体としてのモザイク模様との調和に依存するのだが，そのモザイク模様自体が複雑で不安定で絶えず変容しているというのである。このような秩序なきダイナミズムをはらむ組織状況での意思決定の様相を解明するために，Cohen, March ＝ Olsen は，組織選択のゴミ箱（Garbage can）モデルを提起している。

Ⅶ 組織選択のゴミ箱モデル

 組織選択のゴミ箱モデルでは，問題，解，参加者，選択機会という意思決定状況を構成する関連性の不明確な要素が，比較的独立した4つの流れとして描き出され，意思決定，すなわち組織選択は，これら4つの流れがタイミングよく合流したときに行なわれることになる。「ゴミ箱モデル」というユ

ニークな名称は，何らかの決定が求められる場である選択機会を，参加者がさまざまな問題や解を投げ込むゴミ箱とみなすことに由来している[22]。

選択機会には，参加者，問題，解の流入や流出があり，選択機会の様相は，その時点で選択機会にどのような参加者，問題，解が留まって相互作用を行なっているかに規定されることになる。このような選択機会が，定期的に，あるいは不定期に一定の手続きを経て設定され，さまざまな様相を呈しながら，参加者，問題，解と出合うべく組織のなかを流れていると捉えるのである。

これまで意思決定とは，問題を解決する過程であると考えられてきたが，ゴミ箱モデルによれば，必ずしもそうではないことになる。選択状況のなかで多様な問題が扱われはするが，選択がなされるのは，選択機会へ流入ないし流出する問題，解，参加者の適当な組合せがタイミングよく形成されるときである。したがって，問題となっている事柄が選択機会から流出して他の選択機会へ移ってしまった後で選択が行なわれたり，問題となりそうな事柄が顕在化する前に選択が行なわれてしまうことも想定できる。そこで，Cohen, March ＝ Olsen は，つぎのような 3 つの意思決定スタイルを識別している[23]。

○ 見過ごし（oversight）による選択

選択機会で問題となるはずの事柄が他の選択機会に留まっているうちに選択が始まり，そこに選択をするだけのエネルギーがあれば，問題に注意を払うことなく最小の時間とエネルギーで選択が行なわれることになる。この選択では，問題がその選択機会にはないので問題が解決されるわけではない。

○ 飛ばし（flight）による選択

問題にとって"より魅力的"な選択機会がやって来るまでしばらくの間，ある選択機会がその相応しくない問題をかかえている場合がある。そのような問題は，魅力的な選択機会が現れるとそこに移行していくため，問題となる事柄がなくなり選択機会は決定を行なえるようになる。ただし，この決定は何も問題を解決するわけではなく，問題が新しい選択機会に移っただけである。

○ 解決（resolution）による選択

　一定の時間をかけて問題に取り組み，問題を解決するような選択機会もある。その時間の長さは，（問題の数によって）大きく異なる。組織の選択といえば，われわれは普通このケースを直ちに考える。

　Cohen, March = Olsen によれば，組織の意思決定では，意外にも解決による選択は意思決定の一般的なスタイルではなく，むしろ見過ごしや飛ばしによる選択の方が通常であるという[24]。しかも，重要な選択機会では見過ごしや飛ばしによる選択が多く，あまり重要でない選択機会で解決による選択が多くなるのである[25]。このような指摘は，組織が頻繁に意思決定を行なっているようにみえても，問題はあまり解決されていないという事情を明確に説明してくれるだろう。

　ゴミ箱モデルの想定する意思決定状況では，目的の先与性，目的達成のための有効な手段の探求，あるいは問題解決のための解の発見という発想は稀薄となる。たとえば，コンピュータは，給料支払簿の管理上の問題に対する解というだけのものではない[26]。それは，問題を積極的に探し求める１つの解であり，別の選択機会では別の問題と合流するだろう。要するに，手段がそれに相応しい目的を求めることもあるということである。選択機会は，参加者，問題，解の流れの出会いの場であり，決定にとってはその出会いのタイミングがきわめて重要なのである。

　チェスの名人ならば，直観のはたらきに頼るであろう不確定性への対応が，ゴミ箱モデルでは，選択機会，参加者，問題，解という４つの流れの合流する「タイミング」に委ねられている。そこには，Simon が定式化したような目的—手段の連鎖による階層的目的体系のはたらきとは相容れない，すなわち上位目的が下位目的を手段として規定する作用とは逆方向の，手段を手がかりに目的が探求されるという動きも包括されているのである。手段としてのコンピュータが，それに相応しい目的を積極的に探し求めるように。ただし，この手段から目的へという過程には，チェス名人が直観に，ゴミ箱モデルの場合はタイミングに依存しなければならないことからも明らかなように，合理性や論理的必然性が貫徹することはない。

Ⅷ　意思決定と意味形成

　March = Olsen は，組織選択のゴミ箱モデルを提起するとともに，「決定は，多様なドラマが演じられる舞台なのである」という興味深い指摘を行なっている[27]。ただし，このドラマは，舞台裏に演出家がいてシナリオ通りに展開されるようなものではないだろう。管理活動による選択機会，参加者，問題，解という4つの流れの関係の調整や[28]，組織構造による4つの流れのある程度のパターン化の余地があるとしても[29]，基本的には決定は，この4つの流れの合流のタイミングに依存するからである。また「多様なドラマ」という表現に示されるように，意思決定過程は，そこで何らかの決定内容が形成されるだけではなく，参加者間に友交関係や敵対関係が形成ないし確認されたり，決定への関与が参加者の力の誇示になったり，参加者の関心や集団の目的が明らかになったりするというように，「決定以外の多くの事柄にとっての機会」でもある[30]。

　組織の意思決定過程は，決定内容を形成する過程としてだけでなく，それとは別の観点からも多様な意味を付与されているのである。すなわち，参加者は各々が形成した意味に導かれて意思決定状況で行為し，あるいは行為によって新たな意味が顕在化し，そこでは多様なドラマが演じられることになる。この点について，March = Olsen は，「実体」と「シンボル」という表現を用いて，つぎのように論じている。

　　　　第二にわれわれは選択過程のシンボルを検討する。選択過程は，そこから生じる実体的な結果いかんにかかわらず，それ自体が重要である[31]。

　　　　しかしながら，決定結果だけが決定過程の重大事ではない。過程それ自体に関連した数々のシンボルも重要なのである。そこでは，地位が振り分けられ認められる。情報が交換される。教育訓練が行なわれる。実体的な決定結果が多くの参加者にとって耳目を集めるほどのものではな

いときとか，あるいはあらかじめ結論がわかっていて意思決定の良し悪しが問題にならないような場合，決定を楽しむということが今度はクローズアップされてくる[32]。

　対象がそれ自体として捉えられたものであることを示すのが「実体」であり，対象はそれ自体とは異なった意味が付与されたときに「シンボル」となる。対象をシンボルとして捉えるということは，対象それ自体としての実体とそこに付与された，対象に依拠しながらも対象それ自体とは異なる意味という2つのレベルを設定し，実体よりも意味に注目することである。このような視点から，たとえば，選択状況への参加者にとってシンボルの方が実体よりも重要であれば，事柄の取り扱い方を改めたり，表現の仕方を変えるだけで，物事がスムーズに運ぶといったことが少なくないというような実践的な示唆も出てくるだろう[33]。
　しかし，実体とシンボルの意味という2層による把握だけで十分なのだろうか。この2つのレベルしか存在しないということになれば，対象それ自体としての実体は非人称的客観性の装いを容易に獲得し，シンボルの意味は，いかに強調されようとも主観的で特殊なものという扱いを受ける可能性を排除できないだろう。実体とシンボルの意味という2層だけによる把握は，客観的存在と主観的意味という二項対立に容易に重ね合わされるのである。
　一連の組織シンボリズム研究のなかで，たとえばPfefferは，組織研究が実体的な行動や結果のレベルとシンボルの意味のレベルの両方で進められるべきであると主張し[34]，Dandridgeは，シンボルの役割の理解を「追加的レンズ（added lens）」として使用することで，組織現象を深層まで捉えることが可能になると述べている[35]。しかし，Dandridgeが，実体とシンボルの意味という2つのレベルのうち実体のレベルに根拠を置かざるをえないことを示唆するかのような「追加的レンズ」という表現を用いているように，この2つのレベルだけに限定した場合には，客観性と主観性の二項対立に還元されて，シンボルの意味はいかに強調されようとも主観的で変容性をはらむ脆弱な要素という扱いを受けることに変わりはないだろう。
　では，シンボルの意味をどのように理解すべきなのだろうか。Geertzは，

シンボルが「たんなる実体性から解放されて経験に意味を付与するために用いられる[36]」と述べている。すでに別の機会に論じたように，実体性からの解放とは重層的な意味の世界のなかで実体性を相対化することにより可能となる[37]。

March = Olsen は，決定内容を形成する意思決定を実体として捉え，そこに付与される多様な意味の重要性を強調しているのだが，ゴミ箱モデルによれば意思決定とは選択機会，参加者，問題，解という比較的独立した組織内の流れのタイミングのよい合流である。したがって，意思決定は，これら4つの流れのタイミングのよい合流という実体に付与された意味でもある。すなわち，見方を変えれば，実体であったものが意味となるのである。実体性は絶対的なものではなく，重層的な意味の世界のなかで，注目によって現出する2つの意味階層のうち下位に位置づけられる層が実体的に見えるということにすぎない。シンボルが媒介するのは，実体と意味というよりも，対象をめぐる重層的な意味の世界において注目により現出してくる2つの意味のレベルなのである。

目的と手段の関係性が，階層的目的体系における上位目的と下位目的との関係性であったように，意味と実体の関係性も，重層的な意味の世界で注目により現出する2つの意味レベルにおける上位の意味と下位の意味との関係性として捉えられるだろう。下位の意味が実体的意味であるのに対し，その上位の意味は創発的意味とでも呼ぶことのできるものである。意味が対象の存在可能性の1つであるとすれば，創発的意味は対象の新たな存在可能性を顕在化させることになる[38]。いずれかの意味が行為を導くのであるから，意思決定過程は，行為の選択だけでなく，既定の意味，すなわち実体的意味を行為の選択の前提として追認する場合も含めて，行為の選択を規定する意味の形成まで包括する過程として捉えられるべきだろう。

さて，遍歴の騎士ドン・キホーテの物語では，風車に突撃しようとする主人ドン・キホーテを止めようとした従士サンチョ・パンサの行為が，風力を利用して翼を回転させ製粉を行なう建造物＝風車という実体的意味に規定されていたのに対し，ドン・キホーテは，邪悪な巨人という新たな意味を形成し，その意味に規定された行為が，まさにドラマを生み出したのである。サ

ンチョ・パンサの行為が実体的意味に導かれ，ドン・キホーテの行為は創発的意味に導かれていたことになる。しかし，ドン・キホーテの形成した創発的意味が，物語の登場人物たちにも読者にも共有されることがなかったが故に，このドラマは喜劇として終わることになる。

【注】

1) セルバンテス，M.,『ドン・キホーテ：前篇(一)』（牛島信明訳）岩波書店, 2001, pp. 142-143.
2) 同上書, p. 141.
3) Simon, H. A., *Administrative Behavior: A study of Decision-making Processes in Administrative Organization*, 3 rd ed., Expanded with new Introduction, The Free Press, 1976, p. 45（松田武彦・高柳暁・二村敏子訳『経営行動：経営組織における意思決定プロセスの研究』ダイヤモンド社, 1989, p. 56).
4) *Ibid.*, p. 25（邦訳, p. 27）.
5) *Ibid.*, p. 25（邦訳, p. 27）.
6) *Ibid.*, p. 1（邦訳, p. 3）.
7) *Ibid.*, p. 4（邦訳, p. 6）.
8) Simon, H. A., *The New Science of Management Decision*, revised ed., 1977, Prentice-Hall, pp. 40-41（稲葉元吉・倉井武夫訳『意思決定の科学』産業能率大学出版部, 1979, pp. 55-56).
9) Simon, H. A., *op. cit.*, 1976, p. 80（邦訳, p. 102）.
10) *Ibid.*, pp. 81-84（邦訳, pp. 103-106).
11) *Ibid.*, p. XXX（邦訳, pp. 30-31).
12) *Ibid.*, p. 41（邦訳, p. 49).
13) *Ibid.*, p. 4（邦訳, p. 7).
14) Barnard, C. I., *The Functions of the Executive*, Harvard University Press, 1938, p. 14（山本安次郎・田杉競・飯野春樹訳『経営者の役割』1968, p. 15).
15) Simon, H. A., *op. cit.*, 1977, pp. 40-41（邦訳, pp. 55-56).
16) March, J. G., "The Technology of Foolishness" in March, J. G. and Olsen, J. P., *Ambiguity and Choice in Organizations*, Universitetsforlaget, 1972, p. 72（遠田雄志・A. ユング訳『組織におけるあいまいさと決定』有斐閣, 1986, p. 115).
17) モラン，E.『複雑性とは何か』（吉田幸男・中村典子訳）国文社, 1993, p. 118.
18) March, J. G. and Olsen, J. P., *op. cit.*, 1972, p. 12（邦訳, p. 5).
19) ・Cohen, M. D., March, J. G. and Olsen, J. P., "A Garbage Can Model of Organizational Choice," *Administrative Science Quarterly*, Vol. 17, No. 1, 1972a, p. 1.

・Cohen, M. D., March, J. G. and Olsen, J. P., "People, Problems, Solutions and the Ambiguity of Relevance," in March, J. G. and Olsen, J. P., *op, cit.*, 1972b, p. 25（邦訳, p. 29）.
20) *Ibid.*, p. 26（邦訳, p. 30）.
21) *Ibid.*, p. 26（邦訳, p. 30）.
22) *Ibid.*, p. 26（邦訳, p. 31）.
23) *Ibid.*, p. 33（邦訳, pp. 42-43）.
24) *Ibid.*, p. 34（邦訳, p. 45）.
25) *Ibid.*, p. 35（邦訳, p. 47）.
26) *Ibid.*, pp. 26-27（邦訳, pp. 31-32）.
27) *Ibid.*, p. 12（邦訳, p. 4-5）.
28) *Ibid.*, p. 31（邦訳, p. 40）.
29) *Ibid.*, p. 27（邦訳, p. 33）.
30) *Ibid.*, pp. 11-12（邦訳, p. 4）.
31) *Ibid.*, p. 45（邦訳, p. 67）.
32) *Ibid.*, p. 47（邦訳, pp. 70-71）.
33) ・Cohen, M. D. and March, J. G., *Leadership and Ambiguity*, Harvard Business School Press, 1974, pp. 208-209.
    ・遠田雄志『あいまい経営学』日刊工業新聞社, 1990, p. 83.
34) Pfeffer, J., "Management as Symbolic Action: The Creation and Maintenance of Organizational Paradigms," in Cummings, L. L. and Staw, B. M.(eds.), *Research in Organizational Beehavior*, Vol. 3, JAI Press, 1981, p. 8.
35) Dandridge, T. C., "Symbols' Function and Use," in Pondy, L. R., Frost, P. J., Morgan, G. and Dandridge, T. C. (eds.), *Organizational Symbolism* (*Monographs in Organizational Behavior and Industrial Relations*, Vol. 1) 1983, JAI Press, p. 70.
36) Geertz, C., *The Interpretation of Cultures*, Basic Books Inc., 1973, p. 45（吉田禎吾・柳川啓一・中牧弘充・板橋作美訳『文化の解釈学Ⅰ』岩波書店, 1987, p. 78）.
37) 稲垣保弘『組織の解釈学』白桃書房, 2002年, pp. 218-224.
38) 同上書, pp. 230-248.

第6章
経営戦略形成の様相
――余韻と徴候のあいだ――

I　徴候あるいは予感

　いっときの雨をともない走り去る黒雲を背景に，ニセアカシアの花の香りの漂う向こうは，緑の葉むらとなった桜の木々が続いている。わずかひと月前には，そこで人々が満開の桜花に酔いしれていた。いま目の前でニセアカシアのたわわな房を垂らす木立には，金銀花の蔓が幹ごとにまつわり，樹皮を覆い尽くしている。二週間後には，この金銀花の，さわやかな酸味をまじえた香りが立ち込めるのかもしれない。
　精神医学者の中井久夫は，この雨上がりの桜並木の入り口に立って，そこで感じる余韻と現前と，そして来たるべき光景の予感との交錯について，つぎのように述べている[1]。

私を押し包んでいたのは，この，かすかな予感とただよう余韻とりんとした現前との，息づまるような交錯でもあった。ニセアカシアは現在であった。桜は過去であり，金銀花はいまだ到来していないものである。それぞれに喚起的価値があり，それぞれは相互浸透している。
　「この世界が，はたして記号によって尽くされるのか。なぜなら，記号は存在するものの間で喚起され照合され関係づけられるものだからだ。」「世界は記号からなる」という命題にふっと疑問を抱いた。「いまだあらざるものとすでにないもの，予感と余韻と現在あるもの—現前とこれを呼ぶとして—そのあいだに記号論的関係はあるのであろうか。「嘱目の世界に成立している記号論と，かりに徴候と予感や過去のインデクス（索引）と余韻を含む記号論があるとして，それを同じ一つのものというのは，概念の過剰包括ではないか。そのような記号論をほんとうに整合的意味のある内容を以て構成しうるのか。ひょっとするとスローガン以上にでないのでないか。」「ではどういうものがありうるのか。」「世界は記号によって織りなされているばかりではない。世界は私にとって徴候の明滅するところでもある。それはいまだないものを予告している世界であるが，いわば眼前に明白に存在するものはほとんど問題にならない世界である。これをプレ世界というならば，ここにおいては，もっともとおく，もっともかすかなもの，存在の地平線に明滅しているものほど，重大な価値と意味とを有するものでないだろうか。それは遠景が明るく手もとの暗い月明下の世界である。

　時の流れの先の，存在の地平線に明滅している「重大な価値と意味を有する」というものを，いま，遠くかすかにでも確信をもって目に映すことができたら，過去の索引を余韻にひたりながら引き，明るい遠景まで導いてくれそうな徴候を仄暗い月明下の足元に見出すことのできるときが，いまであったら。誰しも，そう思うだろう。
　現前と交錯する余韻と予感，索引と徴候は，これからの行為の道筋を示してくれるような，時の流れの先の全体像を構想する手がかりとなるのだろうか。

過去と現在と未来とを一元的に結びつける記号体系の中に人がいるのなら，その体系にもとづいた「解読」によって1つの意味を確定することで，時空の広がりを貫く道筋を明確に見通すことができるだろう。

だが，過去は余韻として，未来は徴候として，それらが，「嘱目」すなわち目をつけることで凛として顕在化してはいるが，一瞬でしかない現前と交錯するのが，過去と未来との境界としての「いま」であるのなら，そこに，人の行為，組織の活動，事象を位置づける記号体系を想定しても，それは，各要素の一義的な解読を可能とする秩序とはならない。ある記号体系によって，そこに包括される各要素それぞれが一義的に規定された意味をもつ，そういう状況にはない。

なぜならば，徴候は多義性をはらむ。美しい少女の微笑が意味するものは，恋の予感かもしれないが，軽蔑の念かもしれないし，それが思い出し笑いではないともいえず，しかるべきときに備えての笑顔の練習かもしれない。意味は事後的にしか，明確にならない。

中井は予感と余韻について，つぎのように述べる[2]。

> 予感が微分的，すなわち微細な差異にすべてをかけるのに対して，余韻とは，経験が分節性を失いつつ，ある全体性を以て留まっていることである。

あるいは「徴候」にも触れて，つぎのように敷衍する[3]。

> 「予感」と「徴候」とは，すぐれて差異性によって認知される。従って些細な新奇さ，もっとも微かな変化が鋭敏な「徴候」であり，もっとも名状しがたい微かな雰囲気的，身体感覚的，あいだ覚的な変化が「予感」である。これらは「微分的」である。
>
> これに反して，「余韻」は過ぎ去ったものの総体が残す雰囲気的，一般感覚的，あいだ覚的なものである。「索引」は過去の集成への入り口である。ともに積分的なものである。

「凛とした」現前は，余韻という過去の全体像の名残りと，徴候というつぎの全体像への傾き，方向性，兆しをはらむ。凛としていても，時の流れの先の光景に照らせば，それは月明下の小景となって，つぎへの始まりは，仄暗い足元での徴候としか見えていない。遠くの明るい光景が，妄想，幻影，蜃気楼であるのかもしれない。

徴候としての行為ないし事象は多義的であり，この多義性が削減されるのは，将来の全体構想の想定された後である。しかし，その全体構想も現実化するまでは遠く隔たりのある光景であり，変容の可能性をはらむ。その変容によって，徴候の意味もさらに変化するかもしれないという相互作用，あるいは相互規定を免れないこの過程は，解釈学でいう解釈学的循環と鮮やかに重なり合う。この点については後述しよう。

さて，仄暗い月明下に足元の徴候を見据えて，明るい遠景を見通そうとする，これは組織が戦略を策定しようとするときの状況とよく似ている。

II　経営戦略論の性格：二つの方向性

どうすれば，組織は将来にわたって成功を手にしていけるのだろうか。そのための構想と道筋を示してくれる理論，そのようなものが定式化されていれば，何と素晴らしいことだろう。経営戦略論の魅力は，おそらくそこにある。

主力事業の将来性に疑問の余地がなく，その事業遂行の効率性を追求していけばよかった時期が過ぎ去りつつあるとき，組織は新たな将来構想を描いて，その実現への道筋を模索しなくてはならなくなる。1960年前後にそのような状況に直面し，新事業に進出して多角化を推進していったアメリカ企業を研究の対象とした Chandler は，「組織構造は経営戦略に従う」という有名な命題を導出して，多角化戦略の採用が製品別事業部制組織を形成したことを明らかにしている[4]。Chandler は，経営戦略を「企業の基本的長期目標・目的の決定，とるべき行動方向の採択，これらの目標遂行に必要な資源の配分」と定義している[5]。

戦略の変更がそれを実行する組織形態に変容を迫るというかたちで，

Chandler は戦略の重要性を明らかにしたが，戦略そのものに焦点を合わせて研究したわけではない。効率性の追求による成功の余韻に包まれつつ，それが薄れていくなかで，将来の新たな成功への徴候に目を凝らす。ここに Chandler の研究対象となった企業の戦略形成の契機があったことは示唆されている。

 経営戦略の形成についてさしあたりの素描をしてみれば，環境の状況を考慮し，組織の能力を検討し，組織の進むべき将来の構想を描いて，その実現への道筋を明らかにし，その道筋を歩むための手段の選択を行なう，そういった一連の過程を包括するものとなるだろう。そのどこに焦点を合わせるのかは，研究者によって異なるかもしれない。

 経営戦略について体系的な理論を構築し，戦略というコンセプトを広く普及させた研究者の一人は Ansoff である。Ansoff は経営戦略について論じるにあたって，つぎのように Simon の意思決定論に依拠していることを認めている[6]。

> 実際的で規範的な方法としての必要条件を満たすような，包括的な"企業の戦略的意思決定論"といったものがほしいとすれば，その概念上の基盤も方法論のツールも，いまや手元にあるわけである。

 Ansoff の経営戦略論は，まず戦略的意思決定に焦点を合わせ，その概念上の基盤と方法論のツールを Simon の意思決定論に求めている。この点が Ansoff の理論の性格をかなり規定してくる。

 Simon は主として，目的の先行性を前提に，すなわち目的をすでに明らかなものとして，その既存のものである目的を達成する手段を選択する意思決定について論じている[7]。ただし，制約された合理性しか確保できない人間は，基本的には最適な代替案を選択することはできずに，満足化意思決定に依存する他はなく，組織階層の形成によって組織メンバーの制約された合理性の「制約」を緩和していくことで，意思決定階層の下位レベル，すなわち実行レベルでの選択を最適化意思決定に近づけようとする。Simon の意思決定階層では，目的は既存の前提となっていて，階層は上方向には開かれてい

ない。

　しかし，将来達成すべき望ましい状態を想定するには，意思決定階層は上方向にも開かれていなければならない。将来構想は描くもの，想定するものであって，既存のものではない。

　Ansoff は，企業における意思決定を戦略的意思決定，管理的意思決定，業務的意思決定の 3 つに類型化している。

　　　戦略的意思決定は，主として企業の内部問題よりもむしろ外部問題に関係のあるもので，具体的にいえば，その企業が生産しようとする製品ミックスと，販売しようとする市場との選択に関するものである[8]。

　戦略的意思決定は，企業と環境との関係を確立することで，将来構想として企業の事業領域を描く意思決定である。これに対し，管理的決定と業務的決定については，Ansoff は以下のように明らかにしている。

　　　管理的意思決定は，最大の業績能力を生み出すように企業の資源を組織化するという問題に関するものである。したがって，管理的問題の一面は，いわゆる組織機構に関するもので，権限と職責との関係，仕事の流れ，情報の流れ，流通経路，諸施設の立地といったものを組織化することである。もう一つの面は，資源の調達と開発に関するもので，資材（原材料）源の開発，人の訓練と啓発，資金の調達，諸施設および設備の調達などに関するものである[9]。

　　　業務的意思決定は，通常，その企業の活動力と関心の大半に影響を与えるもので，その目的は，企業の資源の転化のプロセスにおける効率性を最大にすることである。いいかえれば，現行の業務の収益性を最大にすることである。そのおもな決定領域としては，各機能部門および製品ラインへの資源の配分（予算化），業務の日程計画化，業績の監視，コントロール・アクションなどがあげられよう[10]。

Ansoffは,「戦略からは,当然業務上の必要事項が生まれてくる」[11],「組織機構は戦略に従属する」[12]と述べているように,戦略的意思決定を他の2つのタイプの意思決定の上位レベルに明確に位置づけている。また,以下のように説明している[13]。

> われわれが"戦略的"意思決定について話しているときは,"戦略的"というのは"企業の,その環境に対する適応ということに関係のある"という意味であり,また"戦略"について話しているときには,そのことばは"部分的無知の状態のもとでの意思決定のためのルール"という意味である。

戦略的意思決定は,環境状況と企業の能力の適合関係を将来動向まで包括して見通し,将来に向けてどのような事業,すなわち製品／サービスと市場との組み合せを選択していくべきかについての決定になる。そこに横たわるのは「部分的無知の状態」であり,環境状況の将来的変化の予測が難しいだけでなく,企業の能力についても「組織はその強みをテストする前に,どうしてそれが強みだと断言できるのだろうか？」[14]という疑問が当然のように生じる。

このような「部分的無知の状態」で行なわれる意思決定を導き,その選択に妥当性を付加できるようなルール,Ansoffの場合,それが戦略なのである。ルールとしての戦略は以下のような4つの構成要素から成り立つ[15]。

○「製品・市場の領域」：その企業の製品・市場領域の識別。
○「成長ベクトル」：これは,既存の「製品・市場領域」との関連で,企業がどのような方向に進んでいくかを示す。既存製品によって既存市場で売り上げを高めていく「市場浸透」,既存製品で新規市場を開拓する「市場開拓」,既存市場に新製品を投入する「製品開発」,製品と市場をともに新規のものにして新たな事業へ進出していく「多角化」という4つの方向性が示されている。
○「競争上の優位性」：企業に競争上の優位性を与えるような市場,製品の特性の明確化。

○「シナジー」：既存の「製品・市場領域」と新規のそれとの間に見込める相乗効果で，販売シナジー，生産シナジー，投資シナジー，マネジメント・シナジーの4つが挙げられている。

これらのルールは，企業ごとに，異なった内容として提示される。Ansoffは以下のように述べている[16]。

　　　　製品―市場の選択に関する決定ルールも企業によって異なるわけで，
　　　　同一の企業内でも時期によって違ってくるわけである。

ここに示されているのは，企業ごとの状況によって適用内容の異なる弾力的なルールではある。

　しかし，将来構想にもとづいて現状でなすべきことをきめるのと，現状の何らかの事象や行為を手がかりに将来構想を描くのとでは，根本的なところでまったく異質な意思決定となる。前者では，将来構想がなすべきことの範囲を限定する。意思決定階層を下方向へ辿る意思決定である。後者では，手がかりの先に広がる可能性を見ている。意思決定階層の上位レベルを想定しようという意思決定である。手がかりは制約としてよりも，現状からの可能性を広げるものとしてある。

　ルールとは選択の幅を狭めることで，行動を可能にするとともに制約するものである。ここでは，将来への限られた道筋を示すとともに，現状において，将来に向けての可能性の広がりを限定することになる。意思決定階層の上方向への動きにルールはなじむのだろうか。

　Ansoffは，数値目標も含めた詳細な目標体系については戦略から排除しているが，将来達成すべき望ましい状態を描くことは，将来の製品・市場領域の明確化として戦略的意思決定の核心に据えている[17]。Simonは既述のように，目的の先行性を前提にして，既定の目的を達成する手段の選択として意思決定を捉えている。すなわち，Ansoffは，Simonが意識して周到に排除した意思決定階層の上方向への動きを，ルールに依存することで顕在化させようとしているのである。

　Hofer = Schendelは，組織の戦略について，「一連の環境要因の制約のも

とでの目的達成のために使用する基本的手段についての言明である」と指摘した上で，組織の戦略をつぎのように定義している[18]。

　　組織がその目的を達成する方法を示すような，現在ならびに予定した資源展開と環境との相互作用の基本的パターン。

そして，いかなる組織の戦略にも，以下のような4つの構成要素があるという[19]。
1．領域：すなわち，組織の現在と予定した環境との相互作用の程度。この要素は，組織のドメイン（domain）と呼ばれることもある。
2．資源展開：すなわち，組織の目標と目的の達成を支援する過去と現在の組織の資源ならびにスキルの展開のレベルとパターン。この要素は，組織の独自能力（distinctive competences）といわれることがある。
3．競争優位性：すなわち，組織が資源展開のパターンや領域の決定をつうじて，競合者に対して展開する独自のポジション。
4．シナジー：すなわち，組織の資源展開や領域決定から求められる相乗効果。

「成長ベクトル」ではなく「資源展開（独自能力）」が含まれているが，戦略の構成要素を明確化している点は，Ansoffと同様である。Hofer＝Schendelは，以下のように戦略を類型化しているが，これらの各戦略には既述の4つの構成要素が包括され，それらの各要素の相対的重要性と特性は，各戦略ごとに異なるという[20]。
1．全社戦略：これは，われわれは基本的にいかなる事業集合にあるべきかという問いにかかわる。したがって，領域と事業間の資源展開が全社戦略の主要構成要素である。
2．事業戦略：事業レベルでは，戦略は特定の産業ないし製品／市場セグメントでいかに競争するかに焦点を当てる。したがって，通常このレベルでの最も重要な戦略構成要素は独自能力と競争優位性である。
3．機能分野別戦略：機能分野別レベルでは，戦略の主要焦点は資源生産性の極大化にある。したがって，シナジーと独自能力の開発が戦略構成

要素のカギとなり，一方領域の問題はその重要性が極度に減少する。ここでのシナジーは，単一機能内の活動の調整と統合にかかわる。

Hofer = Schendel の戦略論では，戦略の定義から「目的」は排除されてはいるが，全社戦略には，現在から将来に向けての事業集合の明確化への問いというかたちで，「将来達成すべき望ましい状態」は残されている。しかし，この3つの戦略の階層的関係の中で上位レベルからの制約として下方向への動きが色濃く顕在化している。

これらの戦略の関係性について，Hofer = Schendel は以下のように述べている[21]。

> 以上の戦略タイプはそれぞれ明確に区分されているが，組織が長期的な成功をおさめるためには，これらの戦略は調和しあいながら，特定の組織に対し整合的かつ一貫した全体を形成しなければならない。このことは，組織の各レベルの戦略が相互のレベルの制約を受けることを要請する。これは通常機能分野別戦略は事業戦略の，事業戦略は全社戦略のそれぞれ制約を受けることを意味している。

ここには，戦略を類型化し個別的に検討するという明確に分析的な視点と，「調和しあいながら，特定の組織に対し整合的かつ一貫した全体を形成しなければならない」という一見，統合的な視点が見られるが，その「統合」は明らかに，全社レベル→事業レベル→機能レベルという上方からの動きであって，上位レベルで枠をはめて，その内容を個別に検討していくという分析的性格を色濃く残している。戦略を階層的に識別し，上位の戦略が下位の戦略を制約する構図を描いている。下位の戦略にとって「将来達成すべき望ましい状態」は上位の戦略から与えられる。そうなると，全社戦略の描く「将来達成すべき望ましい状態」はきわめて重要である。しかし，既述のように，Hofer = Schendel の理論には，この点に曖昧さが残る。これは，Simon の意思決定階層と性格を同じくするものである[22]。

このような戦略階層のなかで，特に下位レベルに議論を限定すれば，理論の分析的性格はさらに色濃く顕在化する。競争戦略に焦点を合わせた

Porter の理論について検討しておこう。

　Porter は，個々の事業分野の競争にかかわる競争戦略，すなわち Hofer ＝ Schendel の3層の戦略のうちの1つである事業戦略について理論構築を行なっている。その主著『競争の戦略』は，「企業がその属する業界を全体として分析し，業界の今後の変化を予測し，競争相手の特性と自社の競争上の地位を理解し，この分析を特定企業の競争戦略に練り上げるための分析方法を，広い視野から説明しようとしたもの」[23]であるという。「分析」という言葉が繰り返し用いられている。

　また，環境との関係について，「競争戦略をつくる際の決め手は，会社をその環境との関係で見ることである」[24]とした上で，その環境を，「互いに代替可能な製品をつくっている会社の集団」[25]，すなわち競合他社との競争が生起する業界に特定している。

　そして Porter は，業界の競争状態をきめる基本的な要因として，新規参入の脅威，既存競争者の間の敵対関係の強さ，代替製品からの圧力，買い手の交渉力，売り手の交渉力という5つの競争要因を図6-1のように明らかにしている。

　Porter によれば，競争戦略とは，「業界内で防衛可能な地位をつくり，五つの競争要因に適切に対処し，企業の投資収益を高めるための，攻撃的または防衛的アクション」なのである[26]。そして，これらの競争要因に対処して業界での競争優位を確立するために，つぎのような3つの基本戦略が提示されている[27]。

1. コストのリーダーシップ：これは，「同業者よりも低コストを実現しよう」ということであり，エクスペリアンス曲線というコンセプトが普及したために1970年代になって重視されてきたもので，コスト面で最優位に立つために一連の実務政策を実行することで，コストのリーダーシップをとろうという戦略である。
2. 差別化：これは，自社の製品やサービスを差別化して，業界の中でも特異だと見られる何かを創造しようとする戦略である。
3. 集中：これは，特定の買い手グループとか，製品の種類とか，特定の地域市場とかへ，企業の資源を集中する戦略である。

図 6-1

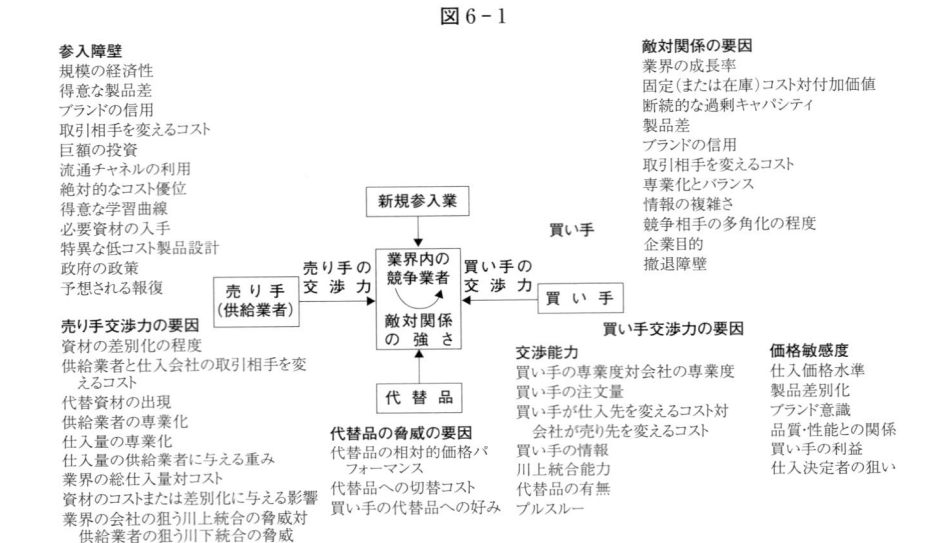

参入障壁
規模の経済性
得意な製品差
ブランドの信用
取引相手を変えるコスト
巨額の投資
流通チャネルの利用
絶対的なコスト優位
得意な学習曲線
必要資材の入手
特異な低コスト製品設計
政府の政策
予想される報復

売り手交渉力の要因
資材の差別化の程度
供給業者と仕入会社の取引相手を変えるコスト
代替資材の出現
供給業者の専業化
仕入量の専業化
仕入量の供給業者に与える重み
業界の総仕入量対コスト
資材のコストまたは差別化に与える影響
業界の会社の狙う川上統合の脅威対供給業者の狙う川下統合の脅威

敵対関係の要因
業界の成長率
固定(または在庫)コスト対付加価値
断続的な過剰キャパシティ
製品差
ブランドの信用
取引相手を変えるコスト
専業化とバランス
情報の複雑さ
競争相手の多角化の程度
企業目的
撤退障壁

新規参入業
↓
売り手の交渉力 → 業界内の競争業者 ← 買い手の交渉力
売り手(供給業者)　敵対関係の強さ　買い手
↓
代替品

代替品の脅威の要因
代替品の相対的価格パフォーマンス
代替品への切替コスト
買い手の代替品への好み

買い手交渉力の要因
交渉能力
買い手の専業度対会社の専業度
買い手の注文量
買い手が仕入先を変えるコスト対会社が売り先を変えるコスト
買い手の情報
川上統合能力
代替品の有無
プルスルー

価格敏感度
仕入価格水準
製品差別化
ブランド意識
品質・性能との関係
買い手の利益
仕入決定者の狙い

（出所）Porter, M. E., *Competitive Advantage*, The Free Press, 1985（土岐坤・中辻萬治・小野寺武夫訳『競争優位の戦略』ダイヤモンド社, 1985, p. 9）.

　Porter のいうように，その理論化の方向性は分析的であるが，そこには競争要因の明確化，基本戦略の提起を規定する業界という枠組みが，前提として，全体像として存在する。Porter は競争戦略形成の全体的な枠組みともいうべきこの業界について，以下のように結論づけている[28]。

　　業界の定義とは，本質的にいうと，既存の同業者と代替品との間，現在の業者と将来の参入業者との間，現在の業者とそれへの供給業者および顧客業者との間の，どこに線を引くかの選択の問題である。この線引きの作業は，たかだか，戦略の選択とはあまり関係のない程度のものにすぎない。

　業界についてのこの境界の線引きには，空間的な次元だけでなく，現状と将来の可能性との間の線引きも含まれている。すなわち，固定的な業界分類ではなく，競争要因の変質，新たな要因の顕在化などによって，線引きの変

容する可能性が示されている。しかし，それを，「戦略とはあまり関係のない」といってしまっては，業界という「全体」の変容の可能性を排除して，その現状を詳細に分析しはするが，静態的に捉えて対応することになるかもしれない。

そこにあるのは，仄暗い足元の徴候に目を凝らして，遠くの明るい光景を見通すという月明下の光景ではない。現状という足元だけを円形に照らす懐中電灯の明かりは，すぐ傍の小石の数を正確にかぞえることを可能にしても，遠景とそこに至る道筋を闇に閉ざすことになってしまうのではないか。

Ⅲ 分析と統合，あるいは直観の作用の示すこと

分析と統合は，ともに危うさを秘めている。全体的な枠組みが想定されていても，隠れた要素に阻まれて適切な分析は難しいかもしれないし，異例となる要素の顕在化によって全体の枠組自体も変容を迫られることになるかもしれない。断片的事象や行為から統合的に全体像を想定するには，断片間の関係性を広げながら，不明の空白部分を埋めていかなくてはならない。

分析も統合も論理的思考が阻まれて，ともに直観のはたらきに依存しなければならなくなるかもしれない余地を残している。人が直観に頼るのは，論理的思考では解が見出せそうにないとき，あるいは詳細な論理の連鎖を辿る余裕のないときだろう。直観は論理の飛躍を可能にし，論理性の断絶を埋めてしまう。詳細な論理系列を一瞬に凝縮した認識を形成することもある。もちろん，その論理の飛躍，あるいは凝縮の後に回顧的にふり返れば，そこに至る論理の道筋を見出すこともあるだろう。

Ansoffの戦略論に，「戦略的意思決定論の概念上の基盤も方法論のツールも」提供したSimonは，論理実証主義にもとづいて「科学的」な理論を構築しようとしながらも，直観について論じている[29]。ルールの支配するチェスの盤上で直観が作用するケースについて，Simonはつぎのように述べている[30]。

　　理にかなったゲーム展開の中盤から，チェスの局面を名人あるいは大

名人に示す。それをたった五秒か十秒見た後で，彼は普通，有無をいわせぬ指し手——それは非常にしばしばその局面では，客観的に最善のものである指し手——を考え出すことができるだろう。彼はその最初の直観が本当に正しいかどうかを決めるために，三分間あるいは半時間身じろぎもしないかもしれない。しかし恐らく，このような場合，十中八九は，彼の最初の閃きが実際には彼に正しい指し手を示すだろう。

　ここでは直観が，チェスのゲーム展開の中で即座に「有無をいわせぬ指し手」を思いつくこと，すなわち瞬時に問題に対する解を見つけ出すはたらきをするものとして捉えられている。複数の代替案の中から一つを選択するという意思決定において，直観によって適切な代替案を瞬時に思いつき，選択するということである。
　ところがこのチェスのゲームの展開のケースを検討してみると，直観が2つの過程で作用していることに気づく。
　まず，ゲーム展開のある時点での盤面の状況を手がかりにして，将来達成すべき望ましい局面を先取りするという過程で直観がはたらいている。すなわち，こういった方向にもっていけそうだという直観である。現状の盤面の一部に注目して，それを手がかりに将来の望ましい局面を想定する。これは実体としての部分から，まだ虚構である全体像を描くことである。現前の部分から将来の全体へという，手がかりを統合する思考であるから，大きな余白を埋めなくてはならない。当然，直観のはたらく余地がある。
　そしてつぎに，その想定された将来の望ましい局面に到達する手段となる一手，すなわち「有無をいわさぬ指し手」，これを導出する過程でも直観が作用している。Simonが指摘したのは，多様な指し手の中から瞬時にその一手を明らかにするという，この2つ目の直観である。論理的・分析的思考を一瞬に凝縮するような認識を形成する直観である。想定された全体像を既定のものとして，現状からそこへ通じる「指し手」を見出すのにすべての可能性をしらみつぶしにしていては，いつそれが明らかになるのかわからない。ここでも直観のはたらく余地はある。
　戦略の策定には，Simonの論じた直観だけでなく，現状を手がかりに将来

のあるべき望ましい盤面の状況を先取りするという過程での直観，この Simon が論じなかったもう１つの直観の作用する過程も明らかに含まれるだろう．

チェスについて，もう１つ別の議論を見ていこう．Serres はチェスのゲーム展開の中に，２つの異質な状況を識別する[31]．すなわち，「劣決定」されている予備的な全体状況と「優決定」されている最終的な全体状況である[32]．

序盤戦の駒の進め方には，幅広い選択の余地があるが，ゲームが進行するにつれて，両陣営の活動の相互浸透の空間は次第に構造化されていく．最初，それほどの決定力をもたないようにみえる手順が進行し，ついで徐々に強い決定力をもつ手がいくつか指され，最後に完全に決着をつける手が指され，局所的な部分集合でキングが詰められてゲーム終了となる．

最初の第一手が「劣決定」の下限に相当し，最後の手は「優決定」の上限となる．しかしながら「劣決定」の状況であるからこそ，指されるべき手は大局観，局面の見通しの想定の下に選択されなければならない．そして，「決定の概念が徐々に充満していくかのような」[33]状況の移行過程を明らかにすることは，ゲームの終了後でなければ難しい．

Serres はこのような状況を一般化して，つぎのように述べている[34]．

> 一方では，あたかも複雑な空間分布が組織的なしかたで活用されるにはいたっておらず，全体を考慮してはいるのに，共時態の微細な分化の中で自己を見失っているかのごとくである．また他方では，結局のところ最小限の事物しか考慮するにいたらないので，あたかも法則を手に入れるためには，ひとつの骨ばった線上に投影した通時態から最終的契機を任意に選び出す以外に手はないかのごとくである．そういうわけで，人は不確実なものの哲学の中にとどまるか，一義的かつ固定的な決定を行なう貧弱な諸法則で満足するかのいずれかとなる．

戦略の形成は，「劣決定」の状況で行なわれる．Serres は悲観的だが，「不確実なものの哲学の中」で，すなわち「部分的無知な」状況下で，将来

達成すべき望ましい状態を描かなくてはならない。しかも，チェスの盤面という空間的に明確な境界はなく，駒もルール通りに動くわけではない。

Ansoff のルール，そして業界という限られた「盤面」の中での Porter の分析的手法が，「貧弱な諸法則」だというわけではないが，「優決定」の状況で有効な対応を形成するものであって，経営戦略形成の契機，すなわち「劣決定」の状況下にはなじまないかもしれない。

望ましい「優決定」の状況を導くような，将来構想の想定が不可欠なのである。「劣決定」の状況での不適切な対応には，「決定の概念が徐々に充満していくかのような」状況移行過程に続いて，望ましい「優決定」の状況が訪れることはないかもしれない。

IV　計画性と創発性

Mintzberg, Ahlstrand = Lampel は，「戦略はパターンであり，時を超えて一貫した行動を示すものと捉えることもできる」と述べている[35]。組織が環境との間で長期的に示すこの相互作用的な活動のパターンは，事後的には明確に示すことができる。すなわち，戦略は，実現された組織活動のパターンとして明らかになる。

しかし，Morin が，「どんな行為であれ，ひとがそれを企てた途端，行為はすでに当人の意図を逃れ始めている」[36]といっているように，事後的に示されたパターンとしての戦略は，当初に意図されたものとは異なっているかもしれない。この点について，Mintzberg, Ahlstrand = Lampel は，意図的かつ論理的に策定されても実現しなかった戦略もあれば，意図的でなく状況変化に即応するように生成され，事後的にふり返ってみると長期的に一貫したパターンの活動を組織が行なっていたという意味での戦略が明らかになることもあるという[37]。意図された通りのパターンとしての戦略だけでなく，当初の意図とは異なって，あるいは無関係に現実のものとなった組織活動のパターンも戦略というコンセプトで包括することには違和感があるかもしれないが，事後的にふり返れば，同じように長期的に一貫した組織活動のパターンを示す。

組織は将来のためにプランを展開し，また過去の集積からパターンを見出す。前者を意図された戦略，後者を実現された戦略と呼ぶこともできる[38]。

　このような意図された戦略と実現された戦略とが，現実には一致しないことが起こりうるのである。また，Mintzberg, Ahlstrand = Lampel は，計画的戦略と創発的戦略という2つの戦略も識別している[39]。

　完璧に実現されることを意図した戦略を計画的戦略と呼ぶ。プランニング・スクールでは，実現しないことを念頭に置きながらも，あくまで計画的戦略にこだわる。その一方で，われわれが創発的戦略と呼ぶものがある。ここでは，実現された戦略は最初から明確に意図したものではなく，行動の1つ1つが集積され，そのつど学習する過程で戦略の一貫性やパターンが形成される。

　Ansoff を代表とするプランニング・スクール（戦略計画学派）に対してやや辛辣だが，以上のような主張を Mintzberg, Ahlstrand = Lampel は，図6-2 にように示している。
　創発的戦略について，Mintzberg は，短編のドキュメンタリー製作の優れた創造性と専門性が高く評価されてきたカナダ国立映画院（NFB）が，長編映画戦略を追求するに至った過程に関連させて，つぎのように述べている[40]。

　　カナダの国立映画院（NFB）が長編映画戦略を採用するようになった経緯を検討してみよう。NFB は連邦政府の一機関であり，短編記録映画の製作に創造力と技術力を発揮することで知られている。数年前，一人の映画製作者のプロジェクトに助成金を出したところ，予想外の長編が出来上がった。この映画を配給するのに NFB は劇場と接触し，思いもかけず長編映画配給の経験を体得した。他の映画製作者もこのアイデアを使うようになり，やがて NFB は知らず知らずのうちに長編映画

図 6-2

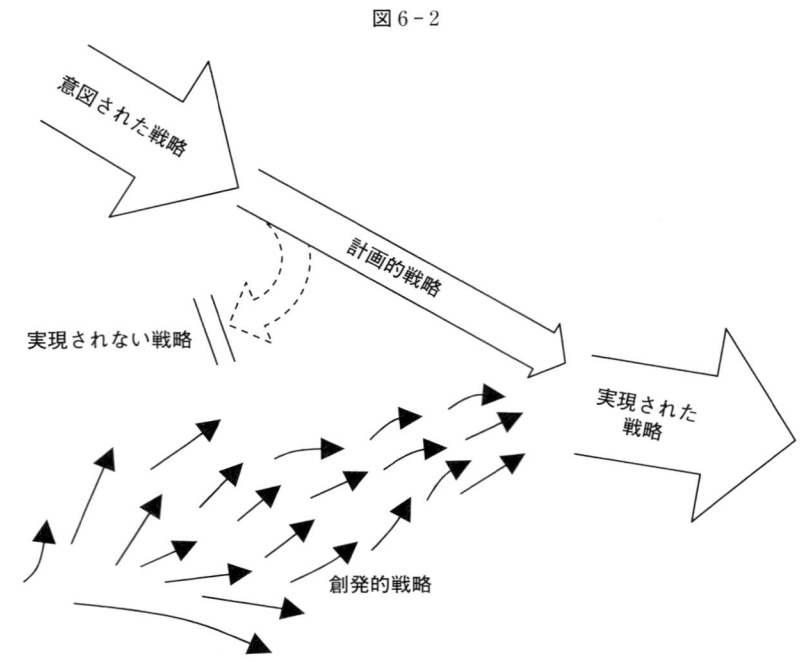

意図された戦略
計画的戦略
実現されない戦略
実現された戦略
創発的戦略

（出所）　Mintzberg, H., Ahlstrand, B. and Lampel, J., *Strategy Safari: A Guided Tour Through the Wilds of Strategic Management*, The Free Press, 1998, p. 12（斎藤嘉則監訳『戦略サファリ：戦略マネジメント・ガイドブック』東洋経済新報社，1999，p. 13）．

戦略を——この種の映画を製作するパターンを——追求していた。

　NFB のケースのように，形成された戦略を数年後にふり返ったときに「知らず知らずのうちに長編映画戦略を追求していた」ように映り，1 つひとつの行動の集積，そのつどの学習によって一貫性やパターンが形成されてくるような戦略のことを，Mintzberg は創発的戦略と呼んでいるのである。予想外の長編映画の完成，思いもかけない長編映画配給の体験というそれまでの活動パターンからの異例に遭遇し，そこから長編映画分野での展開という新たなパターンが形成されていく。そこにはあらかじめ明らかにされた意図も，ルールに従った計画も，詳細な業界分析もない。

　創発と計画は，Ⅲ節で論じた直観の作用する余地のある 2 つの過程での動

きに，それぞれ対応している。計画とは将来達成すべき望ましい状態が明示されていることを前提に，そこに至る道筋を段階的に明確化していくことである。計画の設定は，論理的，分析的に展開していく。

創発とは，意味階層のなかで，下位レベルに依拠しつつイマジネーションと直観などによって上位レベルを生成する過程である。単語がどのように結びつけられて文になるかは，語彙のレベルではほとんど不確定のままにされていて，文法によって制御される。この制御ルールとしての文法は語彙のレベルにはない。すなわち，下位レベルに依拠するだけでは，上位レベルは確定しない[41]。

Ansoff のように戦略的意思決定でルールに依存することの危うさが，ここでも示唆されている。ルールは手がかりとなる下位レベルにはない。現状での断片的事象にもとづくルールに，将来の全体構想を規定する力はないかもしれない。シナジーは，複数の要素によってプラス α を生み出す統合形成のルールとして有効かもしれないが，それだけでは上位レベルの確定には不十分だろう。

計画は分析的性格をもち，創発は統合的性格をもつ。この２つは，意味階層における方向性が逆なのである。

Mintzberg は創発的戦略を提起することによって，断片的事象から統合的な全体を創発するという，余白を埋めなくてはならない過程で，直観やイマジネーションに依拠するだけでなく，１つひとつの行動の集積やそのつどの学習によって余白を埋めていく可能性を示したことになる。ただし，Mintzberg によるつぎのような指摘は，慎重に理解しなくてはならない[42]。

> 明瞭な意図なしに——あるいは意図に反して——現われてくる戦略を創発的な戦略と呼んでいる。さまざまな行為が単純に何らかのパターンに収斂する。もちろんこうしたパターンが認識され，上級マネジメントによって正統性を認知されたときに，行為は意図的なものになる。しかしそれは事実の追認である。

ここでのポイントは，ミドル・マネジメントの個別的な環境適応的行動が

上級マネジメント，すなわちトップ・マネジメントに認知されて，事後的にパターンが創発するという表面的なことではない。組織階層での問題ではなく，組織活動をめぐる意味空間で，意味階層の上位レベルが創発される問題なのである。

Mintzbergは戦略を形成することを，その創発的性格を意識して「クラフティング（crafting）」とも形容し，つぎのように述べている[43]。

> 純粋なプランニング戦略と純粋に創発的な戦略は一本の線上の両極にあり，したがってクラフティングは，この線上のどこかに位置することになる。いずれの極のどちらかに寄ることもあろうが，ほとんどの戦略はこの線上の中間に落ち着くことになる。

NFBのケースはこの連続線上で，純粋に創発的な戦略の近くに位置づけられるのだろう。しかし，現実には純粋なプランニング戦略，すなわち計画的戦略も，純粋な創発的戦略も存在しがたく，大部分の戦略はこの2つの面を併せもっていることになる。

> 一方的に計画的で，全く学習のない戦略はほとんどない。しかしまた，一方的に創発的で，コントロールの全くない戦略もない。現実的な戦略はすべてこの2つを併せ持たなければならない。つまり，学習しながらも計画的にコントロールするのである。別の言い方をすれば，戦略は計画的に策定される，と同時に創発的に形成されなければならないということだ[44]。

戦略のこのような二面性は，この章でのここまでの議論の展開と重なり合う。「部分的無知」の状態，あるいは「劣決定」の状況の下で，現状のなかの断片的な事象や行為を手がかりにして，イマジネーションや直観のような論理性を超えた思考に依存しながら，あるいは1つひとつの行為の集積やそのつどの学習によって探索しながら，現状から微かではあっても道筋のつながりそうな望ましい将来の状態が描かれる，あるいはそれが浮かび上がって

くる。現状の断片的事象や行為から，将来達成すべき望ましい状態という統合的全体が創発してくる。

　このとき，将来達成すべき望ましい状態は，組織活動をめぐる意味階層のなかで，環境と組織の現状のなかの断片的事象や行為のレベルから，その上位レベルとして創発されてくるということである。

　将来達成すべき望ましい状態という統合的全体が想定されれば，それを実現すべく，断片を部分として段階的に位置づけていけばよい。意味階層を上方向へ移行した後で，そこから下位レベルを俯瞰する。このときには，文法が単語の結びつきを制御するように，上位レベルの制御ルールが作用する。ここでも制約された合理性は作用するとしても，その過程の性格は分析的で，計画設定が有効な局面となる。

　戦略形成とは，将来構想の創発とそれに依拠した計画設定とを包括した過程として捉えられるだろう。

V　意味は回顧的，戦略の意味も回顧的，しかし回顧したのでは……

　Weickは戦略形成について，痛い所を突いてつぎのように述べている[45]。

　　組織は，これまで論じたところによると文字通りほとんどナンセンスな活動である戦略形成とやらに相も変わらず時間を費やしている。組織が戦略を定式化するのは，それを実施した後であって前ではない。人は，何か——何でもよい——をやってみてはじめて，それをふり返ることができ，自分がやったことを戦略と結論するのである。組織においてはこの順序が一般にどう（誤って）見られているかといえば，最初に戦略が次に実施というものである。この通俗的レシピでは，意味とはつねに事実の後にあてがわれ経過した行為が回想できるようになった後に限るという事実が見過ごされている。

　Mintzbergはこの点を理解していて，戦略をパターンとしてとらえている。

すなわち,「過去の集積からパターンを見出す」。しかし,事後的に戦略を明確化できたとしても,それは,現実に組織活動に携わっている人々にとっては,有難みの薄いものかもしれない。

「死に損傷されている死体から,いかにして生体の持つ諸特徴にさかのぼることができるのだろうか」[46]。

戦略形成において,組織が「生体」としての事象や行為と直接的に向き合うことは意外に少ないかもしれない。Mintzberg, Ahlstrand = Lampel も,戦略は,「現実そのものではなく,頭の中で描かれる現実の表象（すなわち,抽象概念）に過ぎない」[47]と述べているが,組織はいつも何らかの構想に導かれて事象や行為を見る,あるいは行為を行なう傾向がある。

「行為は意味に導かれて対象へと向かう」[48]。その意味を形成する構想が揺さぶられるのは,異例との遭遇のときであり,新たな構想の創発,すなわち新たな戦略形成の兆しのときでもある。

創発性と計画性という二面性をもつ戦略形成で,それまでの構想から隔たりをもつ「生体」として,事象や行為が顕在化してくる――それは瞬時にすぎないかもしれないが――のは,余韻と徴候の交錯する現前だろう。何らかの断片的事象や行為を異例として認識するとき,それらは余韻と徴候の交錯するなかで,余韻に浸れば逸脱として排除されるし,そこに徴候を見出せば,それまでの活動あるいはそれを規定してきた構想ないし認識パターンに変容の可能性を生成する。

ただし,異例に逸脱ではなく何らかの徴候を見出すときでも,組織活動を覆っていたそれまでの構想ないし認識パターンからは自由になっているのかもしれないが,それが徴候として予感を伴うとき,すでに新たな構想の創発の兆しが訪れている。

新たな将来構想が創発されたとしても,それは実現するまでは虚構的なものである。したがってその虚構的なものに導かれて,それを実現するための段階的な手順として設定された計画に依存することは,その虚構的なものを通して現実に対応していることになる。計画の遂行はじつは,「生体」としての事象や行為と直接には触れ合っていないかもしれない。

われわれは，少なくとも当分の間は何かを"当然のこと"と捉えることで，最もよく活動することができる。それが組織における戦略の主な役割である[49]。

形成された戦略の下での組織活動は，方向性が定まり，統一性が保たれ，一貫性が形成され，安定的な様相を示す。しかし，状況は組織の構想とは無関係に，あるいは関係しながらも変化する。

いつしか状況は変わるということである。環境は変化し，ニッチが消失し，機会が拡大する。そして築いてきた戦略の建設的で効果的な部分が逆に不利になる。だからこそ，戦略の概念は安定性に深く根づいているのにも関わらず，戦略に関する研究のほとんどが変化に焦点を与えているのだ[50]。

組織の慣性に抗って変化を意識するのは，余韻に浸る心地よさを消失させるような異例との遭遇である。新たな将来構想を描こうとする，あるいはそれが創発してくる起点においてである。Mintzbergは，「組織を成功に導く戦略は，やはりビジョンであって，けっして計画ではないのだ」[51]とも述べているが，そのビジョン，すなわち将来構想を創発する契機となる徴候に気づくこと，そこに戦略形成のポイントがある。そのとき組織は，Ansoffのいうように「部分的無知」の状態，あるいはSerresのいうように「劣決定」の状況に置かれている。

戦略の形成ないし創発を導くのは，余韻と徴候の交錯する現前において徴候に気づくことである。ニセアカシアの幹にまつわりついた金銀花の蔓が，さわやかに立ち込める酸味をまじえた香りを予感させるように。余韻は，「過ぎ去ったものの総体が残す雰囲気的，一般感覚的，あいだ覚的なもの」[52]である。

余韻と徴候の交錯する現前に向き合って，徴候から予感へ，そして新たな将来構想を創発して戦略を形成するには，まず余韻の心地よさをふり払って徴候に気づいて予感すること，これに尽きるだろう。Mintzbergは，その手

がかりを非連続性の察知に求めている[53]。

　しかし，戦略をクラフティングする際，将来組織に甚大な影響を及ぼしかねない，かすかな非連続を察知することにチャレンジしなければならない。そのための手段やプログラムなど存在しておらず，ひたすら状況と接触し続けることでその観察力を研ぎ澄ますしかない。
　このようにとらえ難い非連続は，予期せぬ時に，まったく不規則に現われ，本質的に前例がない。これには，既存のパターンと同調しながらも，そのパターンに生じている重要な差異を認識できる能力をもってしか対応できない。
　不幸なことに，このような戦略的思考は，たいがいの組織が長い安定の期間を経験していくうちに，退化してしまう傾向が強い。

　非連続，すなわち異例に，徴候として気づくことは難しい。そのための手段やプログラムなど存在しない。徴候に気づくためには，それ以前の活動を，その活動を導いてきた構想をよくわかっていなければ，非連続だと気づかない。しかし，よくわかっていれば，慣性に流されて余韻に浸りやすいだろう。そこにも難しさがある。そして，創発には，直観とイマジネーションが伴う。戦略形成は，このように何とも危うい基盤の上に立脚している。
　パターンとしての戦略は，組織活動の流れの中で，それまでとは異なったパターンとして形成され，あるいは創発する。さらに，非連続，異例との遭遇によって，これが反復されていく。この差異を示し，変容しながらの反復的形成は，解釈学的循環と重なり合う[54]。
　戦略は，将来構想とその実現への道筋を明示した計画というレンズを通して，組織活動に意味を付与し，導いていく。それがどのような意味であったのかは，パターンとしての戦略が過去の集積となったときに確定するのかもしれない。ただし，解釈学的循環のように，パターンとしての戦略形成が変容しながら反復的に循環していくとすれば，その意味は変容の可能性を秘めて，その特定時点での暫定的なものに留まるだろう。

【注】

1）中井久夫「世界における索引と徴候」『へるめす』No.26，岩波書店，1990，p. 2.
2）同上，p. 12. ここでの「微分的」「積分的」という表現は，フランスの哲学者Deleuzeと共通しているように思われる．詳細については以下の文献を参照．
  ・Deleuze, G., "A quoi reconnaît-on le structualisme?" in Châtelet, F., ed., *Histoire de la philsophie, t. VIII*, Paris, Hachette, 1972（小泉義之他訳『無人島1969-1974』河出書房新社，2003，pp. 59-102）．
3）中井久夫「世界における索引と徴候―再考」『へるめす』No.27，岩波書店，1990，p. 79.「あいだ覚」については，この文献の記述によれば，自と他（対象）の関係性において，「自性」と「他性」とが入り混じるところがあって，この部分では，雰囲気や身体性などの「自」と「他」ともいえ，時によって「自性」が，時によって「他性」が全面的に出ることになり，そういったあたりの感覚であるという（p. 78）．
4）Chandler, A. D. Jr., *Strategy and Structure*, MIT Press, 1962（三菱経済研究所訳『経営戦略と経営組織』実業之日本社，1967）．
5）*Ibid*., p. 13（邦訳，p. 29）．
6）Ansoff, H. I., *Corporate Strategy*, McGraw-Hill, 1965, p. 21（広田寿亮訳『企業戦略論』産業能率短期大学出版部，1969，p. 27）．
7）この点については，以下の文献を参照．
  ・稲垣保弘『組織の解釈学』白桃書房，2002，第5章．
  ・Simon, H. A., *The New Science of Management Decision*, revised ed., Prentice-Hall, 1977（稲葉元吉・倉井武夫訳『意思決定の科学』産業能率大学出版部，1979）．
  ・Simon, H. A., *The Sciences of the Artificial*, 2nd ed., The MIT Press, 1981（稲葉元吉・吉原英樹訳『新版システムの科学』パーソナルメディア，1987）．
8）Ansoff, H. I., *op. cit*., p. 5（邦訳，p. 7）．
9）*Ibid*., p. 6（邦訳，p. 8）．
10）*Ibid*., p. 5（邦訳，p. 6）．
11）*Ibid*., p. 7（邦訳，p. 9）．
12）*Ibid*., p. 7（邦訳，p. 8）．
13）*Ibid*., pp. 120-121（邦訳，p. 150）．
14）Mintzberg, H., Ahlstrand, B. and Lampel, J., *Strategy Safari: A Guided Tour Through the Wilds of Strategic Management*, The Free Press, 1998, p. 33（斎藤嘉則監訳『戦略サファリ：戦略マネジメント・ガイドブック』東洋経済新報社，1999，p. 36）．
15）Ansoff, H. I., *op. cit*., pp. 108-112（邦訳，pp. 135-140）．
16）*Ibid*., p. 22（邦訳，p. 28）．
17）*Ibid*., pp. 108-112（邦訳，pp. 135-140）．

18) Hofer, C. W., and Schendel, D., *Strategy Formulation: Analytical Concept*, West Publishing Company, 1978, pp. 23-25（奥村昭博・榊原清則・野中郁次郎共訳『戦略策定：その理論と方法』千倉書房，1981，p. 30）．
19) *Ibid.*, p. 25（邦訳，p. 31）．
20) *Ibid.*, p. 27-29（邦訳，pp. 33-35）．
21) *Ibid.*, p. 29（邦訳，p. 35）．
22) Simon の意思決定階層の性格についての詳細な検討は，以下の文献を参照．
　・稲垣保弘『前掲書』2002，第5章．
23) Porter, M. E., *Competitive Strategy*, The Free Press, 1980（土岐坤・中辻萬治・服部照夫訳『競争の戦略』ダイヤモンド社，1995，p. 4）．
24) *Ibid.*,（邦訳，p. 17）．
25) *Ibid.*,（邦訳，p. 19）．
26) *Ibid.*,（邦訳，p. 55）．
27) *Ibid.*,（邦訳，p. 56-63）．
28) *Ibid.*,（邦訳，p. 53）．
29) Simon, H. A., *Administrative Behavior: A Study of Decision-making Processes in Administrative Organization*, 3rd ed., Expanded with New Introduction, The Free Press, 1976, p. 45（松田武彦・高柳暁・二村敏子訳『経営行動：経営組織における意思決定プロセスの研究』ダイヤモンド社，1989，p. 56）．
30) *Ibid.*, p. 25（邦訳，p. 27）．
31) Serres, M., *Hermes I : La Communication*, Les Éditions de Minuit, 1969, pp. 17-18（豊田彰・青木研二訳『コミュニケーション〈エルメスⅠ〉』法政大学出版局，1985，p. 10）．
32) *Ibid.*, p. 17（邦訳，p. 10）．
33) *Ibid.*, p. 18（邦訳，p. 10）．
34) *Ibid.*, p. 18-19（邦訳，pp. 11-12）．
35) Mintzberg, H., Ahlstrand, B., and Lampel, J., *op. cit.*, 1998, p. 9（邦訳，p. 10）．
36) Morin, E., *Introduction á la Pensée Complexe*, ESF Éditeur, 1990（古田幸男・中村典子訳『複雑性とはなにか』国文社，1993，p. 118）．
37) Mintzberg, H., Ahlstrand, B., and Lampel, J., *op. cit.*, 1998, p. 11（邦訳，p. 12）．
38) *Ibid.*, p. 10（邦訳，p. 12）．
39) *Ibid.*, p. 11（邦訳，p. 12）．
40) Mintzberg, H., *Mintzberg on Management : Inside Our Strange World of Organizations*, The Free Press, 1989, p. 30．（北野利信訳『人間感覚のマネジメント：行き過ぎた合理主義への抗議』ダイヤモンド社，1991，p. 46）．
41) この点についての詳細な検討は，すでに以下の文献でなされている．

・稲垣保弘『組織の解釈学』白桃書房，2002，第4章，第9章．
42) Mintzberg, H., *op. cit.*, 1989, p. 31（邦訳，p. 48）．
43) Mintzberg, H., "Crafting Strategy," *Harvard Business Review*, 1987, July-August（ダイヤモンド・ハーバード・ビジネス・レビュー編集部訳「戦略クラフティング」『ダイヤモンド・ハーバード・ビジネス・レビュー』2003，1月号，p. 79）．
44) Mintzberg, H., Ahlstrand, B., and Lampel, J., *op. cit.*, 1989, p. 11（邦訳，p. 13）．
45) Weick, K. E., *The Social Psychology of Organizing*, 2nd ed., Random House, 1979, p. 188（遠田雄志訳『組織化の社会心理学』文眞堂，1997, p. 243）．
46) Ginzburg, C., *Miti Emblemi Spie*, Einaudi, 1986（竹山博英訳『神話・寓意・徴候』せりか書房，1988, p. 208）．
47) Mintzberg, H., Ahlstrand, B., and Lampel, J., *op. cit.*, 1989, p. 17（邦訳，p. 19）．
48) 稲垣保弘「意思決定と意味形成」法政大学経営学会『経営志林』第40巻2号，2003．本書に第5章として収録されている．
49) Mintzberg, H., Ahlstrand, B., and Lampel, J., *op. cit.*, 1998, p. 17（邦訳，p. 19）．
50) *Ibid.*, p. 18（邦訳，p. 20）．
51) Mintzberg, H., "The Fall and Rise of Strategic Planning," *Harvard Business Review*, 1994, January-February（ダイヤモンド・ハーバード・ビジネス・レビュー編集部訳「戦略プランニングと戦略思考は異なる」『ダイヤモンド・ハーバード・ビジネス・レビュー』2005，7月号，p. 78）．
52) 中井久夫「前掲論文」『へるめす』No.27，1990，p. 79．
53) Mintzberg, H., *op. cit.*, 1987（邦訳，p. 84）．
54) 解釈学的循環については，以下の文献を参照．
・稲垣保弘『前掲書』2002，第10章．

第7章 日本的経営

I 「擬態」

　下関に在住の作家，赤江瀑は『オルフェの水鏡』というエッセイ集のなかで，「東京のいいところは，あるいは魅惑的ななによりの取柄はと言いなおしてもよいのですが，それは雑多な人間がふんだんに揃っていることのなかにあると，僕は考えます」と述べている[1]。「人間，数いれば数いるだけ，別個で，異種の個人的生き物であるということを，この街ほど端的に，花々しく再確認させてくれるところはないでしょう」ともいう[2]。
　そして，つぎのように続ける[3]。

　　　種類が豊富だということは，とてもいいことです。自然の摂理にか

なっている事柄だと思います。もともと人間は，一人一人，別種な生き物であろうと思われるからなのです。

　ただ普通，そうした自覚を明確に持つことは，たくさんの人間が共存する集団生活には，ある場合，きわめて邪悪で厄介な障害物となりかねません。一人一人が，てんでに個人的な生き物であっては，統一社会は成り立ちにくくなるでしょうから。

　だから人間は，やむを得ずここで，本来身にそなわったあるべき個人的な生き物の色や形を変えざるを得なくなり，お互い相手に似せあって，同種と見せかけあう，いわば擬態を余儀なくさせられることになります。世の中の〈秩序〉とか〈常識〉とかいう言葉におきかえられるモノは，この擬態を余儀なくさせるモノ，それでしょう。

　つまり〈秩序〉とか〈常識〉とかいうものは，実は，人間に擬態をせまる，反人間的な性質のモノだということになる筈です。

　もともと，集団生活というものが，人工的なものなのですから，その集団生活をささえるためになくてはならない〈秩序〉とか〈常識〉とかいうモノが，自然に反した事柄であるのは当然でしょう。

　赤江のいう「お互い相手に似せ合って，同種と見せかけあう，いわば擬態」，これを余儀なくさせるモノとしての〈秩序〉とか〈常識〉。〈秩序〉とは，そこに組み込まれる人々に，〈常識〉とは，それを共有する人々に，「擬態」を迫る。このように，人間の集まりのなかに形成される〈秩序〉とか〈常識〉が，自然に反した「擬態」を生み出すものなのだとすれば，それは，普遍的ないつどこでも同じものとして形成されるわけではない。

　ある秩序に必然性があるとしても，それは，「もともと，集団生活というものが，人工的なもの」なのだから，擬態を余儀なくさせる，人為的必然でもある。しかも，その必然とはあくまで，そのときのそこでの必然にすぎないだろう。

　お互いに似せ合って，同種と見せかけあう，この「擬態」を余儀なくさせるモノとしての〈秩序〉とか〈常識〉の形成には，何が作用するのだろうか。日本企業に，「日本的経営」として包括される〈秩序〉とか〈常識〉が

あったとすれば，それを必然にしたのは，日本社会あるいは日本文化という曖昧な背景なのだろうか。かつて経営学の分野で，「日本的経営」について活発な議論がなされ，そして，いまはその行く末が不透明な状態で，日本企業は経営の模索状態にあるといわれている。ここでは，「擬態」を余儀なくさせる限られた必然としての〈秩序〉とか〈常識〉という発想を意識しながら，「日本的経営」について検討していこう。

II 「日本的経営」論

岩井克人によれば，終身雇用，年功序列，企業別労働組合を日本企業における〈秩序〉として，あるいは規範という〈常識〉として，従業員が意識するようになったのは，Abegglen による指摘があってからだという[4]。

　ただ，日本の大会社の従業員が，終身雇用や年功序列制を一種の雇用の規範として意識するようになったのは，じつは，一九五八年に，アメリカの経営コンサルタントであったジェームス・アベグレンの『日本の経営』という書物が日米で出版され，その日本語版のなかに「終身雇用」という言葉が使われて以来なのです。

アメリカの企業経営に精通したアメリカの経営コンサルタントによる，日本企業に特徴的な経営慣行についての指摘は，〈秩序〉とか〈常識〉が限られた「そこでの」必然であるという性格を示すものでもあるだろう。
　その Abegglen は，終身雇用と年功序列の組み合わせについて，それが有効に機能する条件も明らかにしている。その条件とは，企業の成長である[5]。

　終身雇用というシステムは，長期的な経済の低成長の下で存続可能なのだろうか。労働力の規模を縮小できなければ，需要の急激な低下がコストに破滅的な影響をもたらすかもしれない。年功に従って給与が一貫して上昇すれば，需要の継続的な停滞は，一貫した容赦のないコスト増をもたらすだろう。日本の経済的実績には，この問題に対する歴史的な

解答はない。

　Abegglenによれば，会社の成長期には，終身雇用と年功序列の下で，前年よりも多くの新卒を採用していくことで，社員は給与の低い若年層の多い年齢構成になって，全体として人件費を抑制できる。しかし，会社の成長という条件が失われると，前年よりも多くの新卒を採用することができなくなって，しだいに給与の低い若年層が薄く，高い中高年層が厚くなり，人件費の負担が重くなっていくというのである。

　Abegglenは，終身雇用と年功序列の組み合わせが，経済の長期的な低成長の下で存続可能なのかという疑問を提起し，1973年の時点では，この問題に対する解答を日本社会はまだ歴史的にはもっていないと述べている[6]。そして，1990年前後のバブル崩壊以後，まさに日本企業はこの問題にまともに向かい合うことになったわけである。

　〈秩序〉とか〈常識〉が限られた「そのときの」必然であることが明らかになり，終身雇用と年功序列という個別の慣行ではなく，その組み合わせによって生起する特性が問題となっている。経営慣行の組み合わせから創発される特性が，「日本的経営」といわれる日本企業の経営の特徴を形成しているのだろうか。

　OECD（経済協力開発機構）も，1973年の報告書で，日本企業に特徴的な経営慣行として，終身雇用，年功賃金，企業別労働組合を挙げている[7]。さらに，1977年の報告書では，〈秩序〉を形成する上の三つの慣行の他に，合意にもとづく意思決定というかたちで顕在化するような，企業内部の社会的規範としての集団主義，すなわち，〈常識〉もとり上げられている[8]。

　集団主義が日本社会の文化特性として，日本企業の経営慣行にも反映されていて，それらを統合した日本的経営にも浸透してその特徴の形成に作用しているのであれば，集団主義は日本的経営研究にとって魅力的なコンセプトだろう。日本的経営論といわれたもののなかには，日本企業の経営慣行や経営制度にも，日本社会に特有の文化特性が反映されているという仮説にもとづいて，日本的経営を解明しようとする文化論的アプローチが存在した。その特徴としては，日本企業に見られる集団主義に研究の焦点が合わされてい

ることが挙げられる。

　岩田龍子は，日本人の心理特性が集団志向性にあることを指摘し，この心理特性と経営制度とを適合関係に維持するために，つぎのような7つの編成原理が，日本的経営において機能していると主張している[9]。

〔原理1〕　「関係」そのものの永続性の維持：これは，現実的な関係そのものを永続させようとする傾向を表わしていて，組織と組織メンバーとの関係にとどまらず，組織と他の組織との関係にも適用されるものである。

〔原理2〕　調和的関係の維持：これは，原理1によって維持される永続的な関係を，できるかぎり調和的なものとして維持しようとする傾向を示している。

〔原理3〕　形成された身分秩序の尊重：これは，職員・工員の身分制や年功序列的秩序など，その現われ方は時代によって若干の差はあるが，形成された秩序を撹乱する要因はできるだけ避けようとする傾向を示している。

〔原理4〕　集団編成による所属感の満足と情緒的安定性の維持：日本の経営体は，経営体そのものが一つの集団としての性格をもっていて，組織メンバーの所属への欲求を満足させているが，経営体の内部組織も，一種の集団編成となっていて，そのメンバーに情緒的な安定感や協働の満足を与えるように配慮されている。

〔原理5〕　急激な変化の回避：日本の経営組織は急激な変化を避けようとする傾向が常にはたらいていて，組織そのものが存亡の危機に立たされる場合を除けば，ドラスチックな変化は歓迎されない。

〔原理6〕　安定志向と沈滞回避の両立：日本的経営には以上のように組織に安定性を与えるさまざまの工夫が見られるが，これらの安定性を志向する工夫そのものが，逆に組織にある種のダイナミズムを生み出すように編成されている。また，組織に組み込まれたインセンティヴ・システムは，人々の安定性志向を巧みに生かすような慎重な配慮がなされている。

〔原理7〕　組織メンバーの義務の無限定性：これは，組織のメンバーが将

図7-1

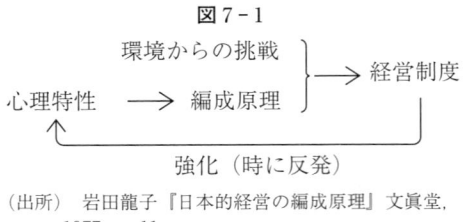

```
              環境からの挑戦
                    ↓      ┐
    心理特性  ──→  編成原理  ├─→ 経営制度
       ↑                   ┘
       └────── 強化（時に反発） ──────
```

（出所） 岩田龍子『日本的経営の編成原理』文眞堂，1977, p. 11.

来引き受けることを強く期待される責任ないし職務が，明確に限定されていない予測困難な状況を意味している。日本の経営は，このような状況を前提として構成され，またこの条件に支えられて存立している。

　岩田の日本的経営論の基本的枠組は，図7-1のように示されている[10]。日本企業の経営制度は，日本人の心理特性，すなわち集団志向性にもとづく編成原理に従って形成されてきたものであるが，その経営制度自体は，環境からの要求に応じて多少の変化を遂げる可能性もあるという。しかし，心理特性と編成原理は容易に変化しにくい存在として捉えられ，経営制度が心理特性と適合関係にある場合には，両者は強化し合うが，そうでない場合には，経営制度は有効に機能しにくいことになる。

　このように，岩田の提示する枠組みには，環境条件も組み込まれているが，日本的経営論としての中心的論点は，集団志向性という心理特性，それにもとづく編成原理という文化的な面にある。

　また，西田耕三は，人，集団，組織をめぐる結びつきである社会的結合に着目し，それを契約結合と一体化結合に類型化している[11]。

　契約結合とは，(1)結びつきが短期的であること，(2)結合内容が明確かつ詳細に規定された，部分的・限定的・固定的な結合関係であること，を要件とする。一体化結合は，(1)永続的な，少なくとも長期的な視野の下での結合関係であること，(2)契約結合の場合と違って，ギブ・アンド・テイクの内容が明確かつ詳細には規定されていないで，その内容は広範囲にわたり弾力的・流動的であること，を要件としている。

　西田は，一体化結合が日本社会での支配的な結合形態であるとして，それ

が会社内および企業集団の諸関係などに色濃く反映し，日本的経営の特徴を形成していると主張している。

浜口恵俊は，人間を強固な自律性と選択意志をもつ独立主体としての「個人」と捉えて対人関係を手段視する欧米的な人間観に対し，日本的な人間観として，対人関係の中に内在化されている人間を想定する[12]。人間の存在の本質的な要素を独立した「個人」自体にではなく，対人連関の中に求める人間観を提起しているのである。このような日本的な人間観によれば，「個人」自体の属性よりも対人関係の状況ないしそのなかでの位置づけが意味をもつことになる。

そこで，行動様式も，浜口によれば，欧米人の場合は，個人の置かれた状況には関係なく公共的な価値観や社会の規範に依拠して，個人にとって何が望ましいかという観点から行動する傾向が強いのに対して，日本人の場合は，個人が自分の置かれた状況を認識して他の多数の人々がそのような状況でとると考えられるような行動のパターンを想定し，そのパターンに照らして自らの行動を決定しようとする特徴があるというのである[13]。すなわち，日本人の行動は，対人関係の中に内在化されている人間が個別的な状況に応じて行動をきめるのであるから，状況即応的であるとともに，集団などの対人関係の中での自分の位置を意識してのものとなるというのである。

このような考察から，浜口は，日本人の行動の基礎には，(1)相互依存主義，(2)相互信頼主義，(3)対人関係の本質視，を基本とする「間人主義」があると提起し，この間人主義が日本的経営の特徴の形成にも関わっていると主張する[14]。

以上の理論に共通するのは，日本人の集団志向性にもとづく編成原理にせよ，長期的広範な視野での一体化結合にせよ，対人関係を本質視し相互信頼をともなう相互依存的関係の構築を志向する「間人主義」にせよ，長期的で非特定的な内容の関係性構築の企業経営への反映であり，それが日本社会の文化特性に根ざしたものであるという指摘である。

加護野忠男らは，このような文化論的アプローチの限界として，(1)文化論・制度論への偏り，(2)実証的データの不足，(3)一般理論への志向の欠如，を指摘し，組織の環境適応の観点から，実証研究による日米企業の経営比較

表7-1　機械的適応と有機的適応

	機械的適応（米国）	有機的適応（日本）
目　　標	投下資本収益率（ROI），株主利益の重視。	市場占有率，新製品比率の重視，多元的目標。
戦　　略	より広い活動領域の定義，機動的な資源展開と経営資源の有効利用，高い花形製品比率，正攻法の競争志向，製品戦略の重視。	経営資源の長期蓄積，高い負け犬製品比率，ニッチ戦略，生産戦略の重視。
技　　術	ルーチン性の高い生産技術。	ルーチン性の低い生産技術。
組織構造	高度の公式化・集権化・標準化（機械的組織），横断関係の制度化，財務・会計部門の大きなパワー，高い事業部制採用率，より高度な業績評価，業績―報酬関係の結びつきが強い，高度の細分化と自己充足性，垂直的統合機構。	低度の公式化・集権化・標準化（有機的組織），現業部門とくに製造部門の大きなパワー，低い事業部制採用率。単純な業績評価。業績―報酬の結びつきが弱い，低度の細分化と自己充足性。横断的統合機構。
組織過程	個人のイニシアチブによる決定，問題直視によるコンフリクト解消，アウトプット・コントロール。	情報志向的リーダーシップ。集団的決定，強権と根まわしによるコンフリクト解消，価値・情報の共有によるコントロール，変化志向の組織風土。ローテーションと内部昇進。
経営者の個人属性	スペシャリスト，高い価値主導性，革新イニシアチブ，実績。	ジェネラリスト，高い対人関係能力。
組織改革	トップ交代と結びつく，トップ・ダウン，第1次機能重視の漸進的改革。	高い変化率，第2次機能重視の改革。

(出所)　加護野忠男・野中郁次郎・榊原晴則・奥村昭博『日米企業の経営比較』日本経済新聞社，1983，p.47。

を行なっている[15]。

　そのなかで，日本企業とアメリカ企業の間には，目標，戦略，生産技術，組織，経営者という項目について明確な差異が存在し，それらの差異は，日本企業とアメリカ企業の採用する環境適応のパターンの差異を反映したものであることが指摘されている。日本型の環境適応は「有機的適応」，アメリカ型の環境適応は「機械的適応」と呼ばれ，両者の特徴は表7-1のように示されている[16]。

そして，このような環境適応のパターンの差異を形成する要因として，文化的・制度的要因以外に，環境変化の性質（変化の大きさ，変化の予測可能性），製品・市場の多様性，金融市場から課せられる短期収益圧力，労働市場の流動性，企業規模，生産技術といった条件の日米間の差異が指摘されている[17]。

今井賢一・伊丹敬之・小池和男は，日本における市場と企業の関係を分析し，外部労働市場が発達していない日本の企業では，人的資源の企業内配分が重要視されてきたのに対し，アメリカの企業では，資金配分が中心に据えられてきたことを指摘し，さらに市場のなかに組織原理が緩やかなかたちで導入されて，下請け，企業系列，企業集団といった「中間組織」が形成され，これらが企業組織と補完的なかたちで，環境の変化に対する日本の産業・企業の適応力を高めてきたと論じている[18]。

中谷巌は，企業集団に注目し，企業集団に属する企業間の株式の相互保有や企業集団の中心的メンバーである主要都市銀行による系列融資などのリスク分担によって，従業員のための経営など利潤原理から逸脱した目標を追求できたことを指摘している[19]。

企業経営を日本社会に根ざすものとして見るのか，その現状での環境適応行動に焦点を合わせるのか，企業組織と市場，あるいは企業集団という制度的関係性のなかで捉えるのかによって，「擬態」の様相は異なって顕在化するするのではないかと思われるが，既述のようにそれらの間に意外なほど矛盾は見い出せず，整合的あるいは補完的である。

加護野らの提起した「有機的適応」には，業績―報酬の結びつきの弱さ，集団的決定，価値・情報の共有によるコントロール，ローテーションと内部昇進，ジェネラリスト，高い対人関係能力など，文化論的アプローチと整合する内容が示されている。今井・伊丹・小池による「中間組織」としての下請け関係には，長期的な関係性の見通しの下で，短期的な利益志向ではなく，好況時の増産，不況時の減産を長期的なバランスを見据えて行なっていく面がある。中谷の企業集団についての指摘では，長期的で相当な規模の株式相互保有によって，短期的な利益志向ではなく幅広い長期的な相互依存の関係性が形成されていることを示している。

ここで,「日本的経営」といわれるもののなかに, 人間と組織をめぐる関係において, 長期的関係性の見通しの下での利害の将来的な拡大バランスと, 関係性の内容の緩やかなあるいは柔軟な非特定性が見えてくる。しかし, それは, 日本社会の文化特性に根づくものかもしれないが, 逆に日本企業の具体的な個々経営慣行の組み合わせによって形成されたものなのかもしれない。

Ⅲ　長期性の見通し, そして「特異点」

　別の機会に, ゲームの理論の「囚人のジレンマ」と呼ばれているケースから, 経営管理の概念について検討したことがある[20]。まず簡単にふり返っておこう。

　「囚人のジレンマ」とは, 比較的軽微な犯罪容疑で逮捕された二人組が, 別々の部屋に拘留され, 刑事から尋問を受けているという状況設定の下で生起する。この二人組には, さらに重大な犯罪を犯したと思われる疑惑が存在するが, それについては有罪にもち込むための証拠が不十分なため, 刑事は彼らを自白に追い込みたいと考えている。

　また二人組は, この重大な犯罪について, つぎのことを理解している。

- ○　2人とも自白すれば, 双方懲役5年の刑が確定する。
- ○　一方が自白し, 他方が自白しなければ, 自白しなかった方は懲役10年の刑を受けるが, 自白した方は捜査に協力したという理由で釈放される。
- ○　2人とも自白しなかった場合には, 軽微な犯罪だけで, 双方懲役1年の刑が確定する。

　ここで個人としての容疑者の合理的行動は, 相手の行動がどうであっても自白である。しかし, 2人ともその合理的な行動をとって自白すれば, 双方懲役5年の刑となって, 2人とも黙秘して双方懲役1年の刑になるよりも結果が悪い。

　各個人の合理的行動が, 二人組という「組織」に非合理的な結果をもたらし, メンバーである個人にも非合理的な結果として降りかかる。このような事態を回避するために, Barnardのいう「全体と部分との効果的なバランスの追求」というような管理活動が, 組織には不可欠となる[21]。

ここでは，一方が自白しなかったときに，他方が自白することによって釈放されるという行動に注目してみよう。これは，仲間に懲役10年の刑を負わせて自分は釈放されるという，刑期の最小化という目的については個人として「最適」の結果が得られる行動である。
　この仲間の不利益によって自分の利益を追求するという行動は，ある条件の下では採用しにくい。その条件とは，あまりにも当然のことだが，長期的な関係性の見通しの存在である。
　相手との関係がこの重大犯罪一件に限られるものであればよいが，2人が10年以上，二人組という「組織」の活動を継続するのであれば，その活動は10年間停止状態となり，そこから手にできるかもしれない利益も放棄することになる。10年後の報復の危険性からもこの行動はとりにくいだろう。
　長期的な関係性の下では，相手の不利益によってあからさまに個人の成功を追求する行動は，その相手が個人であろうと，組織であろうと採用しにくい。長期的な関係性のなかで利害の拡大バランスを図らなくてはならないだろう。
　長期的な雇用の見通しの下では，競争は個人だけの成功を追求するのではなく，組織への貢献競争という色彩が強くなる。雇用期間が短ければ，同僚に「10年の刑を押し付けて自分は釈放される」ようなタイプの行動が生起しやすいだろう。そこには，仲間への信頼，組織への忠誠心という抽象的な言葉で片付けられる以前に，長期的な関係性という見通しの下での行動として検討すべき問題が含まれている。
　「日本的経営」の終身雇用という長期的関係についても，年功序列との関係で長期的なバランスが指摘されている。岩井克人は以下のように述べている[22]。

　　ここで言う年功賃金制とは，従業員が若いときにはその賃金は生産性以下に抑えられ，従業員の年齢が高くなるとその賃金は生産性以上になるという賃金システムのことです。当然，賃金の伸び率は生産性の伸び率を上回ることになるのです。
　　これがどういう意味をもっているかというと，若いうちは，会社に与

えるもののほうが会社から受け取るものより大きいので，その分，会社に一種の貯金をしていることになります。それは，若いうちに辞めてしまうと会社にとられてしまうので，一種の身代金，英語でいうとHOSTAGEの役割をすることになるのです。会社に身柄を預けて，長年働き続けるうちに，この身代金がだんだん戻ってくる。定年まで勤めあげると，そのすべてを取り戻すことができるという仕掛けになっているわけです。同じ会社で長く働けば働くほど有利ですから，従業員には，会社に長く居続けるインセンティブが生まれます。

ここで示されているのは，終身雇用と年功序列という経営慣行をめぐる従業員と会社との長期的な関係，それも生産性と賃金との長期的なバランス関係である。

そして，この従業員と会社との長期的な関係には，組織の成果を高めるために区切りとなる点が存在するという指摘がある。Druckerは1970年代に，つぎのように述べている[23]。

> 四十五歳に達すると，突然，優者と劣者に分けられる「最後の審判日」がやってくる。ごく少数の人が抜擢されて，「取締役」つまりトップ・マネジメントの候補者となる。

45歳という年齢が妥当な指摘であるかどうかは，ここでは問題にしない。重要なのは，このような「特異点」の存在である[24]。三角形の3つの頂点が，その図形の性格を規定するように，制度やシステムに特異性を付与する。

これと似た指摘は，1980年代に小池和男もDruckerよりもはるかに緻密な分析にもとづいて行なっている[25]。

> 入社してかなり長い間——十五年ときに二十年近く，昇進と賃金にあまり差をつけない。一部の人におくれがでるが，多数はほぼ一線上にそろっていく。ここを目にして「年功的」昇進とよんできたのであろう。しかし，それはあくまで昇進のしくみの一部にすぎない。将棋の駒の肩

の地点をこえると,選抜は急激にしぼられ,少数の人が昇っていく。

入社後15年ときに20年,会社によって違いはあるが,これも特異点である。特異点によって区切られるこの約15年間に同期の間でほとんど差がつかないという仕組みは,小池によれば,つぎの2つの特徴を生み出すという[26]。

- 決定的な選抜が行なわれるまでの約15年間という長い期間は,長期間の仕事ぶりを見る丹念な選抜の行なわれる期間であり,ある時期の「失敗」を取り戻すことも可能である。
- 約15年間という長い期間では,評価する側の人間もかなりの人数になる。人の働きぶりの評価は主観的にならざるを得ないとしても,多数の評価者の存在によって,各評価者の主観にもとづく恣意的の入り込む余地が少なくなる。

ここに示されているのは,競争とはなじまないと考えられてきた「終身雇用」と「年功序列」の下での長期的な競争であり,しかも長期的であるがゆえの利点である。

評価の恣意性が薄められて,納得のいく評価がなされる可能性だけでなく,入社から約15年後の「特異点」まで同期生の間で差がつかなければ,同期生のほぼ全員がマラソンレースのトップ集団のような状況に置かれ,あきらめの入り込みにくい競争状態が継続されるだろう。これはまさに,従業員の能力を長期にわたって引き出し活用することでもある。人材育成にもつながるだろう。

Druckerの指摘も適切であるとすれば,約15年後の「特異点」を順調に通過した人材は,さらに「最後の審判の日」まで競争を続けることになる。「終身雇用」と「年功序列」という経営慣行に「特異点」が設定されることで,個々の経営慣行にはない特性が創発されている。もちろん,「終身雇用」と「年功序列」の生み出す生産性と賃金の長期的なバランスという,会社に長く居続けるインセンティブが,この長期的競争を支えている。

Ⅳ　知的熟練の形成，あるいは組織特殊的人的資産の蓄積

　小池和男は，「日本的経営」を構成する日本企業に特有の経営慣行とされるもの，すなわち年功序列制，終身雇用，企業別労働組合，さらには制度としての根回し＝集団的意思決定についても，じつはそれらが日本企業に独自のものではなく，欧米企業にも存在するものであることを折りにふれて調査によって示している[27]。

　その上で，既述の長期的な競争の重要性の他に，幅広い知的熟練の形成が，日本企業に特徴的な「めざましい人材形成の方式」であると主張している[28]。小池はつぎのように明確に述べている[29]。

　　　一般理論として2点強調したい。知的熟練と長期の競争である。そしてこのふたつに日本の労働経済のめざましい持ち味がある。

　日本的経営慣行とされるものが，個別的には日本企業独自のものではないことを指摘しながらも，そこから生成されてくる幅広い知的熟練と長期的競争が，あらゆる企業にとって有効な一般理論として主張できる特性であって，それが日本企業には備わっていたというのである。

　　　知的熟練とは職場の高い技能であるが，いわゆる匠の技とは違い，手練の技というよりも知的推理を強調する。職場ではマニュアルに書かれたことをただ忠実におこなえばよい，というものではない。おもわぬ異常や変化が生じる。それをこなす技能の持ち主はどの国でも必要だが，その持ち主の数が日本に少し多い。それゆえに高賃金にもかかわらず，なおつよい競争力をあみだしている。その点を見逃すと，日本は人脈や集団主義，会社主義でもってきたが，これからはそうはいかなくなる，根本的な変革こそ，という誤解にみちた議論となる[30]。

　小池によれば，「ふだんと違った作業」である「問題への対応」と「変化

への対応」を可能にするような知的熟練の蓄積については，一定の幅広い職務を「長期的」に経験することが必要になる[31]。そして，この幅広い知的熟練形成は，既述の長期的な競争と整合的に結びつく。

> もうひとつは長期の競争である，ふつう競争というと，ごく短期の競争しか視野に入れない。先月の売上，昨年の業績で，今月，今年のサラリーをきめるという短期のみに競争の語義をかぎった。残念なことである。本来の競争はきわめて高度な技能の発揮をめぐるものであり，その形成には時間がかかる[32]。

岩井克人は，会社制度についての考察から，「日本的経営」について興味深い論点を示している。

岩井は，「法人」という概念に注目する。法人とは，本来ヒトでないのに，法律上ヒトとして扱われるモノである。すなわち法人は，ヒトとモノという二面性をもつ。したがって，株式会社は，株主が法人としての会社を所有し，その法人としての会社が会社資産を所有するという「二重の所有関係」によって構成され，この法人をめぐる「二重の所有関係」こそ，株式会社の基本構造だという[33]。

会社には，株主に所有されるモノと会社資産を所有するヒトという2つの面が存在して，その特徴を形成しているというのだが，岩井はさらに，会社を純粋にモノにする仕組み，そして純粋にヒトにする仕組みについても考察している[34]。

すなわち，会社の発行株式の50％以上を所有した「支配株主」は，株主総会，そして取締役会を完全に支配し，会社資産をあたかも自分自身の資産のように自由に処分できるので，会社資産の法律上の所有者である会社は，実質的にヒトとしての役割をまったく失ってしまい，会社は純粋なモノとなってしまう。

一方で，かつての三井，三菱，住友，第一勧業，芙蓉，三和という日本の六大企業集団を典型とするような企業グループは，メインバンクを中心としてグループ内企業間で相互に株式を持ち合い，この株式の相互保有が，会社

買収（M＆A）の対象となる危険性を排除し，グループ内の各社は純粋にヒトとしての会社として，会社それ自体の主体性を確保することができたという。

このヒトとしての会社という発想が，日本的経営について，鮮やかな洞察を与えてくれることになる。岩井によれば，ヒトとしての会社では，従業員が「組織特殊的な人的資産」を蓄積する意欲を高めるという[35]。まず，「人的資産」とは，人間の頭脳のなかや身体のなかにその人間から不可分なかたちで蓄積された知識や能力のことである。

　　人的資産とは，実際，奇妙な資産です。なぜならば，この最大の特徴は，それが「譲渡不可能」であるということだからです。それは，ヒトの頭脳のなかや身体のなかに，そのヒトから切り離せない形で蓄積されているのです。すでに何度も述べたように，近代社会においては，ヒトは自分以外のどのようなヒトによっても所有されることはありません。したがって，いくら資産であるといっても，ヒトの一部をなしている人的資産は，他人に売り渡すことができないのです[36]。

もちろん，ヒトが頭脳や身体に蓄積した知識や能力の一部は，設計図や作業マニュアルといった客観的な形に表現されて，ヒトから切り離すことはできるが，このように客観化された知識や能力は，ヒトから切り離された瞬間に，物的資産に分類されてしまう。

岩井によれば，人的資産には，「汎用的（GENERAL・PORPOSE）」な人的資産と，「組織特殊的（ORGANIZATION・SPECIFIC）」な人的資産があるという[37]。

　　汎用的な人的資産とは，どのような組織においても通用するような知識や能力のことで，たとえば，規格化された道具や機械を操作できる能力や，会計処理方法や企業税制の習得や，マーケティングや経営管理に関する基礎的な訓練や，技術開発のための科学的な知識などです。
　　これにたいして，組織特殊的な人的資産とは，個々の組織のなかでの

み価値をもつ知識や能力のことです。いや，それは知識や能力というよりは，ノウハウや熟練といったほうがよいかもしれません。たとえば，特定の道具や機械にかんする慣れや，一緒に働いている他の従業員とのチームワーク，長年維持してきた取引相手に関する詳細な情報や，職場内での人間関係の把握や，研究開発プロジェクト参加者同士の専門家としての信頼関係，経営トップの経営構想や経営思想の理解といったものです[38)]。

汎用的な人的資産ならば，それを保有する従業員が，他の組織に移っても，自分のものとしてもっていき活用できる。すなわち，汎用的な人的資産は，「労働市場において，ヒトが自分のモノとして自分の労働とコミで売ることのできる知識や能力」なのである[39)]。

しかし，組織特徴的な人的資産はそうはいかない。この人的資産の場合は，それを体化しているヒトがそれまで働いていた組織から離れてしまったら，その価値を失ってしまう。ヒトと組織との結びつきのなかで形成され，ヒトと組織の関係がなくなれば意味をなさなくなる。まさに，そのヒトなりにそこでの必然としての「擬態」を形成する知識や能力なのである。他の組織に移れば，「擬態」にならない。

組織特殊的な人的資産とは，それを身につけているヒトが組織を離れてしまえば価値を失ってしまうので，そのヒトの市場における価値を高めることはありません。それも市場で自分のモノとして売ろうとしても，だれも評価してくれないのです[40)]。

人的資産とは，それを体化しているヒト以外のヒトのモノにはならない資産であり，さらに，組織特殊的な人的資産は，その組織から離れてしまったら，それを体化しているヒトにとっても価値のなくなってしまう資産なのである。すなわち，組織特殊的な人的資産は，「たんに他のヒトのモノにならないだけでなく，それを体化している本人のモノにすらならない，本当に奇妙な資産」なのである[41)]。

純粋なモノとしての会社では，支配株主が会社の所有者＝支配者であるから，会社の売却，雇用制度の大胆な変更を行なう可能性があって，従業員は組織との長期的な関係性の見通しが立たず，組織特殊的な人的資産を蓄積する意欲をそがれてしまう。

　岩井によれば，企業集団内の株式の相互保有によって，純粋なヒトとしての会社となって，終身雇用，年功序列，企業別労働組合といった，いわゆる日本的経営を採用していた日本企業は，まさに組織特殊的な人的資産の蓄積に適した会社であったことになる。

　　　日本的経営とは，ドイツの企業体制とならんで，このような組織特殊的人的資産の育成のために，たいへん有効にはたらいてきた経営システムだったのです。とりわけ，重要だったのは，終身雇用と年功序列制と会社内組合制です。それらは，ヒトとしての会社が所有する機械制工場を効率的に運用していくために必要とされる熟練やノウハウを，従業員や技術者や経営者が自主的に蓄積していくことを促す雇用システムとして，歴史的に発達してきました。そして，戦後日本の高度成長を大きく支えてくれることになったのです[42]。

　このような組織特殊的人的資産の形成についての議論は，既述の小池による知的熟練と長期的競争の主張に整合的に重なり合う。会社内で育成された知的熟練は，それが幅広くなるほど，その会社の活動と不可分になる。そして，その幅広い熟練のレベルを競う長期的な競争。ここから形成されてくるのは，組織特殊的人的資産に他ならない。

V　「擬態」の消失するとき

　Abegglenは1970年代に，年功序列制と終身雇用の組み合わせが，経済の長期的な低迷の下でも存続可能なのかという疑問を提起していたが，1990年前後のバブル経済の崩壊によって，日本企業はまさにこの問題に向き合うことになった。

第 7 章　日本的経営

　いまや日本的経営論は，懐かしい過去の物語となってしまったかのようだ。そして出てきたのが，「成果主義」というあたかも理念のような名称を付けられた個人業績の短期的な評価制度である。「目標による管理」を下敷きにして，各メンバーが年度ないし半期ごとに上司との話し合いによって目標を設定し，その達成度の評価を処遇に反映させる。それらは各個人の「目標シート」に記入される。

　日本で初めてこの「成果主義」を本格的に導入し，そのあまりにも見事な失敗ぶりが話題となったある大企業の社員は，つぎのように述懐している[43]。

　　「新制度の導入後は，それまでチームで１つの成果を上げていた社員が，自分だけの目標に固執するようになった。この弊害がいちばん大きいですね。そもそもなにが必要な作業かなんて，実際にやってみないとわからない。なのに，半年も前に目標として取り込めと言われても絶対に無理ですよ。
　　実際の現場では『目標シート』に書けない隙間業務の方がむしろ多い。トラブルや仕様変更（order to change specifications）があれば，日々そういう『誰の目標にも書かれていない仕事』が発生する。でも，誰も自分からはそういう仕事をやろうとしなくなった……。職場の雰囲気は，たった１年でガラリと変わってしまったんですよ」

　「誰の目標にも書かれていない仕事」が発生し，誰も自分からそういう仕事をやろうとしなくなった。これが，幅広い知的熟練の形成を特徴としてきたという日本企業なのだろうか。集団志向性は，容易には変化しにくい日本社会の文化特性ではなかったのだろうか。
　年度ごと，あるいは半期ごとの目標シートに記された狭い範囲の仕事の達成だけに固執するのであれば，集団志向性など顕在化しない。幅広い知的熟練形成も，長期的関係性の見通しの下でのバランス形成も，組織特殊的人的資産の蓄積も期待できないだろう。
　「成果主義」という個人の目標達成の評価制度の導入によって，「日本的

経営」の特徴とされてきたものが，いや「日本的経営」自体が，あっさりと消えてしまったかのようである。人員削減によって終身雇用は解体する。個人の短期的な目標達成度が処遇に反映されて，年功序列制は解体する。すなわち，個々の経営慣行は解体され，崩壊する。ただ，全体像は消える。

「日本的経営」というのは実体ではなく，虚構的な存在だったのかもしれない[44]。終身雇用，年功序列，企業別労働組合といった経営慣行にもとづいて創発された全体像，あるいは全体構想。ただし，それは，虚構的だが意味をもち，組織活動に意味を付与して，そこから長期的な関係性の下でのバランスとか，関係性あるいは活動の秩序ある非限定性といった発想が創出されてきた。小池のいう知的熟練の形成とそれと整合する長期的な競争，あるいは岩井の表現では，組織特殊的人的資産の蓄積という形で，現実の組織に顕在化してきた。

しかし，経営慣行が解体され，それらから創発された意味としての「日本的経営」という全体像，赤江瀑の表現では，「秩序」とか「常識」，それが消え去って，従業員たちは「擬態」を余儀なくされることもなくなった。「成果主義」という個人の評価制度は，いまのところ「日本的経営」に代わって「擬態」を求める全体像を創発することはなく，この制度だけでは，従業員は個人の「目標シート」にしたがって，短期的な成果を追求する行動に傾いていく。まるで，Taylor の科学的管理法の下での課業達成を目指した作業者のように[45]。

経営慣行という部分を手がかりに全体像を創発して，その全体がそこに包括される行為を規定していく。このような全体と部分との相互規定の循環が，日本企業の組織運営の大きな流れのなかで断ち切られたかのように見える[46]。「日本的経営」というこれまでの全体像は消失してしまったが，組織運営をリードしていく新しい全体像は描けていない。「成果主義」は現状では，個人の業績の短期的な評価制度でしかない。

従業員たちも，魅力的な短編小説で知られる恥美主義の作家のように，この状況を「雑多な人間がふんだんに揃っていることのなかにある魅惑的ななによりの取り柄」だと思って，組織活動の活性化に結びつけていくのだろうか。

ただし，そこは旅先の大都会の雑踏ではなく，毎日の仕事を行なう組織であり，職場なのであるが。

【注】
1) 赤江瀑『オルフェの水鏡』文藝春秋，1988, p. 316.
2) 『同上書』p. 317.
3) 『同上書』p. 317.
4) 岩井克人『会社はこれからどうなるのか』平凡社，2003, p. 198.
5) Abegglen, J. C., *Management and Worker: The Japanese Solution*, 1973, p. 44.
6) *Ibid*., p. 44.
7) 労働省訳編『OECD対日労働報告書』日本労働協会，1973.
8) 労働省訳編『労使関係制度の展開：日本の経験が意味するもの』日本労働協会，1977.
9) 岩田龍子『日本的経営の編成原理』文眞堂，1977, pp. 16-17, p. 195.
10) 『同上書』p. 11.
11) 西田耕三『日本社会と日本的経営』文眞堂，1982, pp. 40-43.
12) 浜口恵俊『「日本らしさ」の再発見』日本経済新聞社，1977, pp. 51-83.
13) 『同上書』pp. 11-48.
14) 「間人主義」については，同上書の他に以下の文献を参照.
　・浜口恵俊『間人主義の社会日本』東洋経済新報社，1982.
　・浜口恵俊・公文俊平編『日本的集団主義』有斐閣，1982.
15) 加護野忠男・野中郁次郎・榊原清則・奥村昭博『日米企業の経営比較：戦略的環境適応の理論』日本経済新聞社，1983.
16) 『同上書』p. 47.
17) 『同上書』pp. 236-240.
18) 今井賢一・伊丹敬之・小池和男『内部組織の経済学』東洋経済新報社，1982.
19) 中谷巌「企業集団の形成と役割」『ESP』経済企画協会，1983年8月，第136号，pp. 23-27.
20) 稲垣保弘『組織の解釈学』白桃書房，2002, pp. 258-259.
21) Barnard, C. I., *The Functions of The Executive*, Harvard University Press, 1938, p. 238（山本安次郎・田杉競・飯野春樹『経営者の役割』ダイヤモンド社，p. 248）.
22) 岩井克人『前掲書』2003, pp. 189-190.
23) Drucker, P. F. "What we can learn from Japanese management?" *Harvard Business Review*, March-April 1971（ダイヤモンド・ハーバード・ビジネス・レビュー編集部訳「日本の経営から学ぶもの」『ダイヤモンド・ハーバード・ビジネ

ス・レビュー』 2009年12月号，p. 76).
24)「特異点」については，以下の文献を参照．
  ・稲垣保弘「流れとしての組織」法政大学経営学会『経営志林』第47巻第3号，2010. 10, pp. 73-82. 本書に第9章として収録．
25) 小池和男『日本の熟練』有斐閣，1981, p. 29.
26)『同上書』pp. 29-30.
27) たとえば，小池和男『日本産業社会の「神話」』日本経済新聞社，2009.
28) 小池和男『前掲書』1981, p. 28.
29) 小池和男『仕事の経済学』東洋経済新報社，2005, p. iii.
30)『同上書』p. iii.
31)『同上書』pp. 12-18.
32)『同上書』p. iii.
33) 岩井克人『前掲書』2003, p. 58.
34)『同上書』pp. 122-148.
35)『同上書』p. 162.
36)『同上書』p. 154.
37)『同上書』p. 155.
38)『同上書』pp. 155-156.
39)『同上書』p. 156.
40)『同上書』p. 157.
41)『同上書』p. 157.
42) 岩井克人『会社はだれのものか』平凡社，2005, pp. 47-48.
43) 城繁幸『内側から見た富士通：「成果主義」の崩壊』光文社，2004, p. 62.
44)「虚構的」と「実体的」についての考察は，以下の文献でなされている．
  ・稲垣保弘「組織の二面性」法政大学経営学会『経営志林』第47巻第2号，2010.7, pp. 49-59. 本書に第8章として収録．
45) Taylor, F. W., *The Principles of Scientific Management*, Harper & Row. (上野陽一訳・編『科学的管理法』産業能率短期大学出版部，1969).
46)「全体と部分との相互規定の循環」については，以下の文献で考察されている．
  ・稲垣保弘『組織の解釈学』白桃書房，2002, 第10章．

第8章
組織の二面性，あるいは重層性

I　ヤヌスの顔

　古代ローマの双面神ヤヌスは，ひとつの頭に髭の生えた2つの顔をもち，それぞれが別の方角を向いている。ヤヌス（Janus）という語自体は，言語学的には「通過」を意味し，「ヤヌスが具現する『通過』の特徴は最初のものであること」だという[1]。ヤヌスは「始まり」としての通過を意味する。

　通過の神，新たな世界への導きの神であるヤヌスは，物事の始まり，日没と日の出，そして，入り口をつかさどるとされてきた。始まりとは，それまでの回顧とこれからへの期待を併せ示し，日没と日の出はそれを象徴している。入り口とは，成功か失敗かという未来の出来事の可能性を暗示している。1月（January）はヤヌス（Janus）の月である。

双面神ヤヌスは，2つの方向の境界に立つ。そして，このようなヤヌスの根本的二面性は，じつは組織現象の至る所に顔を出し，組織活動の変容の契機としての役割を果たしているのである。

ハンガリーのブダペストに生まれ，科学，思想など多様な分野で優れた業績を残したKoestlerは，階層システムを構成する各要素にヤヌスの顔を見出している[2]。

II 「全体」と「部分」の相対化，そして「実体」の相対化

Koestlerは，階層的秩序のなかに位置づけられる各要素が，その特徴としてヤヌスの顔をもつと指摘している[3]。

> 階層の個々のメンバーは，ローマ神話のヤヌスのように，反対に向いた二つの顔をもっているのだ。下のレベルに向いた顔は自己完結した全体という顔であり，上を向いて頂端を見ている顔は，依存的な部分という顔である。

階層的秩序のなかに位置づけられた対象は，下のレベルに対しては全体，上のレベルに対しては部分というかたちの二面性，すなわちヤヌスの顔をもつ。

これは，きわめて重要な指摘である。ここで，絶対的な意味での「全体」，あるいは「部分」という存在は，階層性のなかで姿を消すことになる。そして，Koestlerは，このように階層的秩序のなかで全体と部分という2つの顔をもつ二面的存在をホロン（holon）と呼ぶ[4]。

ホロンとは，それを包括する全体に対しては部分であるとともに，視点を変えれば，それ自体が全体でもある。階層的秩序のなかで，全体の性質と部分の性質を併せもち，この2つの顔に対応して，自己主張的傾向（self-assertive tendency）とその逆の統合的傾向（integrative tendency）をともに示すことになる[5]。たとえば，会社組織のなかの事業部は，機能別部門に対しては全体，会社に対しては部分である。機能別部門は，課に対し

第8章 組織の二面性,あるいは重層性   149

ては全体,事業部に対しては部分である。

　Koestler の理論では,このような階層性が「上のほうへ向かってと同じように,下のほうに向かっても,その末端は開いたままなのである」という指摘にもあるように,可能性として層が無限に積み重なっているかもしれない階層的秩序が想定されている[6]。

　この無限性,とくに上方向への無限性が,後に検討するように,組織現象に全体的なダイナミズムを形成する。また,上方向と下方向,すなわち全体と部分とを揺れ動く相互規定の循環のダイナミズムが,全体の規定による硬直化と部分の放埒による秩序消失を回避し,組織活動の推進力となる。そして,このとき,経営者も管理者も,ヤヌスの顔をもつ境界の人間である。それは,2つの組織の境界人というよりも,部分とそれを包括する全体との境界に立ち,そのバランスを追求する人間である。

　Koestler はホロンについて,「それは見方に従って,全体の性質も示し,部分の性質も示すものである」と述べているが,この「見方に従って」という表現は,対象を認識する側の関与について示唆している[7]。だが,Koestler の関心は,対象を認識する側には向かわない。むしろ,ホロンのもつ二面性,すなわちヤヌスの顔を,対象の根本属性として論じる傾向が強い。

　そのためか,絶対的な意味での「全体」と「部分」という存在を否定しながらも,階層の各レベルにおける全体と部分の関係性の固定化,そしてその重層化による階層的秩序の規定ないし制約からの硬直化,すなわち,自律性とダイナミズムの喪失への危惧も示唆されている。それは,機能主義的な,すなわち,部分の全体に貢献するはたらきとしての機能の,全体優位の秩序維持的性格の顕在化の可能性である。Koestler はこの点について,つぎのように述べている[8]。

　　過度の自己主張的傾向を前面に押し出すものは社会的制裁を受け,アウトローになり,社会的ヒエラルキーから逸脱する。一方,誠実な信奉者は社会のなかに緊密に組み込まれていく。教会であれ,党派であれ,自己と同一視した社会的ホロンの内部深くへと入っていく。そしてこう

した「純な」形態の同一視の過程には，すでに見たように，ある種の個性破壊そして批判能力と責任感の放棄が必然的に伴う。

またホロンとしての集団には，副作用として，情緒を喚起し知性を単純化する傾向も存在するという[9]。

　　なぜなら集団精神を支配する信仰，伝統，道徳的規範のシステムには，つねにその理性的な内容とは無関係に高い情緒傾向が宿っているからだ。そしてまさにこの不合理性ゆえにシステムの爆発力が高められる場合が，実に多い。集団の信条を信じる行為は情緒的に忠誠を約すことである。そのため個人の批判能力はマヒし，理性的な疑念は邪悪なものとして拒否される。それだけではない。個人の精神はさまざまだが，もし集団がホロンとしてその結果を維持しようとするなら，「シングル・マインド」（一致団結）でなければならない。となると集団精神はすべての構成員に理解できるような知的レベルで機能せねばならないから，必然的に「シングル・マインド」は「シンプル・マインド」になる。こうしたことから集団の情緒的な力は高められると同時に，知性は減少する。

さて，このような対象の二面性について，対象の属性としてではなく，対象認識の様相，さらには知の全体の在り方にまで至る考察を展開したのが，Koestlerと同じくハンガリーのブダペスト出身のPolanyiである。現在，経営の知識関連の分野で，頻繁に取り上げられている暗黙知という概念は，このPolanyiの理論から出てきているはずだ。

Polanyiによれば，対象を把握する感知には，焦点的感知（focal awareness）と全体従属的感知（subsidiary awareness）があるという[10]。人が対象をそれ自体として完結的に感知するのが，焦点的感知である。一方，対象を部分ないし細目（particular）とするような包括的全体（comprehensive entity），すなわち，上位の原理のなかでは，どのように位置づけられて役割を果たすのかに注目して感知するのが，全体従属的感知である。

第8章 組織の二面性,あるいは重層性

　たとえば,「石」は焦点的感知だが,同じ石でも,「庭石」となったら,その石が置かれている庭という包括的全体のなかで果たす役割が注目され,全体従属的に感知されている。ただし,その「石」も,その成分に焦点を合わせれば,包括的全体となる。

　対象についてのこの2つの感知の存在が,ホロンの二面性に対応するのは明らかだろう。対象が焦点的に感知されれば,その全体性が強調され,全体従属的に感知されれば,その部分性が強調されることになる。

　Polanyiによれば,人は対象を全体従属的に感知することによって,その対象を部分ないし細目とする包括的全体を設定し,そのときの対象の意味は,包括的全体によって付与されることになる[11]。これは,手がかりとしての細目を暗黙的に統合して,包括的全体という意味を得るという暗黙知（tacit knowing）の構図である。

　人は,ある人物の顔を他の膨大な数の顔から判別する。その際,人は判別する人物の目,鼻,口など具体的な諸細目に注目しているが,これらは,判別する人物の顔という包括的な全体のなかにある。目,鼻,口など,個々の細目について明確に語ることができなくても,それらの諸細目について感知していることを暗黙的に統合して,包括的全体としてのある人物の顔を知り,他の人々の顔から判別するのである。

　「暗黙知という行為においては,あるものへと注目するため,ほかのあるものから注目する」のであり,「顔の特徴的な外観に注目するために我々は,顔の諸部分について我々が感知していることに依拠する」のである[12]。すなわち,「暗黙知は,意味をともなった一つの関係を二つの項目のあいだにうちたてる」のであり,「暗黙知とは,この二つの項目の協力によって構成されるある包括的な存在を理解すること」なのである[13]。暗黙知は,知識ではなく,知識の在り方,ないし,それにかかわる行為なのである。暗黙知は,ダイナミズムをはらんでいる。

　諸細目についての感知を包括的に統合するのは,認識主体としての人であり,したがって,暗黙知の構図は,細目としての対象への全体従属的感知,対象の意味である包括的全体への焦点的感知,認識主体としての人の能動的な関与という3要素によって構成される。

暗黙知の構図における細目から包括的全体へという二項関係の設定は，2層完結的なものではなく，可能性として層が無限に積み重なっているかもしれないなかで，認識主体の注目によって現出する2層における関係なのである。認識主体の注目によって，ある層が全体従属的に感知されて細目ないし部分となり，その1つ上の層が包括的全体となって，意味を形成する。

Polanyi はつぎのように述べている[14]。

> いまや世界はいくつもの層で満たされているが，それらはいく対もの上下の層をなし，意味を形成しつつ，つなぎ合わされている。

意味の世界は，層状の世界である。この世界では，下位のレベルに対して，その1つ上のレベルが意味となる。また，この意味であるものも，認識主体の注目の仕方によって，全体従属的に感知されると，さらにその1つ上位に，その意味としての包括的全体が設定され，別の2層関係のなかで，下位のレベルに位置づけられることになる。すなわち，包括的全体であったものが，注目の仕方によっては，部分となり，逆に部分であったものが，注目の仕方によって，その下位レベルに対しての包括的な全体となる。

このような層状の意味の世界において，ある対象が認識されるとき，認識主体の注目の仕方によって，対象の現われ方が違ってくる。対象を部分とする包括的な全体としての上位のレベルから見れば，対象は実体的に捉えられる。対象が包括的全体として現出するために依拠する下位レベル，すなわち対象の諸細目のレベルから見れば，対象は虚構的に捉えられるだろう。

庭というレベルから注目すれば，そこに実体として見えるものは，花壇であり，池であり，石である。しかし，土，花，枠として花壇の縁に積み上げられたレンガに注目すれば，実体としてあるのはそれらだが，それらに依拠して花壇が虚構的に顕在化するだろう。要するに，意味の階層のなかで，1つ上位のレベルから対象に注目すれば，対象は「実体」として顕在化し，1つ下位のレベルから注目すれば，対象は「虚構的」に現出する。

対象が実体的に顕在化するのか，それとも虚構的に現出するのか，このことが，対象自体に内在する属性によって決まるのではなく，認識する側の注

目の仕方によるのだとすれば，「実体」は層状の意味の世界のなかで相対化されることになる。

既述のように絶対的な意味での「全体」あるいは「部分」が姿を消すだけでなく，ここで，絶対的な意味での「実体」も姿を消すことになる。層状の意味の世界のなかでは，対象は，注目の仕方によって，実体的にも，虚構的にも現出する。

さて，包括的な全体と諸細目（諸部分）との関係で，もう1つ重要なポイントがある。包括的な全体という上位レベルは，諸細目という下位レベルを手がかりに現出するのだが，同時にこの上位レベルは，下位レベルを支配する原理の下では未決定にされている，境界領域としての周縁条件（marginal conditions）を制御するのである[15]。

すなわち，下位レベルに全面的に依拠するだけでは，上位レベルは顕在化しない。下位レベルとしての諸細目を上位レベルの包括的全体に統合する動きは，イマジネーションと直観にもとづく[16]。下位レベルに依拠しつつ，イマジネーションと直観によって上位レベルを生成する過程を創発（emergence）という[17]。

このイマジネーションと直観の作用が入ることによって，包括的全体は，可能性として多様である。包括的全体の創発プロセスは，多様性をはらむ。

Ⅲ 「境界人」としての管理者

ヤヌスの顔は，ミシガン大学のリーダーシップ研究のなかに，典型的に現われている。

1940年代から50年代にかけての初期の研究のなかに，Pelzによるリーダーの上方影響力（upward influence）と部下たちの職務満足との関係についての研究がある[18]。それは，リーダーが自分の上司に対して発言力や自律性，すなわち上方影響力を確保しているときほど，部下のアイデアや提案を尊重して部下との関係を重視するようなリーダーの行動が，部下の態度や行動に作用して，部下の満足度を高めるというのである。集団での部下たちへの影響力のほかに，リーダーが自分の上司との関係を適切に形成し，維持

していけるような上方影響力を確保することが，有効なリーダーシップを発揮する要因となることを，Pelz は指摘したのである。リーダーは，上方影響力の確保を志向する「上に向いた顔」をもつ。

　また同じくミシガン大学の研究のなかで，Seashore は，集団のメンバーがその集団に引きつけられている程度，すなわち，集団メンバーにその集団に留まるように作用するすべての要因の総合である集団凝集性（group cohesiveness）が高いときに，高い目標が設定されていれば，その集団は高い成果を生み出し，低い業績目標が設定されていれば，低業績に甘んずることになると指摘している[19]。リーダーは，集団凝集性を高めるために，「下に向いた顔」をもつ。

　このようにミシガン大学のリーダーシップ研究によれば，組織における集団のリーダーは，上司と部下という2つの方向に向いたヤヌスの顔をもつ。Likert の研究になると，この点についての組織的な意味が示されている。1940年代以降に蓄積されたミシガン大学のリーダーシップ研究の成果を統合し，高い成果をもたらす有効なリーダーシップ・スタイルと，それに関連する管理システムの特性まで明らかにしようとしたのが，Likert である。

　ここでは，Likert の組織の捉え方について検討しよう。Likert によれば，組織は重複的集団形態（overlapping group form）を成す。この重複的集団形態とは，組織を集団の階層的連鎖により構成されるものとして捉えて，上位集団とその下位集団とを結びつける結節点に位置づけられる管理者が，下位集団のリーダーであるとともに，上位集団のメンバーでもあるという二重の役割を担うことで，上位集団とその下位集団に重複部分が存在することになるという形態である（図8-1）[20]。

　Likert は，このような管理者の二重の役割を「連結ピン（linking pin）の機能」と呼んでいる[21]。この機能には，上位集団の意向を下位集団に浸透させるだけでなく，下位集団の発想にもとづいて上位集団への働きかけを行なうことが含まれる。管理者は，境界領域の人間である。

　Likert は，この連結ピンの機能と有効な組織活動について，以下のように明らかにしている[22]。

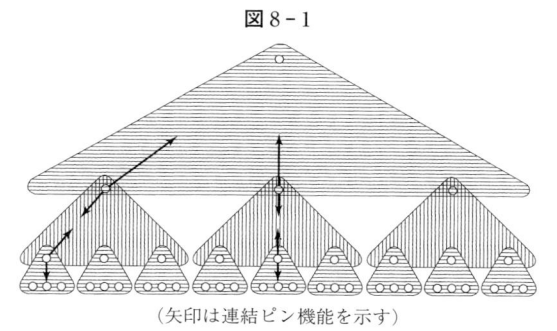

第8章 組織の二面性,あるいは重層性　155

図 8-1

(矢印は連結ピン機能を示す)

(出所) Likert, R., *New Patterns of Management*, McGraw-Hill, 1691, p. 113.

(1) 組織内の重複的集団方式の潜在力は,組織内のすべての集団が十分にうまく機能を発揮するまで実現されないだろう。一つの集団の失敗は組織全体の業績に悪影響を与えるであろう。うまくいかない集団の位階層内での地位が,高ければ高いほど,組織の業績に対するその悪影響は大きくなる。連結過程は,組織の低い段階でよりも,高い段階でのほうがもっと重要であるというのは,高い段階で取り扱われる政策や問題のほうが,組織全体にとってより重要であり,より多くの人に影響を与えるからである。

(2) 効果的な組織を維持するのに,上司が各集団ごとに,部下たちの会合を開催するのではなく,関連した二つ以上の段階にわたる会合を適時に開催することが望ましい。こうすることによって,上司は彼に報告する部下によって行なわれる連結ピン過程の破損を観察することができるのである。

(3) 組織はその組織を結合するのに,単一の連結ピンまたは単一の連結過程に依存するならば,大きな冒険をおかすことになる。組織はスタッフ集団や特別委員会を含む重複集団によって強化されるのであり,その重複集団によってこそ連結機能が遂行され組織が全体として結合されるのである。

組織活動のダイナミズムのなかで顕在化するリーダーシップの2つの面に

ついては，すでに第4章で論じている[23]。すなわち，組織活動の流れのなかで，それまでの活動の方向性とは相容れない，異例としての行為や事象に出会ったとき，そこに重要性を認めれば，官僚主義的組織慣行のようにそれを逸脱として排除するのではなく，その異例を手がかりに新たな構想を描いて，それをメンバーに共有させ，仕事志向なり，人間関係志向なりといった，その状況に適切なリーダーシップ・スタイルで導いていくというダイナミックな活動としてリーダーシップが考察された。

Thayerによる「世界に別の顔を付与する」，「納得せざるを得ない物語を語る」というリーダーの行動の描写は，新たな構想の提示，そして，それをメンバーに共有させることを意味している[24]。その上で，リーダー行動の組み合せとしてのリーダーシップ・スタイルによってメンバーをリードしていくことが，リーダーシップの枠組に入る。現実の組織活動の流れから新たな将来構想を描く，そしてそれを現実の活動に反映してメンバーをリードする。この2つの面をもつダイナミックなプロセスが，リーダーシップであった。それを遂行するリーダーは，現実と将来，より正確には，これまでの活動という過去からの慣性と新たな構想という将来への志向との境界に立ち，過去と将来を見据える通過の神，新たな世界への導きの神としてのヤヌスの顔をもつ。

組織活動でリーダーシップが重要になるのは，異例との遭遇のときである。そこで，組織の現実にどのような「別の顔」を付与するのか，どのような物語を語るのか，そしてメンバーをどのようなリーダーシップ・スタイルでリードしていくのか。リーダーシップが求められるのは，過去からの慣性に浮遊していれば事足れる状況ではない。重要なのは，「別の顔」という新しい構想を掲げて，そこに向けてメンバーをリードしていくという変革のリーダーシップなのである。

Likertの連結ピンの機能に戻ろう。ピンは，何かを留めて固定するものである。「連結ピン」という名称が示唆するように，より具体的には既述の3項目が示すように，Likertの理論では，管理者は，上位集団と下位集団の結節点で，両集団を留めてタイトな連結を実現し，組織の内部活動の有効性と効率性を高めるような秩序の形成と維持に貢献する。また，上位階層で

の連結過程の重要性の指摘と，連結ピンによって整然と形成された重複集団の組織化は，全体優先の秩序形成と統合を可能にしようとしている。

そのなかで，管理者はヤヌスの顔をもつ境界の人間として現われてはいる。ただし，ここでは，集団のリーダーが付与すべき「別の顔」は，上位集団から与えられる傾向が強い。上位集団のメンバーとして影響力を行使できる余地が残されているとしても，明確に上位の連結過程の重要性が強調されていることもあり，構造的にはそうなる。

Likertの理論が1960年代初期の形成であって，60年代後半からのコンティンジェンシー理論や経営戦略論の展開以前の時期のもので，環境適応や環境創造よりも，組織内部限定の有効性に焦点が合わされていた。またそれでよかった時期の理論形成であったということも当然あるだろう。

野中郁次郎は，ミドル・アップダウン・マネジメントを提起している。ミドル・アップダウンというのは，組織の上方向と下方向へのミドルマネジメントのはたらきかけ，すなわち，ミドルマネジメントの二面性を示している[25]。ミドルマネジメントが，ヤヌスの顔をもつ。これは，いわゆるトップダウン，あるいはその逆の方向性をもつボトムアップとは異なった管理である。

野中は，Simonの意思決定理論を意識しながら，トップダウンの管理をつぎのように要約している[26]。

> トップが経営の基本的な機会（意思決定前提）を創り，下位のメンバーがその概念を忠実に実現できるように意思決定前提を目的―手段の階層的な関係にブレイクダウンする。トップの創り出した概念がミドルにとっての与件となり，彼らはその実現のための手段を決定する。そして，ミドルの決定がロアーにとっての与件となり，かれらもまたその実現のための手段を決定し（ここまでくると，ほとんどルーチンに近いが）実行する。こうして，組織は個人とは比較にならない大事業を行えることになる。

同じく野中によれば，ボトムアップの管理とはつぎのようなものであ

る[27]。

　　　基本的な概念はトップではなく，組織内の中・下位の個人が創造し，集団を巻き込んで概念を実現していく。スリー・エムのような社内企業家の育成を組織的に行っている企業はその典型であるが，実際にボトムアップ経営が行なわれている企業は多くないだろう。トップや上位者の役割は社内企業家を支援するスポンサーのそれにとどまり，情報・知識の創造は社内企業家個人が行う。したがって，トップダウンと同様に情報・知識創造という観点からすれば，ここでも主要な役割は個人に課せられているのである。

　以上のようなトップダウンとボトムアップに対して，「トップだけでもボトムだけでもなく，すべての成員が上下左右に働きかけて，組織全体で情報・知識を創り，それを組織全体で実現していくのがミドル・アップダウン・マネジメントである」という[28]。トップは夢を語り，ロアーが現実を冷静に見据え，ミドルは現実と検証不能な夢との間に立って検証可能な概念を創造し，上下左右を巻き込んで，それを実現していくという構図が描かれている[29]。そして，ミドルマネジメントは，戦略的なマクロ情報と現実の手触り（ハンズ・オン）のミクロ情報，すなわち場に普遍的な情報と場に特殊的な情報とを結合できる戦略的なポジションにあって，トップダウンとボトムアップとを組織的に加速させる結節点に位置を占めることになるという[30]。組織をトップ，ミドル，そしてロアーという3階層で捉え，ミドルマネジメントをヤヌスの顔をもつ組織活動の要として，その上下2方向へのはたらきかけを決定的に重要視する理論である。

　Likertの場合には，リーダーシップ研究の成果を統合した理論という性格のためか，組織を問題としながらも，「連結ピン」としての管理者個人の，全体の秩序形成を志向した役割に焦点が合わされる傾向が強いのに対し，野中の理論は，個人の属性を離れた組織理論の観点から，ミドルマネジメント層による上下2方向へのはたらきかけのダイナミズムを表現している。ここでは，ヤヌスの顔は，秩序よりも組織活動のダイナミズムを形成することに

なる。上位レベルと下位レベル，すなわち全体と部分とを媒介する循環的ダイナミズムである。ただし，ここまでの考察から明らかなように，ヤヌスの顔をもつのはミドルマネジメントだけではない。上方に開いた階層性こそ，組織全体のダイナミズムの源泉となる。

IV 会社の二面性

　岩井克人は，その鮮やかとしかいいようのない会社論を「法人」という概念の検討から始める[31]。

　　法人というのは，読んで字のごとく，「法」の上の「人」のことです。ここで「法の上の」と言っているのは，それは本来はヒトではなく，モノにすぎないということを意味しています。実際，民法や商法の教科書では，法人とは，本来ヒトでないのに，法律上ヒトとして扱われるモノと定義されています。ここで重要なことは，どの法律の教科書にものっているこのもっとも基本的な定義において，法人がヒトとモノの二面性をもっていることが，はっきりと示されているということです。法人とは，モノであるのにヒトであり，ヒトであるのにモノであるという，不思議な存在なのです。

　このモノとヒトという会社の二面性も，ここまで検討してきたヤヌスの顔の顕在化なのである。
　株式会社は，株主が法人としての会社を所有し，その法人としての会社が会社資産を所有するという「二重の所有関係」によって構成され，この法人をめぐる「二重の所有関係」こそ，株式会社の基本構造だという[32]。ヤヌスの顔は，所有関係と結びつけられている。これは，会社が誰のものかという，近年注目を集めている問題意識が色濃く反映されたものでもある。
　岩井は，ヒトでありモノであるという二面性をもつ法人について，「法人名目説」と「法人実在説」との間で繰り広げられた「法人論争」を検討している[33]。

一方の法人名目説とは，法人というのは，人間の集まりにたいして与えられたたんなる名前にすぎないという説です。具体的には，人間がたくさん集まって団体を作ったとき，集まった人間の名前を全部書くのはたいへんなので，便宜的にその集まりにたいしてひとつの名前をつける。その名前が法人にすぎないという主張です。したがって，どのような法人でも，究極的には，それを構成する個人のあいだの関係に還元することができるし，その構成員から独立したヒトとしての法人などというものは実在していないということになります。
　他方の法人実在説とは，法人というのは，人間の集まりに便宜的につけられたたんなる名前などではなく，それ自体，社会的な実在であるという主張です。法人は，構成員である個々の人間を超越する実体性をもっていて，社会のなかでそれ自体が意思と目的をもってあたかもヒトのように行動しているということになります。法人が法律上でヒトとして扱われるのは，それが社会において実際にヒトとして行動していることの反映にすぎないのだということになるのです。

この2つの説が提起しているのは，法人が実体として存在するのか，それとも名前にすぎない虚構なのかという問題である。それは，まさに既述の意味階層との関連で，注目の仕方によって対象が実体的にも，虚構的にも現出するという，層状の意味の世界の構図に重なるようにみえる。
　岩井は，法人の二重の所有関係に結び付けて，この論争の解決を図っている[34]。

　この二重の所有関係の上半分だけ見ると，会社という法人は，株主に所有され支配されているたんなるモノにすぎないように見えます。そして，会社という法人が株主に支配されているたんなるモノでしかないならば，それはたとえ会社資産を所有しているとしても，あくまで名前の上でしかありません。すなわち，法人名目説が正しいように見えるのです。
　また，二重の所有関係の下半分だけ見てみると，会社という法人は，

会社資産を所有し支配するれっきとしたヒトであるように見えます。それは，ほかの人間の支配を受けない，それ自体で意思と目的を持っている存在であるかのように見えます。すなわち，法人実在説が正しいように見えるのです。

　法人がヒトでもありモノでもあるという二重性をもつ存在であることから必然的に生み出されたこの論争から明らかになるのは，法人のヒト性を忘れ，モノ性のみを強調したのが法人名目説であり，法人のモノ性を忘れ，ヒト性のみを強調したのが法人実在説であるということである[35]。

　このように，会社にはモノとヒトの2つの面が存在してその特徴を形成しているわけだが，岩井は，会社を純粋にモノにする仕組み，そして純粋にヒトにする仕組みについても考察している[36]。すなわち，会社の株式を50％以上所有した「支配株主」は，取締役会を完全に支配し，会社資産をあたかも自分自身の資産のように自由に処分できるので，会社資産の法律上の所有者である会社は，実質的にヒトとしての役割をまったく失ってしまい，会社は純粋なモノとなってしまう。一方で，かつての三井，三菱，住友，第一勧業，芙蓉，三和という日本の六大企業集団を典型とする企業グループは，メインバンクを中心としてグループ内企業間で相互に株式を持ち合い，この株式の相互保有が，会社買収（M＆A）活動の対象となる危険性を排除し，グループ内各社はヒトとしての会社として，会社それ自体の主体性を確保することができたという。

　このような検討にもとづいて，岩井は，法人論争については両方の説に軍配を上げることによって決着をつけている[37]。

　　会社という制度のなかに，会社を純粋にモノにする法人名目説的な仕組みと，会社をヒトにする法人実在説的な仕組みが，ともに仕組まれていることを示すことができたのです。しかも，それは同時に，アメリカやイギリスの資本主義とは，活発な会社買収活動を通じて，法人名目説を顕在化している資本主義であり，日本の資本主義とは，株式の持ち合いを通じて，すくなくとも戦後の五〇年間，法人実在説を現実化してき

たことも明らかにしたはずです。

会社の二重の所有関係の存在の背後には，対象をめぐる層状の意味の世界の存在を，そして，そのあるレベル，すなわち会社というレベルでのヤヌスの顔の顕在化を見てとることができるだろう。既述の，二重の所有関係の上半分を見ると，会社という法人は株主に所有され支配されているたんなるモノにすぎないように見える，下半分だけ見てみると，会社資産を所有しているれっきとしたヒトであるように見えるという，岩井による指摘は，このことを示している。

所有関係にこだわるのは，会社は誰のものかという問題意識の表われなのだろうが，会社は株主のものなのだろうか。上方に向いたヤヌスの顔は，株主だけを見ているのだろうか。岩井の考察では，そうはなっていない。会社が株主のものであるという株主主権の発想には批判的である。

岩井はCSR（Corporate Social Responsibility），すなわち会社の社会的責任に注目する。それは，会社が社会的責任を果たすことが長期的には会社の利益につながるという，「CRSはお得です」といった長期的利益最大化のための方便に還元しえない社会的責任である[38]。このような社会的責任は1社が単独で実践すれば，その会社を不利にしてしまうことを認めながら，岩井はつぎのように主張する[39]。

　　しかしながら，一つの会社だけでは不可能なことでも，多数の会社が同時に行えば不可能ではありません。もし多くの会社が同時にCSRを実践していくようになれば，一つの会社の競争上の不利は軽くなっていくはずです。CSRバブルとは，株や土地のバブルとは異なって，バブルが続いていけばいくほどバブルではなくなり，まさにファンダメンタルズとなってしまうという逆説をはらんだものなのです。それは，われわれ自然人においても，基本的人権という概念自体，はじめは少数の人間の間にのみ通用するバブルのようなものであったのが，いつの間にか多数の人間の共通のファンダメンタルズ（基本）となったのと同じです。人間は，歴史の中で，徐々にそのファンダメンタルズを増して，少しで

もまともな社会を実現しようと努めてきたのです。

　そして，会社は誰のものなのかという問いに対しては，「語呂合わせに聞こえてしまうかもしれませんが，会社は社会のものなのです」，こう結論を下している[40]。

　この岩井の結論は，既述のKoestlerやPolanyiの構想ときわめてよくなじむ。「会社は社会のものなのです」。このように言うとき，そこには，株主が株式保有によって会社を所有するという具体的な所有関係とは別の意味合いが生じる。社会は，株主のような具体的で明確な存在ではない。会社レベルに注目すれば，社会は包括的全体として虚構的に顕在化し，会社に意味を付与する。所有の観点から会社の二面性を検討してきたのだが，会社は社会のものだといったときには，具体的な所有関係から離れて，会社の存在意義を明らかにするのは社会だといっていることにもなる。

　会社の二面性は，会社というレベルに特定されることのない，階層の各レベルに潜在しているヤヌスの顔が，会社レベルで顕在化したものである。会社を全体従属的に見た場合，会社を部分とする包括的全体とは社会であるということなのだ。会社は社会のもの，これはもちろん語呂合わせなどではなく，KoestlerやPolanyiの描いた，階層的秩序や層状の意味の世界の構想からすれば，会社の所有者として株主を含む具体的ステークホルダー（利害関係）を想定するよりも，少なくとも一般性をもつ無難な，「間違いようのない」結論だということになるのかもしれない。ただし，会社を手がかりに創発される上位レベル，すなわち，会社を部分として，虚構的に現出する全体は可能性として多様である。

V　ヤヌスは顔を変える

　管理者（経営者も含めて）は，階層的秩序の上位レベルと下位レベルの境界，すなわち部分とそれを包括する全体との境界，そして認識的には焦点的感知と全体従属的感知のぶつかる境界を状況として活動する。ここで状況とは，環境ではなく本人がそこに関与する場である。管理者は境界領域の人間

である。

　管理者が境界人として，すなわちヤヌス神として，全体と部分とを媒介しつつ守護しようとすることになれば，そこには役割のコンフリクトが生まれる。バランスの追求が必要となる。Barnard は管理を，全体と部分との効果的なバランスを追求する活動として捉えているが[41]，それは，ある行為や事象が部分となるような全体を創発し，そこから分析的に部分を検討するなかで，バランスを追求していくということになる。すでに別の機会に，Barnard のいう全体と部分とは，組織と組織メンバーといった明確な既存のものに限定されず，組織現象の流れの中で，何らかの事象や行為を「手がかり」に，それを部分とするような全体構想を描くというかたちで部分と全体として顕在化するものも含まれることを論じている[42]。このときの「手がかり」というのは，事象や行為を全体従属的に感知するということを意味している。

　Popper は「全体」という語の意味をつぎのように2通り示している[43]。

　　　(a)ある事物のあらゆる性質もしくは様態の総体，そしてとくに事物を構成する諸部分の間に成り立つあらゆる関係の総体，(b)当該の事物のある特別な諸性質もしくは様態，すなわちその事物をして「単なる堆積物」よりはむしろ，一つの組織された構造と見えさせるような，特別の諸性質である。

　Popper によれば，(b)の意味での全体は「各部分の単なる総和以上」のものであり，(a)の意味での総体としての全体とはきわめて異なったものを示し，しかもある事物について多様な全体の捉え方が可能性として存在するなかで，選択的にある全体が顕在化するものである[44]。Popper はメロディーを例に，つぎのように説明している[45]。

　　　もしわれわれが，メロディーというものが個々の楽音の単なる寄せ集め，もしくは連続系列以上のものであることを考察したとすれば，われわれが考察のために選択したものは，いろんな楽音のその系列がもつ諸

様態の一つなのである。それは，それらの音の最初のものがもつ絶対的高度(ピッチ)とか，それらの音の平均強度といった他の諸様態から明瞭に区別しうるところの一つの様態なのだ。

　Popperの指摘したのは，創発される全体の，可能性としての多様性である。
　層状の意味の世界では，全体は虚構的に現出し，部分は実体的に顕在化する。事象ないし行為（＝部分）から全体の創発へという動きには，断片を手がかりにしてそれを包括する全体を描くのであるから，必然的に論理の飛躍が伴う。この論理の飛躍と全体の虚構的な現出によって，全体の創発は多様性を孕むことになるだろう。そして，全体が創発されてはじめて，手がかりとなった事象ないし行為が，その部分としての意味を定着させ，他の部分も明らかになる。これが，Polanyiのいう周辺制御の原理による未決定部分の制御なのである。
　これらのことは，層状の意味の世界が静態的な構造ではなく，上位レベルを創発していくダイナミズムをもつことを示している。また既述のように，Thayerはリーダーシップ研究で，この全体の創発を「別の顔を付与する」という表現で示している。組織現象の流れのなかで異例に遭遇したとき，それを手がかりに，それまでとは異なった全体像の形成，すなわち世界に別の顔を付与することで，メンバーをリードしていく方向性を提示する。Barnardの管理活動もそうであったが，上位階層を創発していくダイナミズムは，組織現象の流れと重なり合う。
　ここで，全体とは組織現象の流れのなかで，何らかの事象ないし行為を手がかりに創発されるものとなる。階層性の空間に，流れという時間の次元が加わる。部分から全体を創発し，その全体が部分を規定する。しかし，その全体に適合しない異例としての事象ないし行為の出現が，また新たな全体創発の契機となる。このような組織現象の流れのなかでの部分と全体の相互規定の循環については，つぎの第9章で検討することになる。
　物事のはじまりをつかさどる神，ヤヌスは，上向きの顔，将来に向けた顔を変容させて，階層的秩序や組織現象の流れに変化をもたらす。

【注】
1) イヴ・ボンヌフォア編（金光仁三郎主幹）『世界神話大事典』大修館，2001，p. 600.
2) Koestler, A., *The Ghost in the Machine*, Hutchinson, 1967（日高敏隆・長野敬共訳『機械の中の幽霊』ペリカン社，1969）.
3) *Ibid*., p. 48（邦訳，p. 71）.
4) *Ibid*., p. 48（邦訳，p. 71）.
5) *Ibid*., p. 48（邦訳，p. 71）.
6) *Ibid*., p. 62（邦訳，p. 88）.
7) *Ibid*., p. 48（邦訳，p. 71）.
8) Koestler, A., *JANUS*, 1978, Hutchinson.（田中三彦・吉岡佳子訳『ホロン革命』工作舎，1983，p. 156）.
9) *Ibid*., (邦訳，pp. 157-158）.
10) Polanyi, M., *Personal Knowlege: Towards a Post-Critical Philosophy*, The University of Chicago Press, 1962, pp. 55-57.
11) Polanyi, M., *The Tacit Dimension*, Peter Smith, 1966, p. 12（佐藤敬三訳『暗黙知の次元：言語から非言語へ』紀伊國屋書店，1983，p. 26）.
12) *Ibid*., p. 10（邦訳，p. 24）.
13) *Ibid*., p. 13（邦訳，p. 28）.
14) *Ibid*., p. 35（邦訳，p. 59）.
15) *Ibid*., p. 40（邦訳，p. 66）.
16) Polanyi, M., *Knowing and Being*, The University of Chicago Press, 1969, pp. 181-207.
17) Polanyi, M., *op. cit*., 1966, p. 45（邦訳 p. 72）.
18) Pelz, D. C., "Influence : A Key to Effective Leadership in the Firs-line Supervisor," *Personnel*, Vol. 29, 1952, pp. 209-221.
19) Seashore, S. E., *Group Conesiveness in the Industrial Work Group*, The Institute for Social Research, Michigan University, 1954.
20) Likert, R., *New Patterns of Management*, McGraw-Hill, 1961, pp. 113-115（三隅二不二訳『経営の行動科学：新しいマネジメントの探求』ダイヤモンド社，1964，pp. 152-155）.
21) *Ibid*., p. 113（邦訳，p. 152）.
22) *Ibid*., p. 115（邦訳，pp. 154-155）.
23) 稲垣保弘「リーダーシップと意味形成」『経営志林』第39巻1号，2002，pp. 33-45. 本書に第4章として収録.
24) Thayer, L., "Leadership/Communication : A Critical Review and a Modest Proposal," in Goldhabel, G. M. and Barnett, G. A. eds), *Handbook of Organizational*

Communication, Norwood, 1988, pp. 231-263.
25) 野中郁次郎『知識創造の経営：日本企業のエピステモロジー』日本経済新聞社，1990，pp. 122-131.
26) 同上書，p. 124.
27) 同上書，p. 125.
28) 同上書，p. 125.
29) 同上書，p. 125.
30) 同上書，p. 129.
31) 岩井克人『会社はこれからどうなるのか』平凡社，2003，p. 48.
32) 同上書，p. 58.
33) 同上書，pp. 117-118.
34) 同上書，p. 120.
35) 同上書，p. 121.
36) 同上書，pp. 122-148.
37) 同上書，p. 148.
38) 岩井克人『会社はだれのものか』平凡社，2005，p. 89.
39) 同上書，p. 96.
40) 同上書，p. 96.
41) Barnard, C. I., *The Functions of the Executive*, Harvard University Press, 1938, p. 238（山本安次郎・田杉競・飯野春樹『経営者の役割』ダイヤモンド社，1977，p. 248）.
42) 稲垣保弘『組織の解釈学』白桃書房，2002，pp. 260-266.
43) Popper, K. R., *The Poverty of Historicism*, Routledge & Kegan Paul, 1957, p. 76（久野収・市井三郎訳『歴史主義の貧困』中央公論社，1982，p. 120）.
44) *Ibid.*, pp. 76-77（邦訳，p. 120）.
45) *Ibid.*, p. 77（邦訳，pp. 120-121）.

第9章
組織の流動性

I 静止画

「流れとか変化こそ管理者が管理するものの本質である」[1]，これは，Weick による指摘である。管理の対象，あるいはその場となる流れとしての組織。イメージとしては魅力的だが，このテーマについてどのように理解を深めていけばよいのだろうか。

ここでは，組織の流動性についての考察を，鴨長明『方丈記』の有名な冒頭部分とキリコ（Chirico）の絵画『通りの神秘と憂愁』（図9-1）を検討することによって，その手がかりを探ることから始めよう。この2つには，静止と動きとの奇妙な関係性が潜在している。

図9-1

(出所) 日本経済新聞（朝刊），2010年，2月12日

　　ゆく河の流れは絶えずして，しかも，もとの水にあらず。淀みに浮か
　ぶうたかたは，かつ消え，かつ結びて，久しくとどまりたる例（ためし）なし。
　世の中にある人と，栖（すみか）とまたかくのごとし[2]。

　河はいつも変わらずに流れているように見えるが，同じ岸辺に佇んでいて
も，その目の前を流れている水は，以前に見たもとの水ではない。淀みに浮
かぶ泡も，消えたかと思うと，浮かび出て，そのままの形でいたためしはな
い。世の中に存在する人とその住むところの関係も，この河の流れのような
ものだといっているのだ。
　このように，この世の無常を，人と住むところ，すなわち場所とそこを占
める人，それらの関係と移り変わりから見つめて，河の流れと淀みに浮かぶ
泡の比喩で説いている。
　ここでは，この世，すなわち社会ではなく，組織を流れとして検討してみ
よう。2つのポイントが問題となる。
　1つは，変わらずに流れているように見えるものが，じつは変容をはらん

でいること。すなわち，別の水が，つぎつぎと同じ場所＝位置を通過し，しかもその場所と他の場所との関係は，刻々と変容しているかもしれない。これが流れという現象だとすれば，組織の流れのなかに顕在化する組織形態ないし組織構造といったものは，流れの一場面，あるいは一断面を映し出すスナップ写真や断面図のようなものだろう。

だが，一場面，あるいは一断面という流れのなかに顕在化する一瞬を映し出したものだとすれば，そこには流動性の徴候が示されている，少なくとも潜在化しているはずである。

夢幻的で形而上学的な風景画を大成した，イタリアのシュールレアリズムの画家キリコの代表作『通りの神秘と憂愁』[3)]は，その徴候を鮮やかに映し出していて，一場面からの流動性を考察する明確な手がかりを与えてくれる。田名網敬一の批評によれば，この名画は，「連続する動きの，ある一瞬を停止したような絵」だという[4)]。

神秘的な陽光に照らされたイタリアの街並み。画面の左下から右上に向かう，極端な遠近法によって描かれた通り。その通りの左手前の方で，輪回しをしているシルエットの少女。通りの先で，少女を待ちうけるかのように通りに落ちた細長い人影。その影の長さは夕暮れの訪れをも予感させる。誰なのか，その姿は建物の陰になって見えない。影の主は少女を見守る父親か，何らかの意図を秘めた他人か，単なる傍観者か。肉眼でとらえられる世界の光景によって，潜在する隠れた神秘性を呼び起こし，画面は緊張感にあふれる。そこには，予感や気配として，つぎに起こりうる動きが潜在している。

ここには，人がいる，事象がある。それらに意味をもたせる配置，関係性がある。そこから生成されるイメージがある。しかし，その関係性は潜在的なところで場面の展開を変容させる徴候を生成し，イメージは確定せずに揺れている。流れの一場面は，多様な意味形成の可能性を孕んでいる。

もう1つのポイントは，流れの推進力である。ゆく河の流れは絶えずして——何がこの流れを生み出しているのか。

Weickは，組織の変化について，つぎのように述べている[5)]。

　　われわれにあっては，混沌から秩序への不可避で不可逆な足取りは，

組織の成長の不可欠な特徴とは考えていない。代わりに，システムの現在の状態は初期の状態からの不断の変化の結果であって，その変化が秩序を増大させる方向である必要はないと考えている。
　われわれは，変化が組織の特徴と考えるが，不断の変化を生む力それ自身は比較的不変の法則とも考える。

　Weick は，秩序への変化としての進化ではなく，変化としての進化という発想にもとづいて，効率性，計画性，予測性，存続性といった秩序についての先入観を進化の基準とすることに疑問を呈している[6]。組織は流れているが，それは秩序形成の方向に向かうとは限らず，ただ変化を生成すること，それが組織の特徴だというのである。
　そして，組織現象を組織化という過程で捉えて，組織化の進化論的モデルを提起している。この進化論的モデルは，生態学的変化（ecological change）──イナクトメント（enactment）──淘汰（selection）──保持（retention）という各過程を構成要素とするのだが，その契機は，生態学的変化，すなわち，人や組織がかかわる経験の流れのなかの不連続，差異，変化である[7]。
　また環境ないし状況への適応を重視するコンティンジェンシー理論では，環境ないし状況の変化への適応が，組織活動に変化を生み出すことになる。それは，川の中に投げ込まれた大きな岩石（環境の変化）が，流れを変えるようなものであるが，その流れの変化の推進力は，岩石によって生み出された差異である。
　『方丈記』では，川の流れの推進力は，地面の高度差──水は高きより低きに流れる──しかないだろう。高度差，それは一般化すれば，差異である。
　環境の変化も，生態学的変化も，状況の変化も，それ以前の状態との差異として生起する。差異を埋めて変化に適応するために，流れに変化が生まれるのだとすれば，それは以前の状態を復元するためではなく，この差異は，何か基準となるものがあって，そこから離れている，違っているということよりも，差異の存在，それ自体が問題となるだろう。
　差異が失われたとき，流れは止まって淀む。流れていくためには，差異が

必ず必要になる。流れの推進力としての差異，これは組織現象の流れではどのように捉えられるのだろうか。

II 構造

Whitehead によれば，「すべての事物は流れる」という仮説は，人間の直観が生み出した最初の普遍化であり，哲学体系を構築するための基礎となりうるものだという。

> もし技巧を凝らした理論の進め方によって歪められていない究極的で統合的な経験，すなわちその解明 elucidation こそが哲学の最終目的であるところの経験に立ち戻るならば，事物の流動 flux of things は，われわれがそのまわりにわれわれの哲学体系を織りあげなければならぬところの，一つの究極的な普遍化である，ということに疑問の余地はない[8]。

Whitehead は，この普遍的仮説にもとづいて，「事物の流動」を把握するために，「過程」という概念を提起している[9]。「事物の流動」を捉えるための概念が「過程」なのである。

この過程と経営管理についての考察は，すでに別の機会に行なっている[10]。また，組織形態が組織現象の流れの中で過渡的に顕在化するものであることも，第4章で論じている[11]。ここでは，それらの考察を補足する意味でも，組織現象の流れ，あるいはその流動性の一断面としての構造について検討しておこう。キリコの『通りの神秘と憂愁』の示すような流動性を潜在化させた構造についてである。いや，構造とは本来，そうしたものであるはずなのだ。

組織理論の分野では一般に，組織構造は，組織における仕事の分担や権限配分のパターンとして理解されて，組織内の仕事の分担関係や階層的権限関係によって，組織メンバーの行動をコントロールし，組織内の権限行使，意思決定，組織活動の実行の枠組みを作り出す機能を果たすと考えられてい

る[12]）。

　特に組織のコンティンジェンシー理論では，このような組織構造の概念は，「集権化」，「公式化」，「複雑性」などの次元に操作化されて，実証的研究がなされ，組織の特徴の明確化や，環境への適応性についての研究成果が蓄積されている[13]）。

　ここでは，別の観点から，構造そのものについて検討してみたい。フランスの思想家の Deleuze は，構造主義という思想に示される構造について考察している。

　Deleuze によれば，まず構造とは，現実的でもなく想像的でもなく，記号的なものである。したがって，構造について理解するためには，「現実界の秩序にも想像界の秩序にも還元できないし，両者よりも深くにある，記号界の秩序を措定する」ことになる[14]）。構造そのものは，現実の形態でもないし，イメージでもない。

　　　構造は，受肉しながら，現実性とイメージを構成する。しかし，構造は，現実性とイメージから派生するのではない。構造は，現実性とイメージより深いからだ。構造は現実界のすべての地層に対して，また，想像のすべての天界に対して，下にある地層である[15]）。

　構造は，現実性とイメージから派生するのではなく，現実性とイメージを形成する。現実化していない，しかし，単なるイメージでもない記号的秩序が構造を形成している。では，そのような構造を構成している記号的な要素とは何か。

　　　記号要素は現実的なものとも想像的なものとも区別されるから，構造の要素を確定するものは，構造要素が関与したり指示したりするような先行する現実性でも，構造要素が合意したり意義を与えられたりするような想像的ないし概念的な内容でもありえない。構造要素には，外的な指示性も内的な意義もない[16]）。

構造の要素には,他の何らかの現実的なものを示す外的な指示性も,それ自体に内在する意味内容,すなわち内的な意義もなく,したがって,残るものは,記号的な秩序の中での「位置」に関わる方向性だけであり,それが,構造の要素自体の意味であるという。

> 構造の要素には,方向＝意味以外のものはない。この方向＝意味は,必ず「位置」だけに関わる。問題になるのは,現実的な延長物における場所でも,想像的な延長における場でもなく,まさしく構造的な空間,言い換えるなら,トポロジカルな空間における場所と場である。構造的なものとは,空間のことである。ただし,非延長的な空間,前―延長的な空間,近傍の秩序として次々と構成される純粋空間（spatium）である[17]。

構造の要素は,記号的秩序の要素であるから意味をもつ。しかし,それは,内的意義でも,外的指示性でもない。構造は意味連関として捉えられているが,構造の要素には,「位置」だけに関わる方向性＝意味しかない。すなわち,それ自体ではシニフィアン（記号表現・意味するもの）ではない複数の要素の結合から,常に意味は由来することになり,構造の要素のもつ意味は,「常に帰結,結果」である[18]。

構造の要素の意味形成については,場所＝位置が問題なのである。構造の要素は,それ自体では,意味を内在させず外的指示性をもたずに,複数の要素間の関係のなかで,各々が相互に確定される[19]。「関係の只中で相互に確定されるこの過程においてこそ,記号の本性が定められる」のである[20]。したがって,構造は要素が相互に確定されて,近傍の秩序として構成されている空間なのである。意味は構造内部の場所＝位置の結合によって形成されている。

このような記号界の空間的秩序としての構造が,受肉,すなわち形をとって,現実化し,イメージが形成される。

> 要するに,初めに純粋に構造的な空間における場所があり,その後に

現実的な事物と存在者が場所を占めにやって来るし，またその後に，場所が現実的な事物と存在者で占められるときには，常にいくらか想像的な役割と出来事が必ず現われ出る[21]。

　記号秩序のなかで要素が相互に確定される関係によって，要素の位置の役割が現定され，場所＝位置がそれを占めるものに先行する。位置が，その場所に入るものの意味と機能を規定する。このような構造それ自体は，理念的で潜在的なものである。位置としての構造要素は，潜在的に方向＝意味を示すのである。ただし，Deleuze は，この構造に，その潜在性にリアリティを求める。それは，現実に存在するということではない。そうではなく，受肉する，すなわち形をとることで現実化するということである。

　　現実的なものとは，その中で構造が受肉するもの，あるいはむしろ構造が受肉しながら構成するものである[22]。

　潜在的なものとしての構造は，現実的なものを形成するのである。現実化してはいないが，イメージや抽象的観念とも違う。

　　構造についてはこう語られるべきである。現実的ではないがリアルであり，抽象的ではないが理念的であると[23]。

　そして，構造の要素を相互に確定する要素間の関係が，特異点を分布させて，特異性を生成する[24]。すなわち，構造の要素が関係のなかで確定され，三角形の3つの頂点のように，特異点がその構造に特徴的な空間を描き出す[25]。特異点はその構造から派生するイメージ形成の起点ともなる。
　たとえば，かつての日本的経営について昇進と賃金に同期ではあまり差のつかない年功序列が入社後約15年間機能し，その後に差異が生まれるという指摘がある[26]。この約15年間，差がつかないことで，マラソンのトップ集団のような諦めの入り込みにくい競争状態が維持されて，社員の活力が引き出され，業績に結びつけられる。ぬるま湯の代名詞とされやすい年功序列制

の下での，この激しい長期的競争という特性は，この入社後約15年目という特異点の存在が生み出している。特異点の存在によって，構造はその特異性を確保する。

　Deleuzeは，ある領域に構造の存在する条件について，以下のように明らかにしている[27]。

> どんな領域にも構造はあるのかという問いは，精確にはこう問われるべきである。ある領域において，それに固有の，記号的要素，微分的関係，特異点を取り出すことができるのかと。記号要素は，当の領域のリアルな存在者と対象に受肉する。微分的関係は，存在者のリアルな関係に現実化する。特異性は，構造内の位置と同じ数だけあって，位置を占めにやってくる存在者や対象に対して，想像的な役割を配分する。

　ここで，微分的な関係とは，既述のような，その関係によって複数の要素が相互に確定され，方向＝意味が示されるような関係である[28]。また特異点を起点に形成される特異性が構造を覆うのである。

　さて，このような構造が，一瞬のスナップショット，あるいは断面図を超えて，組織の流れの徴候を示すためには，そのなかに時間性をもたなくてはならない。

> 時間は潜在的なものから現実的なものへと進行する。言い換えるなら構造から構造の現実化へと進行する。時間は，現実的な形態から別の現実的な形態へと進行するのではない[29]。

　構造に関わる時間とは，潜在的なものとしての構造が受肉して，すなわち形をとって現実化していく時間である。ある現実の形態が，直接的に別の現実の形態に変容するのではなく，潜在的な構造がある形態に現実化し，また変容した潜在的な構造は，別の形態に現実化する。連続する時間は，潜在性としての構造が現実化する方向へと流れる。構造は記号的な秩序の空間として，潜在的，理念的でありながら，現実化するダイナミズムを秘めたもので

ある。

　この潜在性から現実化へという流れは，Whitehead の提起する２つの過程のうちの１つとその方向性において重なり合う。Whitehead は，「過程」について以下のように述べている[30]。

> 巨視的な過程と微視的な過程という二種の過程が存在する。巨視的な過程は，達成された現実から達成しつつある現実への移行である。一方，微視的な過程は，単にリアルに過ぎないところの諸条件を確定的な現実へと転換すること conversion である。前の過程は，「現実的」actual なものから「単にリアルにすぎない」merely real ものへの移行を生み出し，後の過程は，リアルなものから現実的なものへの成長 growth を生み出す。前の過程は作用因的であり，後の過程は目的論的である。未来は，現実的であることなしに単にリアルに過ぎないのだが，過去は，諸現実の一つの結合体 a nexus of actualities である。諸現実は，それらのリアルな発生の諸相 real genetic phase によって構成されている。現在というものは，リアルであること reality が現実的になる目的論的過程の直接性なのである。巨視的な過程は，リアルな達成を統轄している諸条件を提供し，微視的な過程は，現実的に達成される目標を提供する。

Deleuze のいう潜在性から現実化へという流れは，Whitehead の微視的な過程と重なり合う。また，Deleuze が潜在的，理念的なものである構造に求めたリアリティとは，Whitehead のいうリアルなものと同じ意味で使われているのだろう。

III　構造化

　ここではさらに，構造のはらむダイナミズムについて，潜在性から現実化へという方向の他に，構造の再生産（reproduction）という観点からも検討しておこう。社会学者の Giddens は構造について，つぎのように述べている[31]。

第9章　組織の流動性　179

　　構造は,「集団」とか「集合体」,「組織」ではない。そうした「集団」
　や「集合体」,「組織」が構造を《持つ》のである。

構造は,組織や集団の現実の形態ではなく,それらの属性だというのである。
さらに,Giddens は以下のようにも述べている[32]。

　　システムには構造,より正確には構造特性があり,システムは構造そ
　のものではない。したがって,構造は（論理的に）システムや集合体の
　特性であり,「主体の欠如」を特徴とする。

組織は構造特性をもつ。この特性は形をとって現実化することで,組織形態や組織活動を形成する。Giddens は構造の二重性に注目して,構造化（structuation）という概念を提起している。

　　構造は「主体不在」であることを私はすでに指摘しておいた。相互行
　為は,主体の行動によって,また主体の行動において,構成される。
　《構造化》とは,実践の再生産として,構造がそれによって存在するよ
　うになる動的過程のことを,抽象的にはいうのである。《構造の二重性》
　ということで,社会構造は人間の行為作用によって構成されるだけでな
　く,同時にそうした構成をまさに《媒介するもの》であることを,私は
　意味する[33]。

ここで示されているのは,構造を行為への拘束として捉えて,構造を行為に対立させる視点ではない。相互行為という主体的な行為と主体不在の構造とを結びつけて,構造の再生産,すなわち新たな構造の創出,あるいは構造の変容のダイナミズムを明らかにしようというのである。もちろん,構造から別の構造への直接の変化ではなく,構造の現実化としての相互行為を媒介にしての変化である。すなわち,相互行為は構造が形をとる現実化として形成されるが,その相互行為が構造に変容を迫ることもある。

構造化の概念が意味するのは構造の二重性である。構造の二重性は社会生活に基本的な再帰的性格に関係しており，構造と主体的行為（agency）との相互依存を示している。構造の二重性によって私が示したのは，社会システムの構造特性は社会システムを構成する実践の媒体であるとともに帰結である，ということだ。したがって，構造化の理論が定式化されれば，共時態と通時態，静学と動学の区別は廃棄される。つまり，構造は，可能にするとともに拘束するものである[34]。

　構造特性は，組織やシステムにおける行為を形成し，またその行為の帰結としてある。これが構造の二重性である。構造化は「構造の継続性や変換，すなわちシステムの再生産を支配する条件」として定義され[35]，構造化の理論は，時間軸の横断面に見出される共時態としての空間のアレンジメントと時間軸に沿って動く変動としての通時態，すなわち，キリコの『通りの神秘と憂愁』に示されたアレンジメントと徴候＝予感，これらを区別なく統一的な枠組みで捉える可能性を提示している。

　構造と行為の相互依存を考察するにあたって，行為も二面的に捉えられている。

　　行為のあらゆる過程で何か新しいものが作り出されるという意味で，行為は新鮮である。しかし同時に，すべての行為は過去との連続性を保っており，過去によって行為の創始の手段を与えられる。したがって構造は，行為を阻害するものとしてではなくて，行為の産出に本来的に関係するものとして概念化されなければならない[36]。

　相互行為と構造の相互依存的な循環活動といった反復的過程の中で，相互行為は既存の構造特性に依存して形成され，また「新鮮な」行為として，構造を創出ないし変容させていく。
　Giddensによれば，特性としての構造を形成しているのは，組織化された規則と資源だという[37]。すなわち，場所＝位置，方向性＝意味のアレンジメントに，そして潜在性の現実化に，規則と資源が関わってくる。規則は拘

束的であるとともに，規則によってどうすべきかが規定され，行為が可能になる。「規則を適用することは，(有意味な) 活動の形態をうみだすこと」[38] なのである。さらに，「行為者が相互作用の過程の性格あるいは結果に影響を与えようとして引き出すあらゆる種類の優位性ないしは能力」[39] としての広い意味での「資源」が，相互作用に参加した人々の相対的影響力を構成するというのである。しかも，規則と資源は，「社会的相互作用の遂行の媒体であり，それ自身つねに社会生活の変化に巻きこまれている」[40] のであるから，構造は静態的なものであることを意味しない。

そして，Giddens は構造と行為の循環的な相互依存という構造化の様相に，全体性と契機という概念を導入して，つぎのように述べている[41]。

> 構造の二重性の概念によれば，規則と資源は相互行為の産出において行為者のよりどころとなるものであるが，相互行為をとおして再構成されるものである。したがって構造とは，契機と全体性との関係が社会的再生産において明らかになる様相 (mode) なのだ。この契機と全体性との関係は，機能主義者の理論が仮定する社会システムへの行為者および集団の調整という意味での「部分」と「全体」の関係とは異なる。

機能とは，部分の全体に貢献するはたらきであるから，機能主義的発想では，全体のためにそこに包括される諸要素を部分として位置づけ，調整するということになる。しかし，構造の二重性とは，構造によって相互行為が規定されるが，また相互行為によって構造が変容する，すなわち再生産されるという二重性である。ここでは，「契機 (moment)」という用語が使われている。相互行為は，構造という全体性に規定されるという局面をもちながらも，一方で新たな構造の創出ないし変容の契機としても捉えられている。

構造化の理論によって示されるのは，潜在性から現実化へという流れの他に，相互行為を契機とする構造の再生産，すなわち現実から潜在性への流れである。ここで，構造は，組織現象の流れの一瞬のスナップショット，あるいは断面図であっても，過去からの痕跡としての場所＝位置のアレンジメントと変容への徴候を映し出していることになる。構造は，潜在的で理念的な

記号界の秩序であるとともに，過去からの慣性の様相としてのアレンジメントと将来の変容の徴候を併せ示す境界としても理解できることになる。

IV　動画

　Deleuze の指摘するように，構造の要素が内在的意味も外的指示性ももたず，他の要素との相互関係によって，その意味＝方向性が確定されるのだとすれば，構造は記号界の秩序であっても，あるコードで要素の意味を一義的に確定できるような記号体系ではない。したがって，構造についてある特定のコードによって，1つの意味を確定すべく解読することはできない。その理解のためには，解釈が必要となる。解釈については，すでに別の機会に論じているが，ここで簡単に触れておこう[42]。

　あるテクストを解釈する場合，少し読み進むうちに，すなわちテクストのある部分に触れることにより，それを包括する全体——それはテクスト全体かもしれないし，「近傍の秩序」に当たる部分かもしれない——の先取りがなされる。その全体像にもとづいてさらに読み進むと，テクストの別の部分が，先取りされた全体像への異例として現われてくる場合もある。このとき，全体像が変容し，この新たな全体像が引き続くテクストの読みを導いていく。このように，読み進むうちに出会うテクストの各部分は，先取りされた包括的全体のなかに位置づけられていくが，ある部分との出会いが異例の経験として，全体に変容を迫ることもある。

　解釈とは，部分を手がかりに全体像を先取りし，それにもとづいて部分の意味を明らかにするだけでなく，異例としての部分との出会いにより全体像を変容させる行為でもある。これを，Dilthey は「個々のものから全体を，しかし再び，全体から個々のものを，という循環」，すなわち解釈学的循環として，解釈学上の中心的難問に位置づけている[43]。部分は全体から理解されなければならず，全体は部分から理解されなければならないという堂々めぐりになるからである。

　ただし，解釈学的循環とは，全体と部分の間を循環しながら展開していく過程であるが，全体の理解も部分の意味も，その展開につれて変容していく

かもしれない。変容、差異をはらんだ反復なのである。包括的全体、あるいは近傍の秩序であっても、不変ではない。このように解釈学的に構造化の様相を考察するとき、そこに現出する全体性はイメージではなく、イメージを派生させる近傍の秩序、すなわち潜在的リアリティとしての構造なのである。

　組織の流れのなかの変化とは、それまでの慣性からの隔たり、すなわち差異のある異例としての行為ないし事象に遭遇したときに、それを契機として新たな包括的全体——近傍の秩序である潜在的リアリティとしての構造——を創発して、その契機にそれまでとは違った意味を付与することで生起する。ここで過去からの慣性とは、それまでの包括的全体、すなわち構造によって付与された意味に導かれた流れである。行為あるいは事象と包括的全体との関係は、機能主義的な全体優位の発想にもとづくものではなく、契機の識別と創発された包括的全体との間を揺れ動く相互規定の循環的ダイナミズムが、全体性の規定による硬直化と部分の放埒による秩序消失を流れのなかで回避する。

　すでに第8章で、暗黙知の構図との関連で　重層的な意味の世界について考察した中で、意味階層の1つ上位のレベルから対象に注目すれば、対象は「実体的」に顕在化し、1つ下位のレベルから注目すれば、対象は「虚構的」に現出することが指摘されている[44]。

　ここでの考察は、この上位レベルと下位レベルの相互規定の循環が、組織現象の流れの中で生起することも示している。「歴史的事実」という言葉があるように、過去は「実体」として顕在化する。それは、創発された包括的全体から、行為や事象を部分として回顧的に見るときである。実体的な顕在化と虚構的な現出は、階層的意味空間のなかだけでなく、時間的流れのなかでも生起する。したがって、新たな包括的全体が創発されるとき、「実体」としてその意味を定着させていた過去の行為や事象がその様相を変えるかもしれない。組織の流れの慣性が、途切れるときである。官僚主義的組織というのは、組織現象の流れのなかで遭遇する異例を逸脱として排除することで、過去からの慣性に流され、それに浮遊している組織だともいえるだろう。

　また、ここまでの考察を踏まえると、行為や経験についての合理性は、回顧的にふり返った過去の行為や経験について成立する回顧的な合理性にすぎ

ないのかもしれない。ある行為について，その後に創発された包括的全体のなかに位置づけてみれば，合理的説明が成立する。組織活動を理解しようとするときに，過ぎ去った行為や経験をある時点でふり返るならば，そのときの活動を導いている包括的全体にもとづいて，そこに至るまでの活動の流れについて，論理必然的な道筋を見出して合理的な説明が形成されるだろう。

しかし，将来，別の包括的全体が創発されれば，異なった「合理的」な説明が可能になるかもしれない。行為や経験についての合理的説明，あるいはそこに成立する合理性とは，特定の時点で過去をふり返って，一時的に確定されたものにすぎないという意味で，暫定的な回顧的合理性の性格を色濃くもつ。

組織の流れの推進力となる差異は，慣性からの隔たりの経験，すなわち異例として現われる。この差異は，それまでの慣性的活動を理解していなければ，識別できないが，新たな包括的全体の創発に結びつかなければ，推進力とはなり得ない。したがって，何か基準となるものがあってそこから離れている，違っているということではなく，差異そのものが問題となる。

キリコの『通りの神秘と憂愁』では，過去の痕跡としての潜在的アレンジメントが現実化した風景に，変化の徴候と気配が不安定さと緊張感を漂わせている。構造という組織の流れの一瞬，一断面をとらえた構図に示される痕跡と徴候は，全体性の変容とその契機の相互循環を潜在的に映し出す。

このような解釈学的循環について，Heidegger は，「この循環の内には，最も根源的な認識の，或る積極的な可能性が隠し蔵されている」のであるから，「決定的に大切なことは，循環から抜け出ることではなくて，正しい仕方に従ってその内へ入って行くことである」と述べている[45]。

【注】
1）Weick, K. E., *The Social Psychology of Organizing*, 2nd ed., Rondon House, 1979, p. 42（遠田雄志訳『組織化の社会心理学 第2版』文眞堂，1997, p. 123）.
2）水原一監修・籠谷典子著『枕草子・方丈記』中道館，1982, p. 28.
3）日本経済新聞（朝刊），2010.2.12, 32面.
4）田名網敬一「影のポエジー」，日本経済新聞（朝刊），2010.2.12, 32面.
5）Weick, K. E., *op. cit.*, 1979, p. 120（邦訳，p. 155）.

6) *Ibid.*, pp. 120-123（邦訳, pp. 156-158）．
7) *Ibid.*, pp. 130-132（邦訳, pp. 168-172）．
8) Whitehead, A. N., *Process and Reality : An Essay in Cosmology*, corrected ed. (Griffin, D. R. and Sherburne, D. W. eds.), The Free Press, 1978, p. 208（平林康之訳『過程と実在：コスモロジーへの試論』みすず書房, 1981, p. 307）．
9) *Ibid.*, pp. 208-215（邦訳, pp. 308-318）．
10) 稲垣保弘『組織の解釈学』白桃書房, 2002, 第2章．
11) 稲垣保弘「組織編成の次元と形態」法政大学経営学会『経営志林』第42巻第4号, 2006年1月, pp. 77-85. 本書に第3章として収録．
12) Hall, R. H., *Organizations: Structure and Process*, 2nd ed., Prentice-Hall, 1977, pp. 97-128.
13) *Ibid.*, pp. 130-193.
14) Deleuze, G., "A quoi reconnaît-on le structuralisme?" in Châtelet, F., ed., *Histoire de la philsophie*, t. VIII, Paris, Hachette, 1972（小泉義之訳「何を構造として認めるか」小泉義之他訳『無人島 1969-1974』河出書房新社, 2003, p. 64）．
15) *Ibid.*,（邦訳, pp. 62-63）．
16) *Ibid.*,（邦訳, p. 65）．
17) *Ibid.*,（邦訳, pp. 65-66）．
18) *Ibid.*,（邦訳, p. 67）．
19) *Ibid.*,（邦訳, p. 70）．
20) *Ibid.*,（邦訳, p. 70）．
21) *Ibid.*,（邦訳, p. 66）．
22) *Ibid.*,（邦訳, p. 74）．
23) *Ibid.*,（邦訳, p. 74）．
24) *Ibid.*,（邦訳, p. 71）．
25) *Ibid.*,（邦訳, p. 71）．
26) ・小池和男『日本の熟練』有斐閣, 1981, p. 29.
・車戸實編著『管理される管理者：減量経営時代のミドル』日本経済新聞社, 1978, pp. 213-222.
27) Deleuze, G. *op. cit.*, 1972（邦訳, p. 71）．
28) Deleuzeによれば, 構造の要素間の関係は「微分的」なのだという. そして, この「微分的」とは, 理念的で, 潜在的だという. Soukal = Bricmontは, 物理学者の立場から, Deleuzeによる微分も含めた数学的記述が, 混乱し不適切であると痛烈に批判している. 一方, 小泉義之は, Deleuzeの「微分」の意味について, つぎのように述べている.

座標平面上の線は，見えるものであり，現実的なものである。接線にしても，座標平面上に見えるものとして図示できるから，すなわち，座標平面上に顕在化可能なものであるから，現実化可能なものである。ところが，ベクトルを座標平面上に図示することはできないのである。ベクトルは，接点がどの方向に向かうかという動向を表現するから，座標平面上では見えないものである。矢印表示は，見えないものを見えさせるようにするための苦肉の策でしかない。したがって，ベクトルは，座標平面上の線として見えるものではないという意味で，現実的ではなく理念的である。また，座標平面上に顕在化可能なものではないという意味で，顕在的ではなく潜在的である。ベクトルは，理念的で潜在的なのである。そして微分とは，特定のベクトルとしてではなく，無数のベクトルとして定義されるものである。とすれば微分は，理念的で潜在的なベクトル場として定義されているということになる。かくて，微分的なものは，理念的で潜在的である（小泉義之，2000，pp. 37-38）。

詳細については以下の文献を参照．
- Sokal, A. and Bricmont, J. *Interectual Impostures*, Profile Books, 1997, pp. 145-158（田崎晴明・大野克嗣・堀茂樹訳『「知」の欺瞞：ポストモダン思想における科学の濫用』岩波書店，2000，pp. 205-225）．
- 小泉義之『ドゥルーズの哲学：生命・自然・未来のために』講談社，2000，pp. 37-38．

29) Deleuze, G., *op. cit.*, 1972（邦訳，p. 76）．
30) Whitehead, A. N., *op. cit.*, 1978, p. 214（邦訳，p. 317）．
31) Giddens, A., *New Rules of Sociological Method*, 2nd ed., Polity Press, 1993, p. 128（松尾精文・藤井達也・小幡正敏訳『社会学の新しい方法規準：理解社会学の共感的批判』而立書房，1992，p. 173）．
32) Giddens, A., *Central Problems in Social Theory: Action, Structure and Contradiction in Social Analysis*, TheMacmillan Press Ltd., 1979, p. 66（友枝敏雄・今田高俊・森重雄訳『社会理論の最前線』ハーベスト社，1989，p. 71）．
33) Giddens, A., *op. cit.*, 1993, pp. 128-129（邦訳，p. 174）．
34) Giddens, A., *op. cit.*, 1979, p. 69（邦訳，p. 75）．
35) *Ibid.*, p. 66（邦訳，p. 71）．
36) *Ibid.*, p. 70（邦訳，p. 75）．
37) *Ibid.*, p. 66（邦訳，p. 71）．
38) Giddens, A., *Studies in Social and Political Theory*, Hutchinson & Co., 1977（宮島喬他訳『社会理論の現代像』みすず書房，1986，p. 66）．
39) *Ibid.*,（邦訳，p. 66）．
40) *Ibid.*,（邦訳，p. 67）．

41) Giddens, A., *op. cit.*, 1979, p. 71（邦訳，p. 76）.
42) 稲垣保弘『前掲書』2002，第10章.
43) Dilthey, W., *Gesammelt Schriften*, 5. Band, 1924（塚本正明訳「解釈学の成立」『解釈学の根本問題』晃洋書房，1977，p. 106）.
44) 稲垣保弘「組織の二面性」法政大学経営学会『経営志林』第47巻第2号，2010年7月，pp. 49-59. 本書に第8章として収録.
45) Heidegger, M., *Sein und Zeit*, tübingen, 1927（溝口競一訳「解釈学的循環の問題」『解釈学の根本問題』晃洋書房，1977，p. 127）.

第10章
組織の力動性

I　パブロフの犬から

　ソ連の生理学者 Pavlov は，犬を使って条件反射の研究を行なったことでも知られている。あの有名な「パブロフの犬」である。そしてそれは，組織におけるパワー現象の検討に興味深い洞察を与えてくれる。
　なぜパブロフの犬なのか。それは，経済学者 Galbraith の『権力の解剖 (The Anatomy of Power)』を翻訳した山本七平が，その翻訳書の巻末に記した解説のなかでつぎのように示している[1]。

　　ガルブレイスは権力の源泉を個人的資質，財力，組織の三つにおき，この行使の手段を威嚇，報償，条件づけとする。いわば二系列の三要素が

あり，これがさまざまにからみあって行使されている。したがって権力を行使される側からもしくは第三者の位置から見れば，これは威嚇権力，報償権力，条件づけ権力の三つになる。そしてこの中で彼が提示した新しい概念は「条件づけ権力」であろう。「コンディションド・パワー」は彼の造語で，権力解剖の新しいメスだが，定訳語がない。「条件づけ権力」と訳したのは，この言葉をおそらく彼は「条件反射」と対応させつつ生み出したと思われたからである。有名なパブロフの「条件反射」の実験は説明するまでもないと思うが，簡単に図式化すれば次のようになろう。犬に餌を与えつつベルを鳴らす，餌を食べれば当然に胃液が出る。それをくりかえすと，餌を与えずベルだけ鳴らしても胃液を出す。いわば一定の「条件づけ」により，餌という実体がないのに「胃液を出せ」と命ずるに等しい自発的な結果になる（といえば学問的には問題であろうが），これと作用が似た権力と言ってもよいであろう。人間の脳は犬の胃袋ほど単純ではないが，ある権力の行使は，これを連想さす結果を生み出し，その結果が威嚇権力の行使と同じ場合もある。これがすなわち「条件づけ権力」である。

　パブロフの犬の比喩をめぐって，山本が学問的には問題であろうと懸念している「一定の『条件づけ』により，餌という実体がないのに『胃液を出せ』と命ずるに等しい自発的な結果になる」という記述は，後に明らかになるように，哲学者 Foucault のパワー理論と密かに共鳴する。パワーはその一般的な押しつけがましいイメージとは異なり，行使される側の「自発性」とも結びつくことになる。

　まず，パワーについて検討する端緒として，山本にパブロフの犬を連想させた「条件つき権力」の作用を提起している Galbraith の理論を概観しておこう。そこに示されているのは，パワーが個人的資質，財力，組織という源泉にもとづき，威嚇，報償，条件づけという行使の手段を通じて，威嚇的パワー，報償的パワー，条件づけパワーというかたちで行使されるという構図である。ただし，これらの源泉と行使の手段は，さまざまに組み合わされ絡み合っている。すなわち，財力は報償的パワーと結びつくであろうことは明

確だが，条件づけパワーを形成するかもしれないし，組織は条件づけパワーと深い関係があるが，威嚇的パワーと報償的パワーを形成することもあるというように2)。

　　結局，次のように言えるだろう。権力行使の三手段のそれぞれは，それともっとも関係の深い権力の源泉と最大の結びつきをもっているが，他の源泉と結びつかないわけではない。それゆえ権力の源泉と，それに関係をもつ行使手段とはさまざまに組み合わされる。個人的資質，財力，組織は，さまざまな程度で組み合わせられる。それに応じて，権力を強制する手段の方もさまざまに組み合わせられる3)。

Galbraith は威嚇的パワーと報償的パワーについて，つぎのように述べている4)。

　　威嚇権力は，相手が嫌がるような結末を罰としてチラつかせたり，脅したりすることによって服従させる権力である。これとは対照的に，報償権力は相手が喜ぶ報酬を提示することによって，つまり，服従してくれる人にとって何か価値のあるものを与えることによって服従させる権力である。

この２つの権力（power），すなわちパワーは，いわゆるアメとムチとして周知のものである。この２つのパワーに共通する特徴として，「これらの権力に服従している人々は，一方は強制されており，他方は報酬を与えられているが，どちらも自分の服従に気がついている」し，パワーを行使している主体も明確である5)。ところが，条件づけパワーは，まったく異質であるという。Galbraith はつぎのように述べている6)。

　　すなわち条件づけ権力を行使している人もそれに従っている人も，必ずしもその行使を自覚しているわけではない。権力を受け入れ，他人の意思に服従することが，服従している当人の選択なのである。この選択

は，説得とか教育によって人為的に育成することが可能である。これは公然たる条件づけである。また，この選択が，文化そのものによって命令されることがありうる。つまり，その服従を選択することが普通であり，適切であり，伝統的にも正しいものであると考えられているからである。これは隠然たる条件づけである。この公然たる条件づけと隠然たる条件づけの間には，はっきりとした区別がない。つまり，公然たる条件づけの度合いがだんだんと薄れていくと隠然たる条件づけになるのである。

　条件づけ権力というパワーは，行使している側も服従している側も，必ずしもそれを自覚しているわけではなく，隠然たる条件づけになると，行使する主体も不明確になる。このような曖昧性について，Galbraithは，「権力はいろいろなところで利益を受けているが，権力は存在していないという信念をつくり出すことほど権力にとって有益なことはない」という興味深いコメントを添えている[7]。パワーの行使がそれと気づかれていなければ，パワー行使につきものの反発や対抗的パワーが形成されることもなく，パワーの作用は静かに広く浸透していくことになるだろう。

　このような条件づけパワーの識別は，パワー現象としてはそれまで見逃されてきた面にも焦点を当てることになり，パワー研究の射程を拡大する手がかりになるかもしれない。餌という実体が欠けてしまってもベルの音に反応して胃液が分泌されるというパブロフの犬のケースを連想させる条件づけパワーが暗示するのは，パワーの源泉が失われても，さらにはパワーの行使主体が姿を消してもパワーは行使されているかもしれない，そういう状況である。

　ここで思い浮かぶのは，Barnardの提起した「無関心圏（zone of indifference）」だろう。Barnardは，権限（authority）を公式組織におけるコミュニケーションの性格として捉え，指示や命令が受ける側に受容されたときに，権限が確立ないし維持されると主張している[8]。したがって，権限が存在するかどうかをきめるのは，指示や命令を受ける側になる。その上で，Barnardは，組織の協働がスムーズに継続されるのは，受容されるような指

示や命令が出されている（受容されるような工夫や状況設定のなされることも含めて）ことの他に，以下のような「無関心圏」の存在にも依存していることを指摘している[9]。

　「無関心圏」という言葉は，つぎのように説明することができる。もし合理的に考えて実行可能な行為命令をすべて，受令者の受容可能順に並べるとすれば，第一には明らかに受け入れられないもの，すなわち，確実に服従されない命令がいくつかあり，つぎに，多かれ少なかれ中立線上にあるもの，すなわちどうにか受け入れられるか，あるいは受け入れられないかの瀬戸際にある第二のグループがあり，最後に，問題なく受け入れられる第三のグループがあると考えられよう。この最後のグループのものが，「無関心圏」内にある。受令者はこの圏内にある命令はこれを受け入れるのであって，権威の問題に関するかぎり，命令が何であるかについて比較的無関心である。

　指示や命令を受容するかどうかの選択を行なうのは組織メンバーだとしても，その選択の存在そのものを意識させないような「無関心圏」に組織活動のある部分は覆われている。本来，指示や命令の受容には何らかのパワーが作用するものであるとすれば，「無関心圏」の存在もパワー現象として捉えることができるだろう。そして，それはパブロフの犬の比喩のように，好ましい出来事と結びついて繰り返された行為のもたらした慣性としても，パワーは作用するということだけを意味するものなのだろうか。ちなみにBarnardは，この「無関心圏」に関する記述にパワーという概念はいっさい用いていないが，この点については後に触れることになる。
　また，GalbraithがAM然たる条件づけパワーと関連して述べているように，「文化そのものによって命令されることがありうる」のだとすれば，パワー行使の主体が漠然としてくるとともに，企業文化について，公式的な秩序や規則では制御しきれない組織現象の過剰部分をコントロールするというその性格が顕在化してくる。パワー現象は何も特殊なものではなく，組織活動の隅々にまで浸透しているものなのかもしれない。

II パワーについて—行使者Aが消えていく—

　ここではまずパワー概念について見ていこう。パワーの定義でよく引用されるのは，つぎのようなWeberによるものである[10]。

　　　パワーとは行為者が社会関係のなかで抵抗を排除しても，それが依拠する基盤が何であれ，自己の意思を貫徹する立場にある可能性である。

　この定義には，少なくとも2つのポイントがある。1つは，他者の抵抗を排除して自己の意思を貫徹すること，このときパワーが作用しているというのである。もう1つは，パワーが依拠する基盤についてである。Weberは，「それが依拠する基盤が何であれ」というように，基盤の内容の明確化まで踏み込んではいないが，既述のようにGalbraithは，個人的資質，財力，組織という3つを挙げている。また後述するように，French = Ravenは，この基盤，すなわちパワー・ベースに着目してパワーの研究を行なっている[11]。

　まずは，パワーの行使者が他者の抵抗を排除して自己の意思を貫徹するという面について検討しよう。Dahlは，パワーについて，「AがBに本来しないようなことをさせることができる程度まで，AはBに対してパワーをもっている」というかたちで表現している[12]。

　しかしこれだけでは，AがBに対してパワーをもっているから，AはBにそうでなければしないことをさせることができるとも言えて，トートロジーになってしまう恐れがある。これはパワーの定義というよりも，パワー現象を簡潔に表現したものにすぎないかもしれない。ここでのパワー現象は，複数の人間の具体的な相互関係のなかで生起し意味をもつ。

　ただし，Dahlはそのあとで，パワーは「Bが本来しないような何かをBにさせることについての，Aによる成功的な試みにかかわる」とも述べている[13]。すなわち，AがBの行為に影響を及ぼすことに成功できるとき，AはBに対してパワーをもつ。これは，Dahlがパワーを複数の行為者間の対

立のなかでの行為の決定に結びつけて理解していることを示している。
　このように他の行為者の行動に影響を及ぼして、将来の出来事のパターンを特定の方向に決定ないし変更するものとしてパワーを理解すれば、行為の前提となる意思決定の状況に焦点が合わされることになる。Dahlのパワー研究では、現実にコンフリクトを顕在化させている問題についての意思決定状況だけが、パワーの作用を検討する射程に入れられている。
　Bachrach = Baratz は、DahlのようにAがコンフリクトの顕在化している意思決定の状況でBの行為を左右するときにパワーが行使されているという点の他に、Schattschneiderの「偏向の導入 (mobilisation of bias)」という概念を援用して、意思決定のなされない状況にも注目している[14]。この「偏向の導入」について、Schattschneiderは以下のように述べている[15]。

　　　あらゆる形態の組織に、ある種のコンフリクトは利用し、他のコンフリクトは抑圧するような偏向があり、それは組織化自体が偏向の導入だからである。ある問題は政治的に設定され、他の問題は排除される。

　Bachrach = Baratz は、AがBの行為を直接的に左右するのではなく、自分にとって好都合な、あるいは不都合でない問題だけがテーマとなるように、意思決定状況を限定するような信念、価値観、そして制度的な手続きを創出ないし強化するように仕向けているときも、パワーは行使されていると捉える[16]。Aにとって好都合な問題が意思決定状況で顕在化し、Aにとって不都合でBにとって好都合な問題はそこから除外されるように、パワーが作用しているということである。それは、ゲームで戦うのではなく、ゲームのルールと領域を自分に有利に設定するようなものだろう。
　Bachrach = Baratz は、意思決定状況で顕在化する問題を限定し、不都合な問題を意思決定から除外するように仕向けることもパワー行使に含めている点で、Dahlよりもパワー現象を広範囲に捉えている。ただし、意思決定のテーマに載せないという非意思決定化も、AとBとのコンフリクトをはらんだ関係性のなかでの現象であり、顕在的か潜在的かの相違はあっても、現実の意思決定状況のコンフリクトに焦点が合わされている点は、Dahlと共

通している。さらにここでは,「偏向の導入」というアイデアが,「組織化自体が偏向の導入である」以上,特定の意思決定状況に限定されず,さらに広範囲の組織状況でも有効なものかもしれないということも指摘しておこう。

また Bachrach = Baratz は,パワーの類型化も示している[17]。それは,彼らのパワーの理解の性格からして,意思決定状況のコンフリクト関係を念頭に置いたパワー,すなわちAがBからの服従を確保するのに作用するパワーを対象としているのだが,さらに広範な有用性をもっているかもしれない。そこには,強制力（coercion）,影響力（influence）,権限（authority）,推進力（force）,操作力（manipulation）がパワーとして包括されている。以下にその内容を要約的に示しておこう[18]。

- 強制力は,AとBの間に価値観と行動のコースをめぐるコンフリクトがあって,何らかの深刻な不利益をもたらすという威嚇によってAがBの服従を確保するときに存在している。
- 影響力は,強制力のように暗黙的あるいは明示的な威嚇に訴えることなく,AがBの行動のコースに変化を引き起こすときに作用している。
- 権限については,Bは自分自身の価値観に照らしてAの指示が適切だと認識している。すなわち指示の内容が正当で適切か,あるいはその指示が正当で適切な手続きを通じてなされているという理由で従うことになる。
- 推進力は,Bの不服従ないしその可能性が存在しても,服従か不服従かの選択の余地がBに残されることなく,Aが望ましい方向に活動を推進していく状況で作用している。
- 操作力は,推進力による望ましい方向への推進を円滑にする「局面」ないし推進力の「下位コンセプト」に位置づけられている。

Galbraith がパワー行使の手段の組み合わせについて述べていることは既に触れたが,これらの5つのパワーも,当然のことながら,現実にはいくつかが融合して作用しているということだろう。また,既述の Barnard の「無関心圏」は,公式的なパワーである権限の広範な作用のなかで形成され,しかも組織活動に無視できない影響を及ぼすものとして位置づけられるかもしれない。Barnard は,公式組織の諸要素のひとつとして権限を論じている

ことからも，パワー現象の公式的な面に限定して，パワーでなく権限という概念を用いているのだろう[19]。

Lukes は，Bachrach ＝ Baratz が非意思決定，すなわちAにとって不都合な問題が意思決定状況に持ち込まれるのを阻止するというパワーの作用にも着目している点を評価しながらも，意思決定状況のコンフリクト関係に限定してパワー現象を考察する点について，以下のような問題点を指摘している[20]。

○ 意思決定は，個人や集団によって意識的かつ意図的になされる代替案からの選択であり，一方，「組織の偏向」は，特定の個人の意図や意識的な選択による結果としてでなく導入され，再創出され強化されることもあるかもしれない。「組織の偏向」は，単に個人的に選択された行為によってだけではなく，社会的に構築され文化的にパターン化された集団の行動や制度的慣行によって，個人の非行為を通じて顕在化し，維持されるかもしれない。

○ 決定だけでなく非決定について検討しても，それらが現実の観察可能なコンフリクトに関連づけられている点で不適切である。パワーは，コンフリクト状況で行使されるだけではない。AはBがしたくない行動をBにさせるのにパワーを行使するかもしれないが，Bの欲求や思考パターンにも影響を及ぼし，それらを好ましい方向に形成し，変容させるようにパワーを行使するかもしれない。

○ 非決定をもたらすパワーは，意思決定状況での問題の顕在化を阻止して，関係者の一部に不満を生み出すようにだけ作用しているのではない。現状の秩序での行動を受容するように，関係者の知覚，認知，選好を形成ないし変容させることで，不満が生じないように問題を意思決定状況から除外するのが抜け目のないパワー行使ではないのか。

Lukes によれば，パワーについて検討するには，個人の行動面へのあからさまなパワー行使や意思決定をめぐるコンフリクト状況でのパワー現象だけでなく，特定の個人の意思決定によらずに制度的な慣行や文化的なパターンを通じて，組織メンバーの内面にまで影響を及ぼすことで，潜在する「不都合な」問題を組織状況から円滑に排除するパワーの作用までも射程に入れる

必要があるというのである。ここから，パワー現象の研究は，「偏向の導入」をさらに広範囲に検討する方向性を手がかりにして，意思決定状況でのAとBとのコンフリクトをはらむ「明確な」相互関係性から解き放たれていくことになるかもしれない。

さて，Weber のパワー定義のもう1つのポイントである「それが依拠する基盤が何であれ」という部分から示唆される内容については，Galbraith が個人的資質，財力，組織という3つの基盤を識別していることを既に述べたが，他にも，French = Raven がパワー・ベースの理論として展開している。彼らはパワーを個人ないし集団に影響を及ぼす潜在的な能力として捉えて，そのパワーを形成する基盤であるパワー・ベースの違いによって，パワーを5つに類型化している[21]。それらは，報償的パワー，強制的パワー，正当化パワー，同一化パワー，専門的パワーである。

報償的パワーは，経済的報酬，昇進などのコントロールに依存し，強制的パワーは，逆に罰金，格下げなどの処罰のような不利な結果のコントロールにもとづく。正当化パワーは，正当な規則，権限などを基盤とする。同一化パワーは，一体感を抱かせるような魅力的な資質に依拠し，専門的パワーは，専門的な知識，技能などを源泉とする。

ただし，Hall は，同一化パワーのケースを除く他のパワー・ベースはすべて，組織内では正当的パワーと関わっていると指摘している[22]。すなわち，パワー・ベースの間に相互依存性があり，現実には，これらのパワーは組み合わされ融合し作用するということなのだろう。

また，これらのパワー・ベースの存在は，パワーを行使する側と行使される側の間の認知に左右される面もあるので，その有効性については状況ないし問題特定的に検討する必要があるかもしれない。たとえば，正当化パワーでは，権限がパワー・ベースになっているが，Barnard が権限受容説として提起しているように，権限はコミュニケーションの性格であり，指示ないし命令を受ける側がそれを受容したときに権限は成立するのであるとすれば，重要なパワー・ベースではあるが，それにもとづいて一方的にパワーを行使できるというような単純な性格のものでもないだろう。そこでこのパワー現象が生起するためには，コミュニケーションの関係性も前提となり，指示な

いし命令を受容する側の認知と行為が不可欠になる。

　パワー・ベースの理論では，パワーを行使するためには何らかの基盤が必要だという点に留まるのではなく，各パワー・ベースについて，あるいは複数のパワー・ベースの錯綜するなかで，パワーを行使する側と行使される側の非対称性，すなわち相手への依存性をもたらすパワー・ベースに関する差異性の存在と強度がポイントになるだろう。あからさまなパワーではない操作力（manipulation）でも，情報と知識の差異性にもとづいていると捉えることができる。言い換えれば，何らかの重要な要因についての差異性の存在が，パワー・ベースを形成する。

　組織のコンティンジェンシー理論のなかにも，パワー現象に触れている研究は存在する。それらは主として，組織の構成単位の行使するパワーに焦点が合わされている。Hickson, Hinings, Lee, Schneck ＝ Pennings は，組織の構成単位のもつパワーが，他の構成単位との関係，そして環境への対応力によってきまるという組織内パワーの戦略的コンティンジェンシー理論を提起している[23]。そこでは，組織の構成単位がパワーを形成するのに必要な要素が以下のように示されている。

- ○　組織の直面する不確実性ないしコンティンジェンシー要因に対処できる構成単位の能力。
- ○　組織の構成単位のもつ能力の代替可能性。これは，他の組織単位によって代替されることのない能力をもつ必要性を示している。
- ○　不確実性ないしコンティンジェンシー要因の組織に対する浸透性と重要性。これは，組織単位が対処能力をもっている不確実性ないしコンティンジェンシー要因が，組織に広範囲に浸透し重要な影響を及ぼしている状態のことである。

　すなわち，組織の構成単位のパワーは，不確実性ないしコンティンジェンシー要因に対処できる能力にもとづき，しかもそれが他の組織単位には代替できず，対処できる不確実性ないしコンティンジェンシー要因が組織に広範に浸透し重大な影響を及ぼすほど，パワーは形成ないし強化されるというのである。

　このような仮説に，Pfeffer ＝ Salancik は，資源依存によるパワー形成と

いう発想を重ね合わせて，組織の構成単位の「能力」の中心に，それが確保している資源を据える。彼らは，組織内のパワーを「組織の構成単位が自らに好都合な結果を生み出すように，組織内の意思決定に影響を与える能力」として捉えて[24]，大部分の組織が向き合う重大な関心事は十分な資源を確保することであり，したがってそれにもっとも貢献している組織単位が，組織内でパワーを行使できるだろうと指摘している[25]。組織の構成単位のもつパワーの資源依存性を強調しているのである。

Pfeffer = Salancik によれば，前述の Hickson らによる「組織の構成単位のもつ能力の代替可能性」とは，パワーは組織に過剰に存在する資源の周囲には形成されないということを意味する。他の組織単位にも確保され代替されるような資源に依存したのでは，パワーは形成できないということである[26]。また，「不確実性ないしコンティンジェンシー要因の組織に対する浸透性と重要性」とは，組織活動のより広範な領域に重大な影響を及ぼす不確実性ないしコンティンジェンシー要因への対応能力によって，組織単位はパワーを形成できるということであるから，パワーは，そのような不確実性ないしコンティンジェンシー要因に対応する基盤となるような資源によって形成され，それに値しない資源の周囲には形成されないということになる[27]。要するに，組織の構成単位のパワーは，組織に対して広範に重大な影響を及ぼす不確実性への対応を可能にする，代替可能性のない希少な資源に依存して形成されるというのである。

さらに Pfeffer = Salancik は，組織活動に決定的な影響を及ぼす不確実性ないしコンティンジェンシー要因は，組織の内部だけでなく外部からも生起し得るので，環境の重要性は，組織内でのパワーの形成を規定する条件の設定に影響を及ぼす点にもあると指摘している[28]。

このような環境の影響と組織の構成単位の資源依存によるパワー形成について，Salancik, Pfeffer = Kelley は，組織による印刷機器の新規購入，買い替え，追加購入の意思決定に関する以下のような仮説を，17組織の調査にもとづいて提起している[29]。

○ 新規購入のケースでは，組織は初めてその機器を購入するので，その製品についての情報は相対的にかなり不確実であり，外部の情報源と

もっとも接触をする組織単位か,あるいはそういった情報の獲得と伝達にかかわる組織単位が,購入の意思決定にもっとも影響力を行使するだろう。

○　機器の買い替えについては,競合する機器の評価がもっとも重要な不確実性だと考えられ,組織は印刷機器についてすでに専門的知識を備えているので,情報の獲得はそれほど重要ではないだろう。しかし,機器についての経験と知識は,使用してきた機器と新機器を比較するための重要な能力となり,意思決定での影響力のベースとなるはずである。

○　もう一台機器を追加購入しようとしている組織にとっては,さらに機器が必要かどうかということが,組織の直面するもっとも問題となる不確実性であり,必要性を決定する人々が意思決定でもっとも影響力をもつだろう。

サンプル数は少ないが,影響力のベース,すなわちパワー・ベースとなる資源が,情報の収集能力,機器についての経験と知識,必要性の決定権限というように,重要な不確実性の内容の変化にしたがって違ってくるということが示されている。

しかし,Pfeffer ＝ Salancik は,環境の不確実性と組織の構成単位のパワー形成の関係について,つぎのような危うい点も指摘している[30]。

○　環境の認識は,組織メンバーの解釈ないしイナクトメント (enactment) によるので,何が重要な不確実性なのかをきめるのに組織内のパワー関係が反映されるかもしれない。

○　組織内のパワー関係が,ある特定の組織単位が影響力を行使するのに好都合なように制度化されている可能性もある。

環境ないし状況の認識が組織メンバーの解釈ないしイナクトメントにもとづくというのは,組織現象について考察する上での本質的な問題であるが,すでに別の機会に検討しているのでここでは立ち入らない[31]。このケースに限定すれば,不確実性に対応できる資源を備えている組織単位がパワーをもつといっても,何が不確実性なのかの認識に,パワーをもっている組織単位が影響を及ぼすかもしれないということである。組織内でパワーを行使できる組織単位が,環境の認識に影響を与えて不確実性を特定する可能性があ

るならば，パワー形成と不確実性の認識のどちらが先行するのかわからなくなるかもしれない。

　ただし，ここで指摘されているパワー関係の「制度化 (institutionalization)」は重要である。規則や権限体系のような明示的なパワー行使の制度化の他に，組織メンバーの目にはっきりとは映らないかたちで「制度化」——制度化という言葉が適切でないかもしれないが——が網の目のように広がり，組織の隅々までパワーを浸透させている様相を，Schattschneider の「偏向の導入」も，Barnard の「無関心圏」も，Galbraith の「隠然たる条件づけパワー」も，Lukes の「不満を生じさせないような組織状況からの問題の除外」も示しているのかもしれない。このとき，AがBにパワーを行使するという構図の具体的なAの存在は消えてしまい，パワーだけが「それと気づかれずに」影響を及ぼすことになるだろう。この点は，組織のパワー現象を考察する上で決定的に重要なので，さらにⅢ節で検討しよう。

　Hall は，組織では，「パワーは集権化のパターンの全体的な基盤」であり，「どの社会的関係もパワーにかかわるものとして捉えることができる」と述べている[32]。これまでの検討にもとづけば，集権化は公式的な権限体系のような明示的なパワーの制度化だけによるものではなく，組織形態が分権的に見えても，パワーは非明示的な「制度化」のメカニズムによって「どの社会的関係もパワーにかかわる」というかたちで，集権化を促すように組織活動の隅々にまで浸透しているのかもしれないということになる。そして，パワー行使がそれと気づかれていないときには，それは，行使される側に「抑圧」とも「禁止」とも「排除」とも受け取られることなく，「自発的」な行為の推進力となるのだろうか。

Ⅲ　パワーの反転—パノプティコンから—

　フランスの哲学者 Foucault は，パワー現象の大きな変容を鮮やかに描いている。近代以前の社会では，「法」や「王」といったパワー・ベースやパワーの行使者が，刑罰の執行などでその存在を誇示するがごとく際立たせていた[33]。ところが近代のパワー現象では，その存在が影のように姿を消し

ていく。

　Foucaultは，イギリスのBenthamが1786年に設計したパノプティコン（Panopticon）について分析し，パワー行使者Aの姿が消えていくパワー現象を提示する[34]。パノプティコン，すなわち一望監視装置は，中央監視塔とそれを囲む円周上に配置された独房群からなる監獄である。この監獄のポイントは，各独房が中央監視塔に向かって窓をもち中央監視塔にいる監視人からは独房の囚人の姿がはっきりと見えるが，囚人は監視人の姿を見ることができないということにある。この空間的配置による囚人の可視性と監視人の非可視性からは，監視人が実際に囚人を見ているかどうかは問題ではなく，それどころか監視人の不在が不都合をきたさないということにもなるかもしれないのだ。Foucaultはこのようなパノプティコンの空間的配置のもたらす可視性と非可視性の権力（pouvoir = power：パワー）現象への意味について，つぎのように述べる[35]。

　　　権力の自動的な作用を確保する可視性への永続的な自覚状態を，閉じ込められる者にうえつけること。監視が，よしんばその働きに中断があれ効果の面では永続的であるように，また，権力が完璧になったためその行使の現実性が無用になる傾向が生じるように，さらにまた，この建築装置が，権力の行使者とは独立した或る権力関係を創出し維持する機械仕掛になるように，要するに，閉じ込められる者が自らその維持者たる或る権力的状況のなかに組み込まれるように，そういう措置をとろう，というのである。

　このようにパワーの行使者とは独立したあるパワー関係が創出されて維持され，パワーを行使されている側が自らその維持者となってそこに組み込まれていくパワー状況について，Fouaultはパワーの変容に結びつけて，つぎのように明らかにしていく[36]。

　　　〈一望監視装置〉は，見る＝見られるという一対の事態を切り離す機械仕掛であって，その円周状の建物の内部では人は完全に見られるが，

けっして見るわけにはいかず，中央部の塔のなかからは人はいっさいを見るが，けっして見られはしないのである．

　これは重要な装置だ，なぜならそれは権力を自動的なものにし，権力を没個人化するからである．その権力の本源は，或る人格のなかには存ぜず，身体・表面・光・視線などの慎重な配置のなかに，そして個々人が掌握される関係をその内的機構が生み出すそうした仕掛のなかに存している．一段と大きな権力が統治者において明示される場合の，儀式や祭式や標識は無用となる．不均肖と不均衡と差異を確実にもたらす一つの仕組がこうして存在するわけで，したがって誰が権力を行使するかは重大ではない．

　パノプティコンの空間的配置が，パワー現象を変容させる．Foucault はそこに可視性の反転を見ている．中央監視塔からは，囚人たちの様子が細部まで監視できるが，囚人たちには監視人の姿が見えない．近代以前には，「王」のようにパワーを行使する主体が可視的で，刑罰の執行を「儀式や祭式」化してパワー・ベースと行使者の存在を誇示し，行使される側は影のように排除されていた．しかし，ここでは囚人たちの姿とその行為の隅々までが可視的であるのに対して，監視する側の姿はその影しか見えない．
　そして，可視性が囚人たちの行動をコントロールする．中央監視塔にいる監視人が誰であろうと，いや監視人がいようといまいと，常に見られているかもしれないという意識が囚人たちの行動をコントロールし，やがて囚人たちは自分で自分の行為を監視し律するようになる．これはパワーの内面化で，パワーの具体的な行使者Aの姿が消えた非人称の監視だろう．監視人がその権限に依存して，抑圧的に上からパワーを押し付ける構図ではない．この空間的配置では，視線の可能性さえあればいいのだ．
　これは，明らかなパワーの性格の変容である．パワー現象の理解にも再考を迫るほどのものかもしれない．Foucault は，パノプティコンの分析からのさらなる展開のなかで，「単なる『禁止』の作用より遥かに複雑で，とりわけ遥かに積極的なものの存在を明らかにし」，「王なしで権力を考える」という方向性を示している[37]．それは，パワーの作動が，もはや「禁止」や

「抑圧」のようなネガティブな作用だけではなく，むしろ人々の行為の細部まで浸透する視線であることによって，そうした行為を形成するポジティブな，あるいは「遥かに積極的な」作用としての面をもつことにも焦点を合わせるものである。

パワー・ベースを誇示ないし暗示しながら，パワー行使者にとって不都合な行為を「禁止」「抑圧」「排除」していくというネガティブな作用でも，その結果として，パワー行使者にとって望ましい行為が，行使される側の遂行のために残されるというかたちで形成される。ただし，これはあくまでも，このようなパワー行使の裏面だろう。ところが，ここではその裏面が反転して表面になったかのように光を浴び，行為の形成の方に焦点が移っていくことになる。行為の自発的な形成と規格化を促すような，ポジティブな，「遥かに積極的な」パワーの作用である。これは，可視性の反転だけでなく，パワー作用そのものの反転でもあるだろう。

> 権力の効果と強制力はいわばもう一方の側へ——権力の適用面の側へ移ってしまう。つまり可視性の領域を押しつけられ，その事態を承知する者（つまり被拘留者）は，みずから権力による強制に責任をもち，自発的にその強制を自分自身へ働かせる。しかもそこでは自分が同時に二役を演じる権力的関係を自分に組込んで，自分がみずからの服従強制の本源になる[38)]。

Foucault は，このようにパワー行使者の具体的な姿を消失させ，「単なる『禁止』の作用よりも遥かに複雑で，とりわけ遥かに積極的なものの存在」を生み出すパワー現象の特徴をつぎのように示している[39)]。

- ○　パワー（pouvoir）は，無数の点を出発点とし，不規則で一定しないゲームのなかで行使される。奪い取れるような，保有したり手放したりするようなものではなく，揺れ動く諸関係のなかで形成される。
- ○　パワー関係は，経済，知識，性といった他のかたちの関係に対して外在的なものではなく，それらに内在する。
- ○　支配するものと支配されるものという二項対立の図式は消失し，下部

の集団，制度のなかで形成され作動する力関係が，全体を貫く広大な効果の支えとなっている。この全体的な効果が，局部での対立を貫き，それらを結びつける全体的な力線を形成しもする。

○ パワー関係は，意図的であると同時に，非—主観的である。何らかの目的なしに行使されるパワーはないが，それは，パワーが個人である主体＝主観の選択あるいは決定に由来することを意味しない。パワーの網の目の総体をコントロールする主体はなく，諸関係のなかでの作用から連鎖し，増殖し，全体に浸透していく。

○ パワー関係の外部に抵抗があるのではなく，抵抗はその内部にある。抵抗は諸関係の網の目のなかで不規則に発生し，これをパワー関係から完全に排除することはできない。不規則に散在する特殊な抵抗点が，戦略的に結びついて作動すれば，パワー関係の網の目が崩れて革命が可能になる。

ここでは，パワーが，揺れ動く諸関係のなかで形成され空間の隅々にまで浸透し，多様な連鎖のなかに内在し，パワーの網の目の総体をコントロールする主体はなく，ある種の「計算」や「意図」を見て取ることはできるという意味でその作用は戦略的でもあるが，それを選択し決定する中心が明確には存在しないという意味で「非—主観的」であるというイメージで描かれている。

パワーは，上からの「抑圧」「禁止」「排除」というかたちでネガティブに作用するだけでなく，諸関係に内在しながら網の目を通じて浸透していき，自発的な行為の形成を促すというかたちでポジティブにも作用する。もちろん，組織の現実ではこの２つのパターンのパワーがともに作用しているのだろうが，Galbraith も「権力が存在していないという信念をつくり出すほど権力にとって有益なことはない」と述べているように，パワーの行使主体 A の具体的な姿が消失した，一見パワー行使ではないようなパワー現象に注目することは，組織活動の解明にも意味をもつだろう。

パノプティコンでは，監獄の空間的配置がパワーの性格を変容させていた。パワーは，監視者という中心にではなく，配置の諸関係のなかで囚人の内面に浸透ないし形成されている。当然のことながら，この構図が Foucault に

あっても，監獄だけに止まるものでないことをここでさらに確認しておこう。

　〈一望監視施設〉は一般化が可能な一つの作用モデルとして理解されなければならない。人間の日常生活と権力との諸関係を規定する一つの方法として，である[40]。

このようなFoucaultの理論は，組織におけるパワー現象の検討にも，既述の「無関心圏」，「偏向の導入」，「隠然たる条件づけパワー」などと共鳴しきわめて示唆的である。つぎのIV節では，組織におけるパワーの検討に戻ろう。

IV　コンフィギュレーションとパワー

Thompsonは，組織におけるパワーをテーマにした1969年の社会学コンファレンスで，コメンテーターとして「パワーはエネルギーなのか，それとも事物の反映（a reflection of things）なのか」という問題提起を行なっている[41]。だが，ここまでの検討からは，パワーをこのように二者択一的に理解することはできないだろう。「事物の反映」，これはパワー・ベースにもとづくパワー形成を示しているのだろうが，この「反映」が広がり浸透してポジティブに自発的な行為を生み出す「エネルギー」としての作用も示すとき，「反映」と「エネルギー」の境界は曖昧なものとなるだろう。ここで検討するMintzbergの理論では，パワーの「エネルギー」としての面に焦点が合わされている。

Mintzbergは，組織のコンフィギュレーション（configuration）とパワーを結びつけて論じている[42]。コンフィギュレーションとは，いくつかのまとまり（parts）の配置ないしそれによって形成される全体としての形態（form）のことである。このまとまりとは，ここでは組織の構成単位になる。どのような構成単位がどのように配置されるのかによって，組織の形態と特性がきまってくる。そして，それは単なる配置ではなく，そこには組織活動を推進するパワーが顕在化してくる。すなわち，コンフィギュレーションを

図10-1　組織の6つの基本部分

```
         イデオロギー
           戦略尖
    テクノ構造    支援スタッフ
           中間
           ライン
           作業核
```

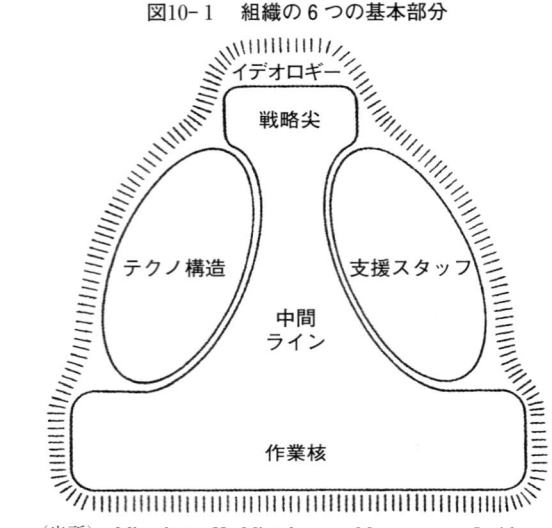

（出所）　Mintzberg, H., *Mintzberg on Management: Inside our Strange World of Organizations*, The Free Press, 1989, p. 99（北野利信訳『人間感覚のマネジメント：行き過ぎた合理主義への抗議』ダイヤモンド社, 1991, p. 155).

形成する各組織単位は，それ自体に固有の活動の方向性を追求しようとするパワーを顕在化させ，それらの絡み合いがコンフィギュレーションに力動性をもたせて，組織全体の活動の特徴が形成されることになる。

　まず，Mintzberg の提起するコンフィギュレーションの構図を示しておこう。コンフィギュレーションを形成する組織単位として，作業核（operating core），中間ライン（middle line），戦略尖（strategic apex），テクノ構造（techno structure），支援スタッフ（support staff）が，図10-1 のように基本型を形成する[43]。

　作業核を構成するのは，作業担当者，すなわち製品を生産しサービスを提供するという組織の基本的な業務を遂行する人々である。組織システム全体を見わたす事業マネジャーたちが，戦略尖を構成する。組織が大規模化すると，作業核と戦略尖をつなぐ権限のハイアラキーとして中間ラインが形成される。組織がさらに複雑化すると，計画立案や組織行政的業務を遂行するア

図10-2 組織の基本的引力

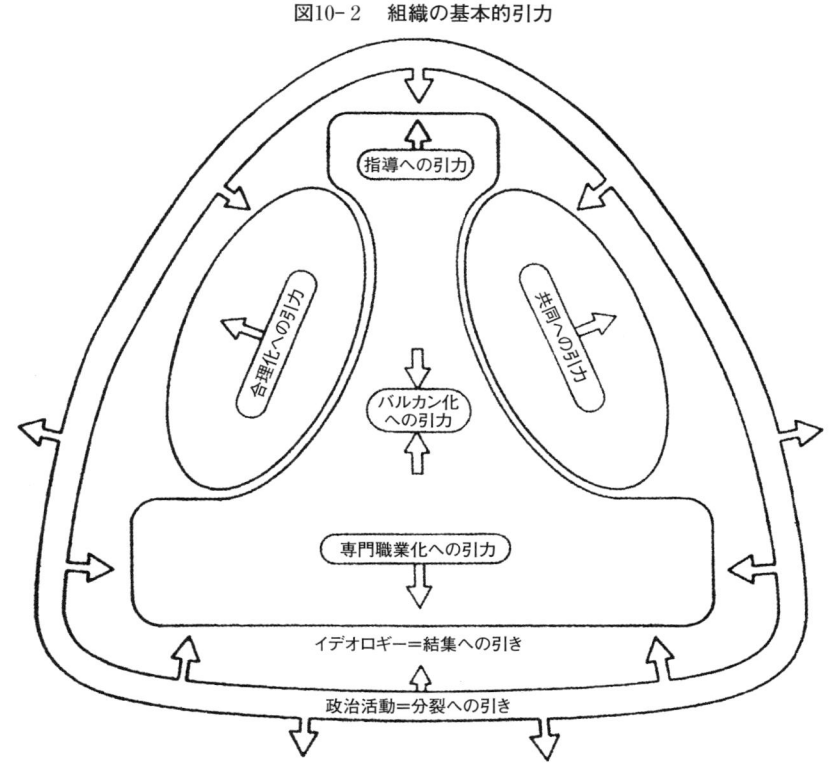

（出所） Mintzberg, H., *op. cit.*, 1989, p. 111（邦訳，p. 172）.

ナリスト的なテクノ構造と，従業員食堂から法律業務，広報などの内部サービスを提供する支援スタッフが形成される。テクノ構造と支援スタッフは，ラインではなく「スタッフ」である。図10-2に示されているイデオロギーとは企業文化のことであり，組織の伝統や信念を包括し，他の組織との差異を際立たせるとともに，ある種の活力を吹き込む[44]。さらにMintzbergは，組織内政治活動もコンフィギュレーションの形成に影響を及ぼすことを指摘している[45]。

図10-2に示されているように，組織の5つの構成単位にイデオロギーと政治活動も加えた7つの構成要素がもつ，各々に固有の引力（pull）の間の相対的な強弱によって，特定のタイプの組織のコンフィギュレーションが形

成されることになる。すなわち，図10-1のような基本型から，7つのバリエーションが派生する。それらは，図10-3に示されているように，企業家的組織，機械的組織，多角的組織，専門職業的組織，革新的組織，伝道的組織，政治的組織という形態をとる。だだし，これらは理念型であり，現実の組織がどれか1つに妥当する場合もあるが，これらのうち複数の形態の特徴を併せもつ組織もある[46]。

ここで示されているのは引力，すなわち各構成単位に固有の活動の方向へと組織を引き寄せる，あるいは誘導する各構成単位のパワーである。また構成要素としてイデオロギーと政治活動も，パワー現象を生起させる。これらのパワーとコンフィギュレーションの形成との関係は，以下のようになる[47]。

○ 企業家的組織：戦略尖は組織全体をリードしようとする引力を行使し，それによって意思決定をコントロールし，直接的な監督によって整合を確保する。組織が特に戦略的なビジョンを必要としてこのような引力になびくとき，集権的な企業家的コンフィギュレーションが形成される。

○ 機械的組織：テクノ構造は，合理化を追求する引力を仕事過程の標準化を通じて行使しようとし，それ自体を強化するような限定的な水平的分権化だけを促進する。組織が日常的活動の効率化を特に必要としてこのような引力になびくとき，機械的コンフィギュレーションが形成される。

○ 多角的組織：自律性を求める中間ラインのマネジャーたちは，構造をバルカン化しようとして引力を行使し，自分たちへの限られた垂直的分権化だけを促進しようとする。組織がこの引力になびくときには，多角的コンフィギュレーションが形成される。

○ 専門職業的組織：作業核のメンバーは，他の組織単位だけでなく作業核の同僚をも含めた他人の影響力を最小化するために，自分の仕事を専門職業化しようとする引力を行使する。組織がこのような引力になびくときには，テクノ構造と中間ラインが縮小され，専門職業化した作業核のために大きな支援スタッフが配置されて，専門職業的コンフィギュレーションが形成される。

第10章　組織の力動性　211

図10-3

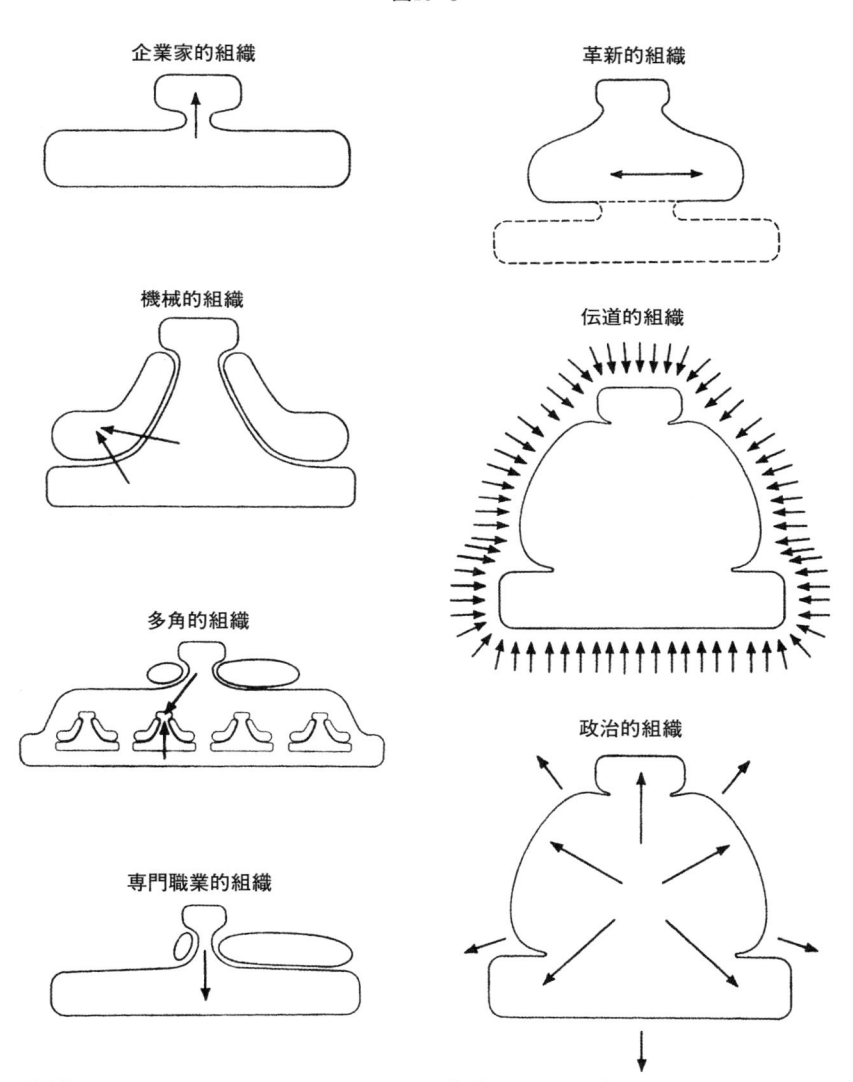

企業家的組織

革新的組織

機械的組織

伝道的組織

多角的組織

専門職業的組織

政治的組織

（出所）　Mintzberg, H., *op. cit.*, 1989, pp. 112-115（邦訳, pp. 174-177）.

○ 革新的組織：支援スタッフは組織の中核的活動に参画するために，共働しようとする引力を行使する。洗練された革新へのニーズをもつ組織は，通常この引力になびくことになり，エキスパートたちからなる学際的チームをいくつも編成し，チーム内部，そしてチーム相互間の整合を相互調整によって確保する革新的コンフィギュレーションを形成する。
○ 伝道的組織：イデオロギー（＝文化）は本来，他のタイプの組織に一要素として存在し，メンバーたちが協調するように促すものである。しかし，規範の標準化が主要な整合メカニズムとなるとき，それは活動の支配的な推進力になって，組織は伝道的（missionary）コンフィギュレーションを形成する。
○ 政治的組織：政治的活動も，メンバーないし各組織単位が活動の異なった方向性を競い合う促進力として，他のタイプの組織に存在する。しかし，組織のどの部分もどの整合メカニズムも支配的でないときには，それが活動の支配的な推進力になって組織に政治的コンフィギュレーションが形成されることがある。

このように Mintzberg は，組織をコンフィギュレーションの形（form）とその配置のなかで作用する活動の推進力（force）によって生み出される力動性とで描き出す[48]（図10-4）。企業家的コンフィギュレーションでは，組織全体の方向性を追求する推進力が支配的に作用し，機械的コンフィギュレーションでは，能率を追求する推進力が支配的に作用し，専門職業的コンフィギュレーションでは，技能の高度化とその活用を追求する推進力が支配的に作用している。多角的コンフィギュレーションでは，集約を追求する推進力，すなわち中間ラインのマネジャーたちに事業遂行の明確な権限を追求させる推進力が支配的に作用している。革新的なコンフィギュレーションでは，変化への適応と革新のために学習を追求する推進力が支配的に作用している。そして，イデオロギー（＝文化）は，協力や団結を追求する推進力を，また政治は，競争を追求する推進力を作用させる。

既述のように，Bachmch = Baratz によれば，推進力は，A と B との関係のなかで，B の不服従の可能性があっても，服従か不服従かの選択の余地が B に残されることなく，A が望ましい方向に活動を推進していく状況で作用

第10章　組織の力動性　213

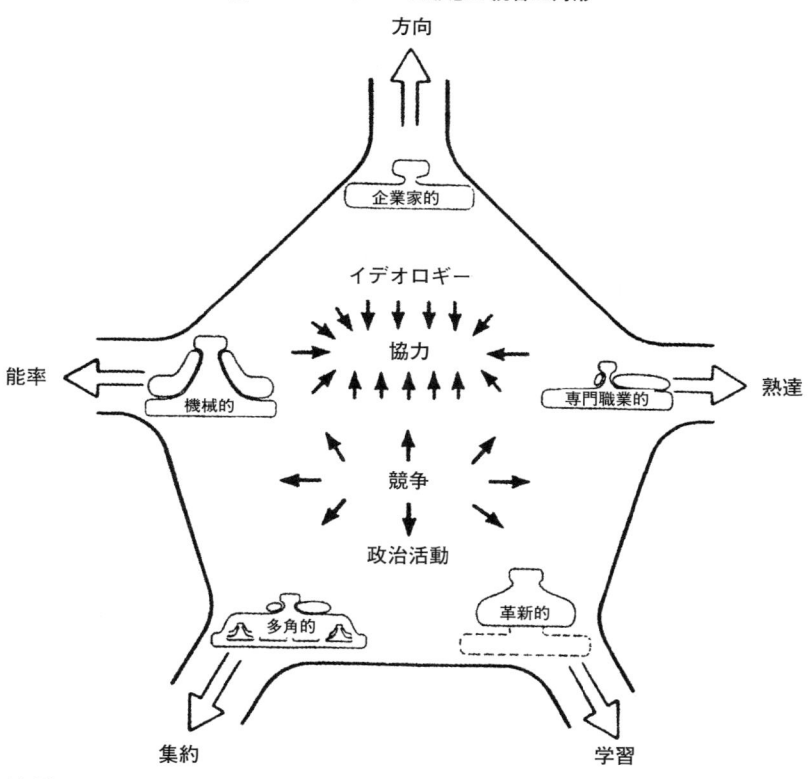

図10-4　フォースと形態の統合五角形

方向

企業家的

イデオロギー
協力

能率　機械的　専門職業的　熟達

競争
政治活動

多角的　革新的

集約　学習

（出所）　Mintzberg, H., *op. cit.*, 1989, p. 256（邦訳, p. 398）.

しているものであったが，Mintzbergの場合には，コンフィギュレーションの構成単位の活動を特定の方向に推進していく作用の面だけが示されている。ここでの推進力の作用では，行使する側と行使される側という関係性は不明確である。というよりもむしろ，組織単位は行使する側でありながら，その行使の対象となって特定方向に活動するという行使される側でもある。まさに，「みずから権力による強制に責任をもち，自発的にその強制を自分自身に働かせる」，あるいは「自分が同時に二役を演じる権力関係を自分に組込んで，自分が自らの服従強制の本源になる」という既述のFoucaultによる指摘が妥当する。

各コンフィギュレーションは，暫定的なものであり，そのときの調和，一貫性，適合性を示す[49]。したがって，コンフィギュレーションは，作用している推進力の絡み合いに生起する変化によって，別のコンフィギュレーションへ移行するかもしれない[50]。

このように変容のダイナミズムをはらむコンフィギュレーションで，各推進力の協調的な連携を形成するのがイデオロギーであるが，それが必要な変化への抵抗を促す傾向を強めれば，政治活動が競争を推進して変化への道を開く[51]。図10-4の五角形の中央に位置づけられたこの2つの推進力について，Mintzbergはつぎのように述べている[52]。

　　　五角形の中央にあるこれら二つの触媒的な力は自然に相互牽制するはずだというのが，わたしの考えである。事実として，効果的な組織へ道を開く新たな手がかりとして，わたしはそれが協力と競争という二つの力の間にバランスを維持することにあるのではないかと推定している。それらは独自の結合を形成し，一種の変動的緊張のなかで存在しなければならない。政治活動はイデオロギーの隔離性に挑戦し，イデオロギーは政治活動の破壊性を抑制する。

Mintzbergは，イデオロギーの協力的な結集力と政治活動の競争的な分散力を触媒にして，各組織単位の推進力の絡み合いを組織の有効性に結びつけていく「矛盾のマネジメント（the management of contradiction）」の必要性を説いている[53]。イデオロギーと政治活動という2つの推進力は，協力と競争という相反する作用を顕在化させるが，これらを必要に応じて触媒として活用するという「矛盾のマネジメント」の発想は，組織を構成単位のパワーの絡み合うコンフィギュレーションの力動的な活動として捉えているからこそ出てくるものだろう。パノプティコンでは，空間の配置がポジティブに作用するパワーを形成したが，コンフィギュレーションでは，パワー形成の場としての空間的配置はダイナミズムに溢れている。

Ⅴ 「差」と「違い」は違う

　なでしこジャパンの一員としてサッカーのワールドカップを制した宮間あや選手は，自身の所属する岡山湯郷チームについて，あるインタビューでつぎのように語っている[54]。

　　　上位チームと私たちとの間にあるものは「差」ではなくて，「違い」だととらえています。サッカーの場合，試合に勝った側が優秀かといえば，そういうわけではありませんよね。たとえば（リーグ２位の）日テレなら，岩清水梓さんたち後ろの選手から意図を持ったパスが出て攻撃につなげる。岡山湯郷は，（FW など）前の選手だけで点を取ろうとしている部分がある。
　　　そこが日テレなどとの違いの一つだと思います。ただ，それを「差」ととらえたくはない。

　「差」と「違い」は違う。英語の difference も仏語の différence も「差」と「違い（＝異なること）」の両方の意味をもつので「差異（性）」と訳される。Ａが何らかのパワー・ベースに依存して，Ｂにパワーを行使するとき，そこで有効なのはそのパワー・ベースをめぐるＡとＢの間の「差」である。ある組織単位の推進力が支配的となって，特定のコンフィギュレーションが形成されるとき，そこでポイントになるのは，各組織単位に固有の推進力の間の「違い」である。この２つを包括して，パワー作用は「差異性」にもとづいているということになる。だが，この「差」と「違い」の違いは，組織のパワー現象に意外にも意味をもつかもしれない。
　「事物の反映」というパワー・ベース（資源依存でもよい）にもとづくパワーの浸透が反復的に継続されていけば，パワー・ベースの存在感が薄れても，「反映」だけが慣性的に，あるいは自己増殖的に広がり，組織活動を円滑化していくかもしれない。
　空間的な配置から形成される行使者Ａの具体的な姿の消えたパワー作用は，

反発や対抗的パワーを形成することなく浸透していき，行使する側でもあり行使される側でもあるという「自分が同時に二役を演じる権力関係を自分に組込んだ」存在が，自発的な行為を形成し，推進力というパワーが活動のエネルギーとして作用することになる。

「反映」と「エネルギー」の曖昧な境界は，自発的行為の形成というポジティブな性格の濃淡の「差」に求められるのだろうか。

組織の解釈学の枠組みにパワーを組み込んでみよう。組織現象の流れのなかで，それまでの活動を導いてきた全体構想とは隔たりのある異例としての行為や事象に遭遇するとき，それを手がかりに新たな全体構想が描かれ，それが「部分」としての個々の組織活動を規定し導いていく。この「部分」と「全体構想」の相互規定の循環的な反復が，解釈学的循環を形成する。ここで異例は，「違い」にもとづいている。全体構想に導かれる活動は，構想と現状との「差」を埋めようとする推進力に促される。「違い」にもとづいて支配的となった推進力は，「差」を埋めようと作用する。

異例，すなわち「違い」に気づいてそこから新たな全体構想ないし方向性を描いていく，そういう感性を失うとき，「差」には敏感であっても，人は組織のなかで「パブロフの犬」になってしまうのかもしれない。

「違い」を逸脱として排除しようとするのが官僚主義的組織の本性だとすれば，そこでは「差」が埋められていくにつれて推進力が作動しなくなるとき，組織活動は惰性に漂いながら精力的に瑣末な「差」をほじくり出しては，その時点ではもはや意味を失っている，大きな無駄をともなう小さな「効率化」という足踏みを続けることになるのかもしれない[55]。官僚主義的組織では，迫りくる組織の崩壊の足音には鈍感だが，どんな小さなベルの音も聞き逃さない「パブロフの犬」たちが大活躍しているのだろうか。

【注】
1) Galbraith, J. K., *The Anatomy of Power*, Houghton Mifflin Company, 1983（山本七平訳・解説『権力の解剖：〔条件づけ〕の論理』日本経済新聞社，1985, pp. 269-270).
2) *Ibid.*,（邦訳, pp. 18-19).
3) *Ibid.*,（邦訳, p. 19).

4) *Ibid.*, (邦訳, p. 16).
5) *Ibid.*, (邦訳, p. 27).
6) *Ibid.*, (邦訳, p. 42).
7) *Ibid.*, (邦訳, p. 188).
8) Barnard, C. I., *The Functions of the Executive*, Harvard University Press, 1938, pp. 163-166(山本安次郎・田杉競・飯野春樹『経営者の役割』ダイヤモンド社, 1977, pp. 170-173).
9) *Ibid.*, pp. 168-169(邦訳, p. 177).
10) Weber, M., *The Theory of Social and Ecnomic Organization*, trans. and ed. by Henderson, A. M., and Parsons, T., The Free Press, 1947, p. 152.
11) French, J. R. P., and Raven, B., "The Bases of Social Power," in Cartwright, D. (ed.), *Studies in Social Power*, University of Michigan, 1959.
12) Dahl, R. A., "The Concept of Power" in Bell, R., Edwards, D. V., and Wagner, R. H. (eds), *Political Power: A Reader in Theory and Research*, The Free Press, 1969, p. 80.
13) *Ibid.*, p. 82.
14) Bachrach, P., and Baratz, M. S., *Power and Poverty: Theory and Practice*, Oxford University Press, 1970, pp. 7-8.
15) Schattschneider, E. E., *The Semi-Sovereign People : A Realist's View of Democracy in America*, Holt, Rinehart & Winston, 1960, p. 71.
16) Bachrach, P., and Baratz, M. S., *op. cit.*, 1970, pp. 43-44.
17) *Ibid.*, pp. 24-37.
18) *Ibid.*, pp. 24-37.
19) Barnard, C. I., *op. cit.*, pp. 167-169(邦訳, pp. 175-177).
20) Lukes, S., *Power: A Radical View*, Macmillan Education, 1974, pp. 21-24.
21) French, J. R. P., and Raven, B., *op. cit.*, 1959.
22) Hall, R. H., *Organizations : Structure and Process*, Prentice-Hall, 1977, pp. 202-203.
23) Hickson, D. J., Hinings, C. R., Lee, C. A., Schneck, R. E., and Pennings, J. M., "A Strategic Contingencies' Theory of Intraorganizational Power," *Administrative Science Quarterly*, 1971, Vol. 16, pp. 216-229.
24) Pfeffer, J., and Salsncik, G. R., *The External Coutrol of Organizations: A Resource Dependence Perspective*, Harper & Row, 1978, p. 230.
25) *Ibid.*, p. 233.
26) *Ibid.*, p. 231.
27) *Ibid.*, p. 231.
28) *Ibid.*, p. 232.
29) Salancik, G. R., Pfeffer, J., and Kelley, J. P., "A Contingency Model of Influence in

Organizational Decision Making," *Pacific Sociological Review*, 1978.
30) Pfeffer, J., and Salancik, G. R., *op. cit.*, 1978, pp. 234-235.
31) 稲垣保弘『組織の解釈学』白桃書房，2002.
32) Hall, R., *op. cit.*, 1977, p. 197.
33) Foucault, M., *Surveiller et Punir : Naissance de la Prison*, Gallimard, 1975（田村俶又訳『監獄の誕生：監視と処罰』新潮社，1977，第1部第2章）.
34) *Ibid.*,（邦訳，第3部第3章）．また Bentham, J. およびパノプティコンについては，以下の文献を参照．
　・関嘉彦責任編集『世界の名著38：ベンサム，J. S. ミル』中央公論社，1967.
35) *Ibid.*,（邦訳，p. 203）．
36) *Ibid.*,（邦訳，p. 204）．
37) Foucault, M., *La Volonté ae Savoir : Histoire de la Sexualité I*, Gallimard, 1976（渡辺守章訳『知への意志：性の歴史 I』新潮社，1986，p. 118）．
38) Foucault, M., *op. cit.*, 1975（邦訳，pp. 204-205）．
39) Foucault, M., *op. cit.*, 1976（邦訳，pp. 121-124）．
40) Foucault, M., *op. cit.*, 1975（邦訳，p. 207）．
41) Thompson, J. D., "Power as Energy or Power as a Reflectionor Things?" in Zald, M. N. (ed), *Power in Organizations*, Vanderbilt University Press, 1970, pp. 90-92.
42) Mintzberg, H., *Mintzberg on Management : Inside Our Strange World of Organizations*, The Free Press, 1989, Part II（北野利信訳『人間感覚のマネジメント：行き過ぎた合理主義への抗議』ダイヤモンド社，1991，第II部）．
43) *Ibid.*, pp. 98-99（邦訳，pp. 154-155）．
44) *Ibid.*, p. 98, p. 111（邦訳，p. 155，p. 172）．
45) *Ibid.*, p. 114（邦訳，pp. 175-177）．
46) *Ibid.*, p. 266（邦訳，p. 415）．
47) *Ibid.*, pp. 111-115（邦訳，pp. 171-177）．
48) *Ibid.*, pp. 256-257（邦訳，pp. 398-400）．
49) *Ibid.*, p. 263（邦訳，p. 409）．
50) *Ibid.*, pp. 270-271（邦訳，pp. 421-423）．
51) *Ibid.*, pp. 272-277（邦訳，pp. 424-432）．
52) *Ibid.*, pp. 277-278（邦訳，pp. 432-433）．
53) *Ibid.*, p. 272（邦訳，p. 423）．
54) 日本経済新聞，2012年1月1日，第四部，p. 20.
55) 官僚主義的組織の本性については，以下の文献を参照．
　・稲垣保弘「官僚主義的組織の再検討――創造性と合理化のダイナミズム――」法政大学経営学会『経営志林』第39巻第4号，2003年1月，pp. 81-90．本書に第2章

として収録.

第11章
企業文化の様相
―― 組織における文化的必然性, あるいは恣意性 ――

I ホモ・デメンス＝錯乱のヒト

　Morin は自然界の秩序よりも，人間界の秩序の中に無秩序を見出している[1]。

　　　一般に受け入れられている信仰とは逆に，人類におけるよりも自然界の中の方が無秩序は少ないのだ。自然の秩序は，はるかに強力に，恒常性(ホメオスタシス)，調整作用，プログラム化によって支配されている。人間の秩序こそが，無秩序の星の下に展開されるのである。

　そして，人間は，自然界に生息しその本能図式に依存して活動する動物よ

りも，過剰をはらんだ存在だという。

　　この時以来，理性のヒトという，人の心を安心させるやさしい概念に隠された，人間の顔があらわれる。それは，微笑み，笑い，泣く，激しく不安定な情緒をそなえた存在であり，享楽し，酔い，恍惚とし，暴力を振るい，怒り，愛する存在であり，想像的なものに侵された存在であり，死を知りながらそれを信ずることのできない存在であり，神話と呪術を分泌する存在であり，精神と神々に憑かれた存在であり，幻影と空想で身を養う存在であり，客観的世界とのつながりが常に不確かな主観的存在であり，錯綜と彷徨に繋がれた存在であり，無秩序を産み出す過剰的存在なのだ。そうして，幻想，過度，不安定，現実的なものと創造的なものとの不確かさ，主観的なものと客観的なものとの混同，錯綜，無秩序，そうしたもろもろの接合をわれわれが狂気と名づけるように，われわれはいま，ホモ・サピエンス［理性のヒト］を，ホモ・デメンス［錯乱のヒト］と見ざるを得ないのである[2]。

　Morin によるホモ・デメンス，すなわち錯乱のヒトという名称のインパクトはともかくとして，人間の行動は，動物のように本能図式ないし遺伝的プログラムに支配される秩序立ったものではなく，抱え込んでしまった「過剰部分」に大きく影響されるものとなる。その過剰性の抱え込みによって，本能図式は退化し，容易に無秩序の跋扈を招くが，それを制御するのが文化ないし社会的制度であるという[3]。しかし，この文化ないし社会的制度に，自然界における万有引力の法則，あるいは動物の本能図式のような確固とした根拠を見出すことはできるのだろうか。

　自然界での必然性と人間界での必然性は，異質のものかもしれない。ともかく，人間の活動を整序し方向づけようと自然界の秩序と通底するものをそのまま持ち込んでも，有効な組織活動が形成されるとは限らないだろう。それは，自然科学の方法や成果を社会科学にそのまま適用しても，成果を上げることができないかもしれないことをも意味する。「ある思考習慣を，それが作り上げられてきた分野とは異なった分野に機械的，無批判的に適用する

態度」という意味で Hayek の批判した科学主義（scientism）の根本的なレベルでの顕在化でもあるだろう[4]。

　初期の経営学の展開をふり返ってみても，科学的管理法が提起されて後，その構想を洗練しようとしたホーソン実験で，その意図に反して，人間の感情面やインフォーマル組織の作用が公式組織の成果に影響を及ぼす要因として見出されたことからも，その一端は明らかだろう[5]。

　Morgan によれば，科学的管理法を構築した Taylor を代表とする，組織を機械のイメージで理解していた研究者たちは，組織の原則を「発見」したと信じているというのである[6]。また，人間関係論を提起した Roethlisberger = Dickson は，組織の事象や行為を社会的観点から理解しなければならないと指摘したが[7]，これは社会的意味を付与する体系，すなわちある記号体系の存在を前提にし，それによって事象ないし行為に付与されている一義的な意味を解読することである。ある記号体系によって規定されているただ1つの意味を明らかにする，すなわち暗号を解読するように行為ないし事象を解読するという構図である。社会科学における理論化には，このような意味体系ないし記号体系を見出す，あるいは創出するという性格があるのかもしれない。

　しかし，事象ないし行為が多義性をはらむとすれば，それらを理解するのは「発見」でもなく，「解読」でもなく，「解釈」だろう。文化というのは，現実の活動面で事象や行為の多義性を削減し，それらの意味を定着させる，あるいはそれらを解読の対象として組み込む体系ないし制度なのかもしれない。そして，文化について検討するときには，解読だけでなく，解釈という行為が必要になるだろう。解読は対象を体系の中に位置づける関係性の論理に従い，解釈にはその関係性が創出される生成の論理が含まれる。

　組織という概念自体が，もともとは生物学からのメタファーであり，「既知のもので未知のものを理解しようとする方法」[8]としてメタファーを利用しようとすれば，異分野の知的体系との接合ないしその成果の導入によって，組織研究を豊かなものとする可能性が高まるかもしれない。ただし，「過剰」を抱え込んだ人間の組織活動の解明には，機械ないし有機体といった自然科学的メタファーに依存するだけでは不十分だろう。Morgan, Frost = Pondy

は，自然科学からのメタファーではなく，文化，劇場，言語ゲーム，意味形成といったメタファーの採用の重要性を指摘している[9]。

このような点がまず明確に顕在化するのが，企業文化についての研究である。

文化が人間，組織，社会の活動を維持すべく，人間の抱え込んだ過剰を制御する体系ないし秩序だとすれば，企業文化の研究は戦略との適合性による組織成果への影響に焦点が合わされる傾向が強いが，それ以上の，組織活動にとってその存在自体にかかわる，より本質的な部分を対象とすることになるだろう。文化は単なるメタファーではなく，組織の現実そのものかもしれない。

文化は意味体系，あるいは意味空間を形成する。そこには自然科学における万有引力の法則のような「発見」されるべき根拠ある原則はなく，そこでの活動を説明できる動物の本能図式のような確固たる根拠もないかもしれない。だとすれば，人間の活動を制御する文化の秩序の根底にあるものは何なのだろうか。

II　企業文化論から

経営学の分野で企業文化が注目されるようになったのは，1980年代に入ってからである。1983年にFortune誌が，当時の文献に共通する定義として，企業文化とは「行動の規範（そこでどのように物事を行なうべきかを示す）を形成するために，会社の人々，組織構造，統制システムと相互作用する，共有された価値観（何が重要かを示す）と信念（事態がどのように動くのかを示す）の体系」であると明らかにしている[10]。すなわち，価値観と信念の共有による意味体系が，組織メンバー，組織構造，統制システムといった組織活動を形成する要素と整合的に作用し，組織の行動規範を生成して活動を方向づけるという構図が示されているのである。

このような企業文化への関心が喚起される端緒となったのは，1980年にBusiness Week誌に掲載された記事であったように思われる[11]。そのなかで，ペプシコ社，AT＆T社，チェース・マンハッタン，IBM，デジタル・エ

クイップメント社などの事例の分析から，企業文化が経営戦略と適合する場合には，企業の主要な強みになり得ること，また企業文化が競争上の脅威への対応，あるいは経済的ないし社会的環境への適応を妨げるものである場合には，文化を変革する意識的な努力がなされない限り，その企業の停滞，さらには崩壊をもたらす危険性のあることが指摘されている[12]。

企業文化は，会社の優れた創業者の影響力によって形成され，その記憶とともに伝統として存続したり，企業活動の大きな成功に結びつけられて慣習のように固定化する。さらに企業文化は，組織メンバーにどのように行動し，何がなされるべきかの感覚を与えるが，組織に浸透していて，組織メンバーもそれがどのようなものかを明確に意識していない部分もある。したがって，堅固でありながら，変革のターゲットとしてはつかみどころがなく，変革が遂行しにくいという[13]。

そこで，AT＆T社の事例から，企業文化の変革がなされるべきならば，会社として変革の必然性を明確に提示し，既存の文化がどのようなものであるかを徹底的に検討する必要のあることが指摘されている。その上で，目指すべき新たな文化とそれに整合する組織構造，組織メンバーの役割モデル，新たなインセンティブ・システムなどが示されていなければ，変革は成功しないという[14]。

組織メンバーは組織活動の中にいるので，企業文化の変革方針と現実の活動の方向とに整合性がなければ，混乱し，変革に不信感を抱き，非妥協的な態度に出る危険性もある。1970年代に飛躍的に業績を伸ばし，コカ・コーラ社の強力なライバルに成長したペプシコ社の事例によって，企業文化変革のあらゆる局面の一貫性が，その成功にとって不可欠であることも示されている[15]。

この記事では，全体として，企業文化は単なる会社の雰囲気ではなく業績に影響を及ぼすものであり，特に経営戦略との適合性がポイントであること，すなわち会社の文化と戦略が不適合のとき，文化に適合するように戦略を変更するのか，会社の存続のために文化を変革するのかをまず決定しなければならないことが示されている。そして，文化の形成にはあらゆる構成要素の整合性が不可欠であるから，その変革にもそれらを整合的に変容させていか

なければならないこと，したがって変革には時間と困難の伴うことが指摘されている[16]。

　Deal = Kennedy は，このような Business Week 誌の記事内容と同じような方向で，より詳細に理論を展開している。彼らは，調査研究の結果として，明確な理念にもとづく企業文化をもつ会社が一貫してめざましい業績を上げていることを見出している[17]。そして，企業文化の構成要素として，つぎのような5つを明示している[18]。既述の Business Week 誌による，会社の人たち，組織構造，そして統制システムと，共有された価値観と信念の体系との相互作用という観察よりも，内容的に詳細で洗練されている。

　○　企業環境：事業を遂行する環境によって，成功するために何をしなければいけないのかが決まってくるので，企業環境は企業文化の形成に最大の影響を及ぼすことになる。

　○　理念：これは組織の基本的な考えや信念で，企業文化の中核をなしている。強い文化をもつ会社では，経営者はこのような理念を明確に表明し，社員には成功の基準を設定する価値体系として共有されている。

　○　英雄：これらの人々は企業文化の理念の化身であって，目に見える形で理念を実践してみせ，社員たちの手本として役割モデルになる。会社の創立者の場合もあれば，会社の日常生活のなかでは必要に応じて「仕立てられる」英雄もいる。「ここで成功するためには，こうしなければならない」という模範を示す。

　○　儀礼と儀式：これらは，社内の日常生活で体系的に，あるいは行事として行なわれる慣例である。儀礼は，社員にどのような行動パターンが期待されているのかを示す卑近な現われであり，それらが派手に念入りに演出されたイベントが儀式である。

　○　文化のネットワーク：これは企業の理念と英雄の神話の「伝達メカニズム」である。

　企業環境とは，企業によって認識された環境であり，企業による意味形成によって顕在化した環境である[19]。理念（価値観ないし信念といってもよいが）は，組織の意味形成において中核的な役割を果たし，英雄は企業の成功の観点から相応しい意味を付与された存在であり，儀礼と儀式は，そこで

の行為自体ではなくその表現する意味がポイントであり,文化のネットワークは組織メンバーの意味共有を促進し,同質的な意味空間を形成していく。企業文化というテーマは,組織の意味の世界に焦点を合わせるものである。

　Morganは,企業文化の形成におけるリーダーシップの役割を強調しているが,それは,意味の管理（management of meaning）としてのリーダーシップである[20]。Deal = Kennedyによる上述の5つの構成要素に,英雄や文化のネットワークと重複する部分もあるが,理念の形成ないし共有に貢献するリーダーシップと,理念を表現し伝達する媒体としての神話ないし物語を加えてもよいだろう[21]。

　これらの企業文化の構成要素を念頭に置いて,Business Week誌によるペプシコ社の事例を検討すると,さらに企業文化の性格が明らかになるだろう[22]。

　ペプシコ社の場合には,業績向上どころか会社の成長にまで企業文化の変革が深くかかわっていた。ペプシコ社は1950年代半ばには,業界2位の地位に満足して（企業環境）,コカ・コーラの安価な代替品としてのペプシ・コーラを販売していた。しかし,70年代末には,ペプシコ社の新入社員は,社内外の競争に打ち勝つことが成功への確実な道だと即座に学習することになる（新たな理念,価値観,信念の共有）。市場でのコカ・コーラへの正面からの対抗姿勢が,社内にも反映されていたからだ（企業環境の認識の変革）。社員は会社で生き残るためにはマーケット・シェアを奪い,利益を搾り出さなくてはならなかった。業界での万年2位の状況の改善に貢献できなくては,社を去るしかないという雰囲気が社内に醸成されていた。

　ペプシコ社がコカ・コーラ社の宿敵へと変貌を遂げたことの根幹には,企業文化の変革の成功があり,そこには,変革を優先順位のトップに位置づけて,変革の理念と現実の活動とに一貫性をもたせることの重要性が示されている。1970年代初期に,D. M. Kendall会長と,前マッキンゼー社取締役のA. E. Pearson社長の下で,業界ナンバー・ワンの地位に就くという目標を掲げて,企業文化の変革に着手した（英雄と理念。外部から行為モデルを導入するという積極性によって,変革の姿勢を象徴的に示してもいる）。

　管理者たちは,マーケット・シェア,売上高,利益を継続的に向上させる

ように厳しい圧力をかけられ，この雰囲気が社内に浸透していく（文化のネットワーク，リーダーシップ）。結果を出せない社員は，転職の準備をしいられる。この「創造的な緊張感」を維持するために，社員は肉体的にも強靭であることを求められた。Kendall 自身も，彼の部下たちに期待する仕事への工夫と献身的な姿勢を自ら示すために，ブリザードの中をスノーモービルで仕事に向かった（理念と行為の一貫性。理念を象徴的に示す行為として語り伝えられる）。このタイプの圧力に耐えかねて退社する管理者も出ている（理念，価値観，信念の共有は，同質的意味空間を形成し組織を純化するが，必然的に排除を伴う。純化と排除は表裏一体である）。

ペプシコ社の経営幹部たちは，精神面の強化だけでなく，肉体的にも強靭であることを求められ，本社には4名のフィジカル・フィットネス・インストラクターが雇用されていた（この雇用には，現実面での肉体強化だけでなく象徴的な面もあるだろう）。管理者も社内で出世するためには，肉体を強化していなければならないという不文律が形成されていく（文化のネットワーク，不文律＝行動規範）。ペプシコ社は，サッカーやバスケットボールの部門間対抗競技会の他に，一対一のスポーツも社員に奨励し，社員間の競争を楽しむ雰囲気が醸成された（儀式）。このような文化になじめない管理者たちは排除されていく（理念，価値観の共有＝組織の純化＝排除）。ペプシコ社の躍進は，企業文化の変革と一体化していたということである。

コーラを売って儲けるために，インストラクターつきで肉体強化に励み，一対一のスポーツでは向きになって闘争心を養う。それを素晴らしいと思うのも，ばかばかしいと考えるのも人それぞれだが，ばかばかしいと考えてそれを態度に示す社員は会社に残れない。企業文化は，組織の純化，すなわち同質化を推し進めるとともに，その過程で必然的に排除を伴うことになる。

組織における意味の共有とは，そぐわない意味形成を排除することでもあり，そのそぐわない意味に固執するメンバーは組織から排除されることにもなる。すなわち，ばかばかしいと考えながらも肉体強化に励む場合は，会社の理念と相容れない自らの意味形成を不本意ながらも排除しているのであり，それができないとその人が組織から排除されるということである。まず意味形成の純化＝排除（これは教育とも洗脳とも呼ばれることがある），それが

第11章 企業文化の様相　229

できない場合には人の排除ということになる。では，この排除のメカニズムを作動させる理念，価値観，信念の根拠は，いったい何なのだろうか[23]。

また Deal ＝ Kennedy は企業環境の調査にもとづいて，企業活動に伴うリスクの大きさと，環境からのフィードバックの速さの２次元で，企業文化を以下のような４つに類型化している[24]。

○　逞しい，男っぽい文化：つねに高いリスクを負い，行動が適切であったか，間違っていたかについて速やかに結果が得られる個人主義の世界。建設，化粧品，経営コンサルティング，広告，そしてテレビ，映画，出版，スポーツなどの娯楽産業によく見られる。

○　よく働き／よく遊ぶ文化：低リスクで，環境からのフィードバックは速い。陽気さと活動が支配する文化で，一般的には活動的な営業組織の世界である。不動産，家電販売，自動車のディーラー，マクドナルドのような一般消費者への販売などがこれに該当する。

○　会社を賭ける文化：高いリスクを伴い，結果がなかなか現われてこないような会社の文化。石油会社，鉱業会社，航空機メーカー，キャタピラーのような機械メーカーなどは，将来への巨額の投資が行なわれるため，慎重な文化が形成され，会議が主要な儀式となり，組織階層への服従が重視されることになる。

○　手続きの文化：低リスクで，環境からのフィードバックも遅いような会社の文化。製品よりも業務遂行の手続き，仕事の進め方が重要になる。銀行，保険会社，製薬会社など高度な規制を受ける業界の会社の文化が該当する。

これら４つのタイプに本質的な優劣はなく，遂行する事業ないしその環境への適合性，すなわち経営戦略への適合性が重要だとされている[25]。

企業文化は，企業環境に適合していなくてはならない。経営戦略と適合していなくてはならない。その主要な構成要素ないし形成要因が一貫性をもたなくては，企業文化は形成されない。企業文化の変革では，それらの構成要素が整合性をもって変革されていかなくてはならない。企業文化の形成ないし変革では，理念や価値観が明確に示され，英雄がそれを体現し，それらを象徴的に示す行為，儀礼，儀式が組織にちりばめられ，リーダーシップや文

化のネットワークを通じて共有されていかなくてはならない。このようなここまでに示されたインプリケーションでは，一貫性，整合性，適合性，共有（＝純化＝排除）といったコンセプトが強調されているが，それらは関係性の創出とそれによる制御にかかわるものである。

また構成要素に焦点が合わされるのは，企業文化それ自体が手にとって感知できるような「実体的」な存在ではなく，イメージのように「虚構的」なものとして存在するからだろう。しかも構成要素あるいは形成要因といっても，理念，価値観，信念を別にすれば，それらをめぐる意味体系の形成，そして共有を，意味を表出しながら媒介するものである。また理念，価値観，信念も，既述のペプシコ社の事例から明らかなように，市場状況でのコカ・コーラとの関係性を意識して提示されるといった状況依存的ないし状況適合的な性格も示している。

「行為は意味に導かれて対象に向かう」が[26]，その意味が企業文化という意味体系によって統一的に示されるのである。企業文化という虚構的な存在は，組織的活動を導く意味を提示し，活動をパターン化し，制御する。一方，企業文化は，組織活動も含めた構成要素の一貫性，適合性，整合性，共有といった関係性から，形成，維持，変革される。ここには個別的活動ないし要素のレベルと全体としての文化のレベルとの相互作用がある。

別の機会に論じたように，組織をめぐる意味の世界は重層的である[27]。重なり合う2つの意味レベルに目を向けるとき，上位のレベルは虚構的に現出し，下位のレベルは実体的に顕在化する。関係性の創出とそれによる制御が，虚構的と実体的の2つの意味レベルの相互作用のなかから現出するとき，そこに万有引力の法則や動物の本能図式のような確固とした根拠を見出すことができるのだろうか。

III　企業文化の作用

企業文化は，組織メンバーの行為を方向づけて制御する。Simonによれば，行為に先立つ意思決定によって行為内容はすでに規定されている[28]。そして，すべての組織メンバーは意思決定を行なっている。だとすれば，企業文

化はその意思決定に影響を及ぼしているはずである。

　Simon のいうように，意思決定が複数の代替案の中から行動のために１つを選択することであるなら[29]，企業文化はその選択に影響を及ぼす。組織の意思決定は，目標と手段の連鎖に対応した意思決定階層を形成し，上位の意思決定の結果が下位の意思決定の前提に影響を及ぼす[30]。意思決定の権限が上層部に集中する集権的な組織では，下位レベルの意思決定で選択の幅がきわめて狭くなる。意思決定の権限を下層部に分散し，そこでの自律性を高める分権的な組織では，組織活動全体の統一性が損なわれることにもなる。

　Weick は，信頼性の高い組織では，集権化と分権化の特徴が巧妙に両立していることを指摘している[31]。集権化と分権化の性格を同時に併せもつような組織をデザインすることは難しいが，それは企業文化によって可能になるという[32]。すなわち，分権化によって下層部にも選択の余地を残しながら，企業文化によって組織活動に統一性を形成する。企業文化の他にも，業務遂行手続きの標準化を進めることで，集権化に代えることもできるが，企業文化による制御だけが下層部に状況の解釈，即応的行動，独自の行為の許容範囲を残すので有効であるという[33]。

　企業文化による意味体系の共有が，個々の分権化された組織単位での意思決定における代替案の選択範囲を，組織階層にもとづく集権化，規則による規制，手続きの標準化などに依存するよりも，緩やかに限定し，組織活動に前例のない事態にも対応できるような柔軟性を残しながら，統一性を確保するということである。Selznick によれば，組織の分権化が成功するのは，組織メンバーが自律的に行動するようになる前に，組織活動を貫く理念ないし価値観が打ち出されメンバーに共有される集権的な時期が先行的に存在している場合であるという[34]。

　また Weick は，企業文化の作用を検討するなかで，物語の役割に注目している。物語は，理念ないし価値観を組織メンバーに想起させて，組織活動に統一性をもたらす。しかも物語は，論理一元的な要約として保存するには複雑すぎるシナリオをも記憶にとどめさせ，必要に応じた再構成も可能である[35]。したがって，物語の共有は，組織メンバーに個々の問題への対応を工夫できるようにする，内容の豊かなガイドラインを提供することにもなる

だろう。

　Dandridge，Mitroff = Joyce も，神話，すなわち会社の設立，決定的な出来事，カリスマ的人材などにまつわる物語に注目している。「神話」という用語は，組織理論では，当てにならず検証もされていないもので，組織メンバーの行動や対応の仕方に悪影響を及ぼす逆機能的なコンセプトとして使用されてきたが，現実の組織ではそうでなく，神話は，ある企業文化の下にある組織メンバーが相互に理解しあい，未知の出来事に対応できるようにする，その文化に特定的で共有された意味体系を示しているというのである[36]。神話は言語，すなわちコトバによって構成されたシンボルである。また，理念も価値観もコトバで表現される。というよりも企業文化にかかわる要素はコトバと不可分で，意味もコトバで表現される。

　企業文化について理解をさらに深めていくためには，シンボル，記号，意味，コトバについて検討しなくてはならないだろう。そのとき，組織メンバーの活動を方向づけ，制御する存在の根底に，何を見出すことができるのだろうか。

Ⅳ　文化とシンボリズム

　人類学者の Geertz は，「人間は自分自身がはりめぐらした意味の網の中にかかっている動物であると私は考え，文化をこの意味の網として捉える」と述べている[37]。これは，きわめて興味深い指摘であり，4つのポイントを示している。すなわち，文化は意味の網であること，その存在が人間と動物を分けていること，その網目は人間自身がはりめぐらせたものであること，そして，その網目に人間の行為が束縛されていること。

　人間の行為は，自然界の万有引力の法則，あるいは動物の本能図式のような自然界における必然性ではなく，「自分自身がはりめぐらした」，人為的に形成された意味の網，すなわち意味体系によって構築される「必然性」に支配されていることになる。では，その文化の「必然性」の根拠として，何を見出すことができるのだろうか。

　Morgan によれば，意味体系，解釈図式，あるいはこれらの共有——

Geertz の表現では意味の網のはりめぐらされた状態——が企業文化の基礎にあり，組織活動に統一性をもたらす[38]。鮮やかな儀礼や儀式だけでなく，組織現象のあらゆる局面がシンボリックな意味を表出し，文化を形成し，維持する。特定の構成要素だけでなく，組織のあらゆる事象ないし行為が意味を表出し，組織の現実を形成していく。「いかなる現象もシンボリックな地位を付与されうる」のである[39]。そうなってくると，事象ないし行為が意味をもち現実を形成していくメカニズムが考察の対象となってくる。そこに焦点を合わせたのが，組織シンボリズム研究だろう。

　Morgan, Frost = Pondy は，組織メンバーが言語を使用し，洞察を示し，メタファーの使用と解釈を行ない，事象，行為，物的対象に意味を付与し，組織活動のなかで意味を探求することができる，要するにシンボリックに行動するという点を重視し，組織がシンボリックな性質を備えた存在であるから，シンボリックな内容の研究が不可欠であると主張する[40]。彼らによれば，シンボル（symbol）は，それ自体の内在的な特質よりもはるかに多くの何かを示唆し，その意味と意義を十分にもつためには意識的ないし無意識的なある種のアイデアの連想が必要とされる記号（sign）として定義されている[41]。

　組織で，事象，行為ないし物的対象をシンボルとして理解するというのは，それらをそれ自体とは異質な意味をもつ存在として捉えることであり，しかもその異質な意味とは潜在的に多義的である。シンボルは，ある記号体系のなかに完全に捕捉され一義的に意味規定された記号（signal）ではない。すなわち，予算担当セクションの貧弱なオフィスは，支出削減の姿勢を示すシンボルとなるかもしれないが，他方で過大な予算請求を拒否できないという権限の弱さのシンボルとなる可能性もある。

　このような多義性を削減するような，場合によっては一義的に意味を規定するような意味体系あるいは解釈図式が，企業文化の下で共有されている。予算担当セクションの貧弱さと支出削減の姿勢との結びつき，あるいは貧弱なオフィスと権限の弱さの結びつき，これらはいずれも恣意的であるが，企業文化の存在によっていずれかが必然的となる。これは，シンボルとなる対象とその意味との結びつきは，恣意的であるが，「自分自身がはりめぐらし

た意味の網」，すなわち企業文化によって必然的となることを示している。しかし，自らの意味形成を規定するのが，自らはりめぐらせた意味の網であるとすれば，そこに見出されるのは恣意性しかないだろう。だからこそ，既述のように，企業文化の形成では，一貫性，適合性，整合性，共有といった関係性にかかわる制御がポイントになる。

V　恣意性について

Geertzが「自分自身がはりめぐらした」と述べているように，意味の網，すなわち文化は恣意的に形成されたもので，文化的必然性の根拠としては恣意性しか見出せない。既述のように，Morgan, Frost = Pondyは，「組織メンバーが言語を使用し」と当然すぎることをあえて述べているが，コトバは文化の根底をなす。そして，その根拠として恣意性しか見出し得ない文化的必然性については，言語研究の分野でも論じられている。

丸山圭三郎は，Saussureの理論の卓越した解釈にもとづいて，言語記号の恣意性を明らかにしている[42]。丸山によれば，言語記号の恣意性という特性が，「ソシュール理論のすべてに関わりをもつ記号学的基本原理」[43]であり，シーニュ（記号），シニフィアン（記号表現），シニフィエ（記号内容）をめぐる2つの恣意性について，つぎのように述べている。

　　第一の恣意性は，記号（シーニュ）内部のシニフィアンとシニフィエの関係において見出されるものである。つまり，シーニュの担っている概念xと，それを表現する聴覚映像yとの間には，いささかも自然的かつ論理的絆がないという事実の指摘であって，具体的には，chien（犬）なる概念が/∫jɛ̃/という音のイメージで表現されねばならないという自然な内在的絆は存在しないということである。この恣意性は，いわば一記号内の縦の関係（↕）であり，原理的にはその記号（シーニュ）が属している体系全体を考慮に入れなくても検証できる性質のものである[44]。

　　これに対して，第二の恣意性は，一言語体系内の記号（シーニュ）同士の横の関係（↔）に見出されるもので，個々の辞項のもつ価値が，その体系内に共

存する他の辞項との対立関係からのみ決定されるという恣意性のことである。具体的に言えば、英語の mutton の価値がフランス語の mouton の価値とは異なる、その異なり方の問題で、その言語の形相次第で現実の連続体がいかに非連続化されていくかという、その区切り方自体に見られる恣意性にほかならない[45]。

すなわち、記号の恣意性には、2つの射程がある。一記号内におけるシニフィアンとシニフィエの恣意的関係と、一言語体系内のシーニュが有する価値の恣意性である。

ここで第1の恣意性は、第2の恣意性によって切り取られたシーニュの結果的産物にすぎず、その論理的帰結にすぎないのだが、第2の恣意性は「コトバのみに見出される独自の恣意性」であり、言語以外のシーニュ、すなわち広範囲の記号では、第1の恣意性が問題となるという[46]。

さて、ここで言語について触れておこう。理念、価値観、神話、物語、儀礼、儀式、意味のネットワークといった企業文化の要素の根底には、記号的意味形成、それを表現する言語が紛れもなく存在する。Saussure は、言語をランガージュ（langage）、ラング（langue）、パロール（parole）という3つの概念で捉えている。ランガージュとは、「人間のもつ普遍的な言語能力・抽象能力・カテゴリー化の能力およびその諸活動」であり、ラングは、「個別言語共同体で用いられている多種多様な国語体」であり、パロールは、「特定の話し手によって発話される具体的音声の連続」である[47]。すなわち、ランガージュとは人間のもつ言語能力であり、ラングとは、日本語、フランス語といった各言語体系であり、パロールはラングという体系の下での個別の言語行為である。

「コトバのみに見出される恣意性」とは、ラングという言語体系において、たとえば、虹の色が日本語では7色だが、英語では6色、ローデシアの一言語であるショナ語では3色、リベリアの一言語であるバッサ語では2色であるということである[48]。現実の虹の色は連続体であり、それをコトバが区切るのである。そして、その区切り方は恣意的である。すなわち、現実の連続体を非連続化していく区切り方は、その言語社会で恣意的に定められたも

のであり，自然法則にはのっとっていない[49]。したがって，「コトバは認識のあとにくるのではなく，コトバがあってはじめて事象が認識される，もしくはコトバと認識は同一現象である」ということになる[50]。

日本人にとっては虹が7色なのは必然だが，このコトバのもつ必然性は，「いわば社会制度のもつ強制力という意味での必然性であって，自然の中に見出される必然性とは全く異質のもの」なのである[51]。

> シニフィアンとシニフィエの絆が必然的なのは，それがあくまで非自然的な歴史的・社会的産物である限りにおいてであり，シーニュの価値が必然的なのは，それがあくまで非自然的な歴史的・社会的実践によって言語外現実から切り取られた文化的産物である限りにおいてである。換言すれば，言語が必然的なのは，それが恣意的である限りにおいてのことなのである[52]。

ここでシーニュ（記号）の価値というのは，その記号自体に内在する特質ではない。ラングという言語体系を構成する諸要素としての言語記号は，他の要素との差異，他の要素ではないという否定性，その共存それ自体によって相互に価値を決定しあっている[53]。赤（あか）という記号の価値は，青でも黄でもないという否定性，それらとの差異性，そして虹の色の表現のようにその区分の恣意性にもとづいている。このような言語体系において，言語記号が「存在する」ということは，「関係づけられて在る」ということになる[54]。

だとすると，言語記号の存在は関係性のなかにあるという関係論的な理解になるが，それだけではない。ラングという言語体系は，パロール，すなわち言語行為を規定するが，言語上の革新には，パロールにおいて試みられずにラングに入るものはない[55]。この図式は，ラングによって規制されるパロールと，逆にパロールによって変革されるラングという相互作用を示唆している。それは，企業文化と組織メンバーの行為を含む文化の構成要素との相互作用とも重なり合い，さらに全体と部分との相互規定の循環という解釈学的循環をも連想させるものである[56]。

ともかく，人間の「過剰部分」を制御する文化，あるいは組織活動を方向づけ制御する企業文化の作用の必然性の根底には，恣意性しか見出すことができないのである。

【注】
1) Morin, E., *Le Paradigme Perdu : la Nature Humaine*, Seuil 1973, p. 123（古田幸男訳『失われた範列：人間の自然性』法政大学出版局，1975, p. 143).
2) *Ibid.*, pp. 123-124（邦訳，p. 144).
3) *Ibid.*, p. 123（邦訳，p. 143).
4) Hayek, F. A., *The Counter-Revolution of Science: Studies on the Abuse of Reason*, Liberty Press, 1952, p. 24).（佐藤茂行『科学による反革命：理性による濫用』木鐸社，1979, p. 6)
5) この点ついては，つぎの文献を参照．
・稲垣保弘『組織の解釈学』白桃書房，2002, 第1章．
6) Morgan, G., *Images of Organization*, Sage, 1986, p. 33.
7) Roethlisberger, F. J. and Dickson, W. J., *Management and the Worker*, Harvard University Press, 1939, p. 557.
8) Turner, V., *Dramas, Fields and Metaphors: Symbolic Action in Human Society*, Cornell University Press, 1974（梶原景昭訳『象徴と社会』紀伊國屋書店，1981, p. 18).
9) Morgan, G., Frost, P. J. and Pondy, L. R., "Organizational Symbolism", in Pondy, L. A., Frost, P. J., Morgan, G. and Dandrige, T. C. (eds.), *Organizational Symbolism (Monographs in Organizational Behavior and Industrial Relations*, Vol. 1), 1983, JAI Press, p. 32.
10) *Fortune*, "The corporate culture vulture", 1983, October17, p. 66.
11) *Business Week*, "Corporate Culture: The Hard-to-Change Values That Spell Success or Failure," 1980, October 27, pp. 148-160.
12) *Ibid.*, p. 148.
13) *Ibid.*, p. 149.
14) *Ibid.*, p. 151.
15) *Ibid.*, p. 151.
16) *Ibid.*, p. 160.
17) Deal, T. E. and Kennedy, A. A., *Corporate Cultures*, Addison-Wesiey, 1982（城山三郎訳『シンボリック・マネジャー』新潮社，1983, p. 18).
18) *Ibid.*,（邦訳，pp. 27-29).

19) この点については，つぎの文献で検討がなされている．
　・稲垣保弘『前掲書』2002，第6章．
20) Morgan, G. *op. cit.*, 1986, p. 136.
21) Weickはつぎの文献で，物語の重要性を強調している．
　・Weick, K. E., "Organizational Culture as a Source of High Reliability," *California Management Review*, 1987, Winter, No.2.
22) *Business Week., op. cit.*, 1980, pp. 148-154.
23) 排除のメカニズムについては，つぎの文献を参照．
　・稲垣保弘『前掲書』2002，第12章．
24) Deal, T. E. and Kennedy, A. A., *op. cit.*, 1982（邦訳，pp. 149-177）．
25) *Ibid.*,（邦訳，pp. 149-177）．
26) 稲垣保弘「意思決定と意味形成」法政大学経営学会，『経営志林』第40巻2号，2003，p. 19．本書に第5章として収録．
27) 稲垣保弘『前掲書』2002．
28) Simon, H. A., *Administrative Behavior: A Study of Decision-Making Processes in Administrative Organization*, 3rd ed., Expanded with New Introduction, The Free Press, 1976, p. 1（松田武彦・高柳暁・二村敏子訳『経営行動：経営組織における意思決定プロセスの研究』ダイヤモンド社，1989, p. 3）．
29) *Ibid.*,（邦訳，p. 6）．
30) 稲垣保弘『前掲書』2002，第5章．
31) Weick, K. E., *op. cit.*, 1987, p. 124.
32) *Ibid.*, p. 124.
33) *Ibid.*, p. 124.
34) Selznick, P., *Leadership in Administration*, Harper & Row, 1957.
35) Weick, K. E., *op. cit.*, 1987, p. 125.
36) Dandridge, T. C., Mitroff, I. and Joyce, W. F., "Organizational Symbolism : A Topic to Expand Organizational Analysis" *Academy of Management Review*, 1980, Vol. 5 No. 1, p. 80.
37) Geertz, C., *The Interpretation of Cultures*, Basic Books, 1973, p. 5（吉田禎吾・柳川啓一・中牧弘允・板橋作美訳『文化の解釈学Ⅰ』岩波書店，1987, p. 6）．
38) Morgan, G., *op. cit.*, 1986, p. 128.
39) Morgan, G., Frost, P. J. and Pondy, L. R., *op. cit.*, 1983, p. 7.
40) *Ibid.*, p. 4.
41) *Ibid.*, p. 4.
42) 丸山圭三郎『ソシュールの思想』，岩波書店，1981．
43) 『同上書』p. 143.

第11章　企業文化の様相　　239

44)『同上書』p. 144.
45)『同上書』p. 145.
46)『同上書』pp. 145-146.
47)『同上書』p. 79, p. 83.
48)『同上書』pp. 118-119.
49)『同上書』p. 145.
50)『同上書』p. 119.
51)『同上書』p. 151.
52)『同上書』p. 151.
53)『同上書』p. 95.
54)『同上書』p. 95.
55)『同上書』p. 85.
56) 解釈学的循環については，つぎの文献を参照．
　・稲垣保弘『前掲書』2002，第10章．

第12章
階層性，流動性，そして循環

I　狩人の知から

　イタリアの歴史学者 Ginzburg は，狩人の知，メソポタミアの占い，観相術，指紋による人物同定，症候学，推理小説といった分野をつらぬく知の在り方に焦点を当て，それを推論的パラダイムとして提示している。これは，対象を数量化して一般化しようとする自然科学的方法とは対峙する性格をもつ。このパラダイムの発端となった，また人間の知的活動の最古の形態でもあるという「狩人の知」について，彼はつぎのように述べている[1]。

　　この英知の特徴は，一見して重要性のなさそうな経験的データから出発して，実際には実験が不可能なある現実にさかのぼる能力にある。ま

たこの種のデータの観察者は、そのデータを一つの物語として配列する、という特徴も見せる。その最も単純な例は、「あるものがそこを通った」という物語的な配列の仕方だ。おそらく物語を語るという考え自体が、狩人の社会で、足跡を解読する経験から生み出されたのだろう（この場合、物語は、まじない、魔よけ、祈願とは区別されなければならない）。この仮説の明確な立証は困難だが、その正当性を示す事実は存在する。なぜなら狩人が足跡解読の際に用いる言語が依拠している文飾——部分から全体を見る、結果から原因を探る——は、今日でも換喩(メトニミー)を軸にした散文に帰すことができるからであり、そこから隠喩は厳重に排除されているのである。おそらく狩人は「物語を語った」最初の人だったのだろう。というのは狩人だけが、獲物の残した（感知不可能ではないにしても）無言の足跡の中に、首尾一貫した一連の出来事を読むことができたからだ。

狩人の知は、無言の足跡からそこを通った獲物の様子を描き出す、足跡の近傍から視野を広げていく個別性の要素の強い局所的な知である。そして、それは物語性を伴っている。抽象化という手段に欠けていて、一般化に結びつかず個別性を残すが[2]、換喩(メトニミー)という、部分と全体との相互照射から全体性を描いていく構図は示されている。

このような狩人の知に端を発するという推論的パラダイムは、個別性の要素ゆえに、自然科学的な思考とは相容れない。Ginzburgはこのような知の在り方について、自然科学的思考との距離感をつぎのように述べている。

　　事実ガリレオの科学に用いられる数学と実験的手法は、それぞれ数量化と現象の反復性を前提にしている。一方個別を重視する立場は元来現象の反復性を否定するし、数量化は補助的機能としてしか認めない[3]。

　　個別的特徴が重要とみなされればみなされるほど、厳密に科学的な認識の可能性は失われる[4]。

個別性を中心に据える思考は，まったく同じものの繰り返しとしての反復性を前提にはできず，一般化への道は閉ざされ，厳密な数量化も意味をもちにくい。Ginzburg は，つぎのような「魅力的な」記述も行なっている[5]。

> 恋愛とは，ある女性と他の女性（あるいはある男性と他の男性）との間にある二次的差異を過大評価することである，といったものもいる。だがこの考えは芸術作品や馬にも敷衍可能である。こうした場合，推論的範例(パラダイム)のもつ柔軟な厳密性（この反語的言い回しを許していただきたい）は必要不可欠に映る。推論的範例(パラダイム)は言葉で表現されない傾向を有する認識形態である。

言葉では表現されない傾向を有する——この表現は，徴候から全体性を模索していく推論的パラダイムの思考が，知の全体の在り方としての Polanyi の暗黙知（tacit knowing）の構図と通底していることを暗示しているのかもしれない。

> 暗黙の思考とはすべての知識の不可欠の要素であり，それはまた，すべての明白な知識に意味を与える究極的な精神能力である[6]。

また柔軟な厳密性という反語的言い回しは，Deleuze ＝ Guattari のつぎのような指摘と共鳴するだろう[7]。

> 何ものかを正確に指し示すためにはどうしても非正確な表現が必要なのだ。それも決してこうした段階を通らなければならないからではなく，近似値によって進行するしかないからではない——非正確さはいささかも近似値などではなく，逆に，起こりつつあることの正確な経路なのだ。

柔軟な厳密性，あるいは不正確ではなく非正確であることを特徴として，個別性から出発する思考は，容易には体系的な理論の構築にいたらないだろう。しかし，Ginzburg は全体性に結びつく知の在り方を放棄するわけでは

ない[8]。

　　体系的理解という要請がますます実現不可能な野望になったとしても，このために，全体性の概念が捨て去られてはならない。むしろ反対に，表面的な諸現象の結びつきを説明する深い関連は，その直接的認識が不可能だと語られる時に，それにもかかわらずそうした深い関係は存在すると声高に主張されるべきなのである。もし現実が不透明だとしても，その不透明な現実の解読を可能にする特権的な領域が――つまり徴候やきざしが存在するのである。

現状の断片的事象や行為を手がかりに将来の全体構想を描く。そこには，空間的にも時間的にも未知の包括という飛躍が存在し，論理の筋道はつながらない。しかし，将来の時点で回顧すれば，過去へ遡るという歴史的考察と全体から部分を明確にしていくという還元的思考によって論理的な筋道を見出せるかもしれない[9]。ただし現状から将来を視野に入れるとき，方向性を示すことで相互に規定し合い，位置を確定し合う潜在的な場所と場所との関係性はあっても，それはあくまで潜在化していて，そこに人，行為，事象が位置を占めていくことで，活動あるいは関係性が顕在化していく[10]。

　「表面的な諸現象の結びつきを説明する深い関連」は，潜在化して存在するはずだが，徴候としてその一端を感知することしかできない。したがって，全体性の想定を導く徴候に特権的な地位が与えられている。徴候は不透明な現状において，将来の何らかの全体像を暗示する。徴候の感知によって，将来の全体性は，現実化してはいないがまったくの想像でもないという，微妙な潜在的リアリティを与えられる。そこで足元の薄暗がりから遥か遠景への途筋を見出すために，足元の小石の数を厳密に数えても仕方がないだろう。

　　目ざましい成果を得るために，科学的には脆弱な規範を採用するのか，あるいは科学的に強力な規範を採用して，つまらない結果を得るのか[11]。

第12章 階層性，流動性，そして循環

　日常的経験に結びついた個別的な色彩の濃い認識形態に，「数量化と現象の反復性を前提とした」自然科学的な厳密性を適用することは[12]，Hayekのいう「ある思考習慣を，それが作り上げられてきた分野とは異なった分野に機械的，無批判的に適用する態度」[13]としての科学主義（scientism）に陥いることなのかもしれない。

　Ginzburg は「柔軟な厳密性」という表現を用いたが，この章の考察では，解釈学的循環には，柔軟性と厳密性それぞれに依存してもよい，あるいはしなくてはならない局面がともにあることを示すことになる。

　Ginzburg は，自然科学的な理論展開とはまったく別の知の底流として，推論的パラダイムというべき思考が狩人の知以来，占い，観相術，症候学などの分野を横断しながら連綿と続いてきたことを明らかにしている。彼によって語られているのは，個別性，物語，全体と部分の相互照射，自然科学的思考との距離，そして徴候についてである。これらは，解釈学的循環の構図と共鳴し合い，その内容を豊かなものにしてくれる。

　組織活動の流れの中で，異例と出会うとき，それを逸脱として排除するのではなく，将来への新たな展開の徴候として捉えることの重要性については，すでに第6章で論じている[14]。Ginzburg が推論的パラダイムと呼ぶ，手がかり，徴候，きざしに着目することによって全体性に迫ろうとする試みは，それが個別的なものであっても，いまや組織理論や経営理論には不可欠な発想なのである。

　ここで個別的というのは，空間的には，全体の想定のされ方によって顕在化する部分としての意味も部分相互の諸関係もそのつど異なるということである。また時間の流れのなかでは，新たな徴候によって想定される全体の変容があり，部分を位置づけ意味を付与する全体は，暫定性から逃れられないということである。これは，解釈学的循環の中で顕在化する部分と全体の様相でもある。

　徴候とは，将来の何らかの全体像を暗示するものであるが，その全体像が未実現の構想であるから，それについて語るには，さらに，個別性の枠を広げていくためにも，物語が必要となる。

II 解釈学的循環と意味形成

　現代の経営理論にとってのフロンティアのひとつは，意味の世界のメカニズムをどのように定式化するかにある。組織現象をめぐる意味の世界をどのように明らかにしていくのか，それには解釈学的循環の構図が鍵となるだろう。

　　　　いまや世界はいくつもの層で満たされているが，それらはいく対もの
　　　上下の層をなし，意味を形成しつつ，つなぎあわされている[15]。

　この Polanyi の指摘にもあるように，意味の世界は階層的，あるいは重層的である[16]。
　解釈学的循環とは，全体と部分の間を循環しながら展開していく過程であり，全体の理解も部分の意味もその展開につれて変容していく。したがって，意味の世界は流動的である[17]。
　この2つの仮説が，組織現象を解釈するときの理論的前提となる。階層性と流動性，そこから対象の存在可能性の1つとしての意味は生成してくる。意味は階層的意味世界の上位レベルに規定され，流れの中で顕在化する全体性に導かれる。
　階層に位置づけられる対象は二面性をもち[18]，循環的流れの中で様相を変容させる。それは，空間性のなかで部分と全体との相互照射によって意味を形成するし，また現状の足元から将来を見通すという時間性のなかで意味を顕在化させる。全体と部分の相互照射の循環の流れのなかで意味を変容させていく，これが解釈学的循環の展開である。
　Dilthey は，この解釈学的循環，すなわち「個々のものから全体を，しかして再び，全体から個々のものを，という循環」を解釈学上のアポリアとして位置づけている[19]。全体は部分から，部分は全体から理解されなければならないという堂々めぐりをそこに見たからである。しかし，解釈学的循環は単なる堂々巡りではなく，全体性と部分性の相互照射から意味の変容，す

なわち新たな意味を形成していく創造的な過程でもある。

たとえば，あるテクストを解釈する場合，少し読み進むうちに，すなわちテクストのある部分に触れることにより，そのテクストについての全体的イメージの形成がなされる。その全体像に導かれてさらに読み進むと，テクストの別の部分が，当初形成された全体的イメージとは隔たりのある異例として現出してくることもある。このとき全体的イメージは変容し，この新たな全体像が引き続き行なわれていくテクストの読みを導いていく。全体的イメージがテクストの読み進められる部分に意味を付与し，全体的イメージの変容は各部分の意味の変容をもたらす。

テクスト解釈の場合には，テクストの読了とともに解釈行為も終わって，各部分の意味も一応定着する。一応というのは，そのテクストが社会的にどのような意味をもつのかというようなかたちで，意味世界の階層は上方向に開かれているからである。

しかし，組織活動の解釈は，組織が消滅しないかぎり循環的に継続されていく。したがって，個別的行為や事象を部分として位置づけるような全体性の創発も，全体性に規定される部分としての意味も，明らかに暫定的なものとしてつねに変容の可能性を孕んでいる。この全体性の変容は，Gadamarによれば，解釈の「地平の融合」である[20]。

解釈学的循環の特徴は，全体性の変容によって部分に新たな意味が付与されていき，反復的である循環によって差異が生まれ，統一性は拒否される。したがって，そこに存在するものは，行為であれ事象であれ，Deleuze＝Guattariのいうような多様体の様相を呈し，潜在化した多様な意味連関の中に位置を占め，多様な方向に連結していく可能性をもっている。だからこそ，Heideggerのつぎのような指摘が，「正しい仕方」の内容は「厳密には」明確でないにしても，意味をもってくる。

> 決定的に大切なことは，循環から抜け出ることではなくて，正しい仕方に従って循環の内に入っていくことである[21]。

解釈学的循環の構図によって，全体性と部分性の相互照射のなかで形成さ

れる意味に導かれて展開していくという，行為の性格も明らかになる。行為は意味に導かれて対象へと向かう。

　解釈学的循環を構成するのは，それまでの活動を規定してきた全体性には適合しない異例との遭遇，その異例を手がかりにした新たな全体性の創発，その全体性に規定された活動であり，これらが反復的に顕在化して循環していく。

　まず，異例との遭遇では差異性が問題となる。何らかの行為ないし事象を異例として認識するためには，矛盾するようだが，それまでの活動を規定してきた全体性を理解していなくてはならない。異例を逸脱として排除するのか，新たな全体性の創発を導く徴候として感知するのか。官僚主義的組織では，異例は逸脱として排除される。したがって，それまでの全体性を基準にそこからの隔たりではなく，異例を構成する差異それ自体がじつは問題なのである。

　異例を徴候として感知する。そのためには，断片的行為ないし事象から，それを包括する全体を予感しなくてはならない。限られた断片から統合的に全体を想定するには，未知の空白部分を埋めていかなくてはならない。Ginzburg のいうように換喩的な発想にも依存することになるだろう。この過程は，Polanyi による知の全体の在り方としての暗黙知の構図のうち，全体従属的感知，そして意味の上位レベルの創発と重なり合う[22]。

　経営管理を全体と部分の効果的なバランスを追求する過程として明らかにしている Barnard は，この全体性の識別についてつぎのように述べている[23]。

　　用いられる手段は相当程度まで論理的に決定された具体的な行為であるが，この過程の本質的な側面は全体としての組織とそれに関連する全体情況を感得すること（sensing）である。それは，たんなる主知主義的な方法の能力や，情況の諸要素を識別する技術を越えるものである。それを適切にあらわす言葉は「感じ（feeling）」「判断（judgement）」「感覚（sense）」「調和（proportion）」「釣り合い（balance）」「適切さ（appropriateness）」である。それは科学よりもむしろ芸術（art）の問

題であり，論理的であるよりもむしろ審美的（aesthetic）である。この理由により，それは記述されるよりもむしろ感得されるものであり，分析によるよりもむしろ結果によって知られるものである。

管理活動で用いられる手段は相当程度まで論理的に決定された具体的な行為だが，全体としての組織とそれに関連する全体状況を感得することが本質的であり，この全体の感得という行為は，サイエンスよりもアートの性格を備えた非論理的なものだというのである。全体性の創発とその全体性に導かれる活動との性格の違いが明確に示されている。すなわち Barnard は管理活動の中に，「非論理的過程（non-logical processes）」と「論理的過程（logical processes）」とを識別しているのである。

「論理的過程」とはこの場合，言葉とか他の記号によってあらわされる意識的思考，すなわち推理（reasoning）を意味する。「非論理的過程」とは言葉ではあらわせない，あるいは推理として表現できない過程であって，判断，決定あるいは行為によって知られるにすぎぬものを意味する[24]。

Barnard はこの非論理的過程を，「直観（intuition）」「インスピレーション（inspiration）」「感覚（sense）」「天才のひらめき（stroke of genius）」などの表現で示している[25]。

また Mintzberg は，経営戦略の創発的に形成される面に注目して，戦略の形成をクラフティング（crafting）という言葉で表現している。そして戦略のクラフティングの契機を「非連続性の察知」に求めて，つぎのように述べている[26]。

しかし，戦略をクラフティングする際，将来組織に甚大な影響を及ぼしかねない，かすかな非連続を察知することにチャレンジしなければならない。そのための手段やプログラムなど存在しておらず，ひたすら状況と接触し続けることでその観察力を研ぎ澄ますしかない。

このようにとらえ難い非連続は，予期せぬ時に，まったく不規則に現れ，本質的に前例がない。これには，既存のパターンと同調しながらも，そのパターンに生じている重要な差異を認識できる能力をもってしか対応できない。

　不幸なことに，このような戦略的思考は，たいがいの組織が長い安定の期間を経験していくうちに，退化してしまう傾向が強い。

　非連続を示す差異というのは，それまでの全体性と新たな全体性との差異であり，それによる非連続なのである。したがって，既述のようにそれまでの全体性を基準にしての隔たりではなく，差異そのものが問題なのである。ただし，それはまず，それまでの全体性への異例として顕在化する。それまでの全体性を理解していなければ，異例に気づかない。異例に気づいて，それを新たな全体性の創発する徴候として感知しなくてはならない。慣性に流されて，逸脱として排除しないように。

　Thayer がリーダーシップ論の中で，リーダーの役割のひとつとして「世界に納得せざるを得ない別の"顔"を付与すること」，すなわち世界が別のものであり得ることを示すことを挙げているが[27]，それも新たな全体性を創発することに他ならない。

　ここにも非連続が存在し，それは「世界のそれまでの"顔"」という全体性と「別の"顔"」という新たな全体性との差異によるものであり，世界に別の"顔"が付与されれば，そこでの行為や事象について，それまでとは別の意味が形成されることになる。

　以上の考察には，組織現象における意味形成のメカニズムが示されている。行為や事象の意味とは，それらの存在可能性の1つが顕在化したものであり，その顕在化は創発された全体性にもとづいている。ただし，解釈学的循環のなかで，創発される全体性は暫定的であり，その全体性に規定されて部分性を示す行為や事象の意味もつねに変容の可能性を孕んでいる。組織活動は，このような全体性と部分性の相互照射に導かれて生起し，展開する。

　また，Barnard は管理活動について，全体性を創発するのが本質的で，そこから具体的な行為が手段として用いられると指摘しているが，これは創発

する全体性という意味階層の上位レベルが虚構的に，そのひとつ下位レベルが実体的に現出することを示すものでもある[28]。

III 意味の共有と行為

全体性の創発は空間の広がり，時間の流れの上での未知の包括であり，その確たる根拠を論理的に示すことはできない。異例に気づいて，新たな全体性の徴候として感知する。これが組織的に行なわれる可能性を完全に排除するわけではないが，Thayer が「世界に別の"顔"を付与すること」をリーダーの役割としたように，おそらくその端緒は，個人的，少なくとも集団的レベルの行為になるだろう。ここにも個別性が顕在化している。

既述のように Ginzburg は換喩(メトニミー)の散文的はたらきに触れている。換喩(メトニミー)とは2つのものごとの近傍，共存，相互依存などの隣接性にもとづく比喩であり，この換喩(メトニミー)の一種である提喩(シネクドック)には，「全体のかわりに部分を，また部分のかわりに全体を」もちいるタイプもある[29]。確たる論理性の根拠なき将来への思考空間の拡大の様相を呈する全体性の創発に向けて，何らかの隣接性，部分と全体の関係性を手繰(たぐ)りながら，足元の薄暗がりから遠景まで辿ろうとする。

このような散文的思考への依存について，集団活動の根底に排除のメカニズムを見出した Girard が，以下のように述べている[30]。

> 現象学的な，あるいは経験主義的な袋小路にいつも追いつめられている社会科学は実は無力なものだと私は思っている。社会科学が進歩するためには，文学の傑作が必要であり，ミメーシス欲望とライバル関係への洞察が必要である。人文系学問と――少なくとも社会科学の場合の――科学とのいわゆる非両立性ということは，アカデミズムの意味のない決まり文句である。

さらに Thayer は，リーダーに，納得せざるを得ない物語（story）の語り手であることを求めている[31]。

論理的に根拠を明示し得ない創発というかたちで形成された全体性の共有には，説得力のある物語が必要だということだろう。Ginzburg のいう「補助的機能としてだけの数量化」は物語の説得力を高めるのに貢献し得るかもしれない。

全体性の創発と組織での共有，ここまでの過程にはアートの性格が色濃く反映される。しかし，全体性がある程度まで共有されると，組織活動にサイエンス的傾向が顕在化することになるだろう。

アートとサイエンス，あるいは非論理性と論理性，組織現象におけるこの二面性は，Barnard に続いて，Simon の理論でもその理論的性格を規定するものとして現われている。

論理的整合性と事実による裏づけを求める論理実証主義にもとづいて，「科学的」な理論の構築を志向した Simon は，目的の先行性を前提に，すなわち目的はすでに明らかなものとして，その既定の目的を達成する手段の選択としての意思決定について論じている[32]。ただし，制約された合理性しか確保できない人間は，基本的には最適な代替案を選択することはできずに，満足化意思決定を行なう他はない。そこで，組織階層の形成によって，組織メンバーの制約された合理性の「制約」を組織レベルで緩和していくことで，意思決定階層の下位レベル，すなわち実行レベルでの選択を最適化意思決定に近づけていこうとする。

Simon の提示する意思決定階層は，上位の意思決定の結果がそのひとつ下のレベルの意思決定を規定していくという連鎖で構成され，下位レベルから上位レベルへの影響は排除されている。目的の先与性も含めて，階層は上方向へは開かれていない。理論の射程に入っているのは，既存のものとしての全体性が行為や事象を部分として規定していくという方向性だけである。つねに意味階層の上位レベルから，実体的に現出する下位レベルを規定する方向で，理論化がなされている。

Barnard の理論で重視されていた「全体状況を感得すること」，すなわち全体性の創発は，Simon の場合には，その方向性に気づきながらも，理論の科学性を志向して意図的に封印されているのである。

また Simon 以前に理論を形成した，科学的管理法の Taylor や管理過程論

の研究者たちは，全体性の創発へ向かう方向性を認識することもなかった。彼らにとって全体性は，Simon のように意図的に既定のものとして設定するのではなく，疑いもなく既定のものだった。

たとえば Taylor は，エンジニアとしての経験にもとづいて，経営者と作業者双方の最大の繁栄という経営管理の目的に疑いを差し挟むことなく，科学的管理法というかたちで，生産の効率性の向上を推進するために「科学性」を追求した[33]。

また，経営管理を，計画化→組織化→指揮→統制という一連の活動からなるプロセスとして明確化した管理過程論でも，目的は規定のものとされている[34]。管理のプロセスの端緒に位置づけられた計画化とは，将来達成すべき望ましい状態を記述したものである目的が明示されていることを前提に，そこにいたる途筋を段階的に明確化していくことである。

この 2 つの理論では，異例はつねに逸脱として排除されるだろう。官僚主義的組織の理論との共通点である。

Ⅳ 全体性があらかじめ与えられて

それまでの全体性とは相容れない異例と遭遇して，それを徴候として感知すれば新たな全体性が創発される。その全体性によって活動が規程され，個別的な行為や事象の意味も変容する。しかし，さらに異例と遭遇して，それが徴候として感知されれば，また新たな全体性が創発される。このように解釈学的循環は果てしなく続いていく。

リーダーシップ研究のなかで，リーダーの役割を，世界に別の"顔"を付与すること，納得せざるを得ない物語を語ることを中心に明らかにした Thayer は，「すべてのものは，つねにそれが何であるのかが明らかになっていく過程のなかに位置を占めている」のであり，「究極の真実があれば歴史は停止してしまう」とも述べている[35]。それが何であったかは，暫定的にしかわからない。新たな全体性が創発すれば，その意味は変容する。

では，なぜ全体性を既定のものとした理論化が，経営学の分野で広範に行なわれたのだろうか。Simon の場合のような「科学性」志向だけなのだろ

うか。

　経済学者の岩井克人が資本主義について論じたなかに,つぎのような興味深い記述を見い出すことができる[36]。

　　利潤は差異性からしか生まれません。もはや産業資本主義が依拠していた労働生産性と実質賃金率との間の構造的な差異性には依拠できなくなったのです。企業はそれぞれ,新しい製品を開発したり,新しい技術を発明したり,新しい市場を開拓したり,新しい組織形態を導入したりして,みずから他の企業から差異化することによってしか利潤を生み出すことができなくなったのです。すなわち,資本主義が資本主義でありつづけるためには,今度は,意識的に差異性を創り出さなければならなくなったのです。それが,いまわたしたちの目の前で進展している「ポスト産業資本主義（POST-INDUSTRIAL CAPITALISM）」といわれている事態にほかなりません。

　岩井は,資本主義を「利潤を永続的に追求していく経済活動」として定義し,その利潤は差異性から生み出されると主張している[37]。そして,資本主義として,「二つの市場のあいだの価格の差異を媒介して利潤を生み出す方法」としての商業資本主義,「産業革命によって上昇した労働生産性と農村の産業予備軍によって抑えられた実質賃金率との間の差異性を媒介して利潤を生み出す方法」としての産業資本主義,そして既存の差異を媒介するのではなく,「意識的に差異を創り出さなければならなくなった」ポスト産業資本主義の三つを識別している[38]。上の引用は,産業資本主義からポスト産業資本主義への移行についての指摘である。

　企業活動の焦点が,効率性や生産性の向上から,新しい製品,新しい技術,新しい組織形態,新しい市場を追求することによって差異性を創出していくことに移行したというのである。すなわち,他の企業と差異化していかなくてはならず,そこでも個別性が重要になる。では,そのような動向が顕在化した時期はいつなのか。

第12章　階層性,流動性,そして循環　255

　アメリカ経済の場合,それが産業資本主義からポスト産業資本主義へと本格的に移行し始めたのは,1970年代の初頭においてだと言われています。だが,その萌芽(ほうが)は,すでに60年代にかけてみられました[39]。

　じつは,経営学分野で,将来の全体構想の想定が不可欠な経営戦略論が展開されるのは1960年代からである[40]。March が組織選択のゴミ箱モデルに関連して,意思決定は目標を発見する過程でもあると指摘したのは,1970年代初めである[41]。

　　目標が先にきて,行為がその後にくるということを想定した行動の描写は,しばしば根本的に間違っていると私には思えてならない。人間の選択行動は,目標にむかって行為するとともに少なくともそうした目標を発見する過程でもある。

　これは,それまでの全体性に導かれながら,新たな全体性の創発の可能性をはらんだ行為の描写に他ならない。Weick が組織的進化論モデルを提起するにあたって,「行為が目標に先行する」と指摘したのは,1960年代末である[42]。このように1970年前後から,目的の先与性,すなわち全体性の既定化に疑問を示し,全体性の創発に向かう方向性を射程に入れた理論が散見されるようになる。これは,岩井のポスト産業資本主義への移行の指摘と時期的にも符合している。

　また Lyotard は,ポスト産業社会の知の状況を問うという目的で書かれた『ポストモダンの条件』の中で,人類の進歩や解放といった近代の〈大きな物語〉が有効性を失い,〈小さな物語〉が散乱する状況に注目している[43]。

　Lyotard の思想の矮小化になるかもしれないが,かつての経営学の分野では,〈大きな物語〉が,既定の全体のために貢献する部分のはたらきである機能,そしてその遂行の効率性の追求と結びついたかたちで,企業の成長というあいまいな,しかし疑いを差し挟みにくい全体性として存在したのかもしれない。

　機能の概念は,もともと全体優位の発想が色濃くにじむもので,効率性の

追求に依存して全体性の変容を阻む傾向を伴う。第3章で組織編成の基軸としての機能の相対化について論じたが，それはここで示唆されている動向と関連している。

Barnard = Simon の理論を分水嶺として，それ以前の経営理論では，全体性はすでに確固とした既存の存在であり，新たに追求されることはなく，全体性に規定された組織活動に焦点が合わされてきたのである。しかし，全体性による部分性の規定は，解釈学的循環の一局面でしかない。〈小さな物語〉の散乱は，組織現象に全体性の創発が生起し，解釈学的循環がまさに「循環」していく状況を示しているのかもしれない。〈大きな物語〉が不在となった状況では，全体性の創発を排除した理論は，経営コンサルタントの好きなハウ・ツーに堕する危険性が高いだろう。少なくとも，Heidegger のいう解釈学的循環への「正しい入り方」ではない。

V アフォリズム風に

さて，Ginzburg は，徴候から全体性を感知する推論的パラダイムについての考察のなかで，アフォリズムについて，興味深い指摘をしている[44]。

> 体系的思想の凋落には，警句(アフォリズム)的思想の隆盛がともなっていた。それはニーチェからアドルノにまで至っている。「警句(アフォリズム)」という言葉自体がそうした事実を語っている（それはきざしであり，兆候であり，徴候である）。

以下では，あとがきとして，組織現象の解釈学的考察の手がかりをアフォリズム風に示してみよう。

＊

〈バルセロナの愛〉っていう，とってもロマンチックな漫画の中で，そのガウディの建物をいっぱい描いているんです。ちょっとグロテスクみたいな――[45]。

第12章 階層性，流動性，そして循環　257

世界は私にとって徴候の明滅するところでもある[46]。

　戦略をクラフティングする際，将来組織に甚大な影響を及ぼしかねない，微かな非連続を察知することにチャレンジしなければならない。そのための手段やプログラムなど存在しておらず，ひたすら状況と接触し続けることでその観察力を研ぎ澄ますしかない。
　このようにとらえ難い非連続は，予期せぬときに，まったく不規則に現われ，本質的に前例がない。これには，既存のパターンと同調しながらも，そのパターンに生じている重要な差異を認識できる能力をもってしか対応できない[47]。

　もしわたしが効果的な理論を展開するためのもっとも重要な処方を一つ述べよと言われたら，躊躇なく，「例外を大切に」と答えるであろう。例外を否認するのは，弱い理論だとわたしは考える。説明しにくい物事を無視するからである[48]。

　創発とは，意味階層の中で，下位レベルに依拠しつつイマジネーションと直観によって上位レベルを生成する過程である[49]。

　リーダーの役割は，フォロワーが納得せざるを得ない別の"顔"を世界に付与することである[50]。

　リーダーは，世界を"そうであるものとして"語るのではなく，"そうであるかもしれないもの"として語り，それによって，そうで"ある"ものに異なった"顔"を与えるのである[51]。

　政治的大役者は，〈現実的なもの〉を〈想像的なもの〉によって統御する[52]。

　リーダーシップはひとりないし複数の人間が，他者たちの現実に枠組を設

定してその現実を定義しようとする試みに成功していく過程で実現される[53]。

戦略は,「現実そのものではなく,頭の中で描かれる現実の表象(すなわち抽象概念)に過ぎない」[54]

リーダーは,納得せざるを得ない物語の語り手である[55]。

計画とは,将来達成すべき望ましい状態が明示されていることを前提に,そこにいたる途筋を段階的に明確化していくことである[56]。

いまや世界はいくつもの層で満たされているが,それらはいく対もの上下の層をなし,意味を形成しつつ,つなぎ合わされている[57]。

意味階層のなかで,1つ上位のレベルから対象を見れば,対象は実体的に現出し,1つ下位のレベルから見れば,対象は虚構的に現出する[58]。

決定的に大切なことは,循環から抜け出ることではなくて,正しい仕方に従ってその内へ入って行くことである[59]。

人は不確実なものの哲学の中にとどまるか,一義的かつ固定的な決定を行なう貧弱な諸法則で満足するかのいずれかとなる[60]。

時間は潜在的なものから現実的なものへと進行する。言い換えるなら構造から構造の現実化へと進行する。時間は,現実的な形態から別の現実的な形態へと進行するのではない[61]。

何ものかを正確に指し示すためにはどうしても非正確な表現が必要なのだ。それも決してこうした段階を通らなければならないからではなく,近似値によって進行するしかないからではない――非正確さはいささかも近似値など

ではなく，逆に，起こりつつあることの正確な経路なのだ[62]）。

＊

　これらのアフォリズムの間に潜在的にでも何らかの連結性を見出すことができて，解釈学的循環の輪郭がひっそりとでも浮かび上がるなら，それは解釈学的循環という枠組みで意味のメカニズムや知の在り方に寄り添って，組織現象を解釈していくことができるということかもしれない。また，これらのアフォリズムの間に矛盾が見出されるならば，それは納得せざるを得ない全体性の創発に向けて，不正確にではなく非正確に語る試みをさらに続けていくことが必要だということなのだろう。アフォリズムはきざしであり，徴候なのだから。

【注】
1) Ginzburg, C., *Miti Emblemi Spie*, Einaudi, 1986（竹山博英訳『神話・寓意・徴候』せりか書房，1988，p. 190）.
2) *Ibid*., （邦訳，p. 209）.
3) *Ibid*., （邦訳，pp. 195-196）.
4) *Ibid*., （邦訳，p. 204）.
5) *Ibid*., （邦訳，pp. 224-225）.
6) Polanyi, M., *The Tacit Dimension*, Peter Smith, 1966, p. 60（佐藤敬三訳『暗黙知の次元：言語から非言語へ』紀伊國屋書店，1983，p. 92）.
7) Gilles Deleuze, Fèlix Guattari, *Mille Plateaux : Capitalisme et Schizophrènie*, Minuit, 1980, p. 31（宇野邦一・小沢秋広・田中敏彦・豊崎光一・官林實・守中高明訳『千のプラトー：資本主義と分裂症』河出書房新社，1994，p. 33）.
8) Ginzburg, C., *op. cit*, 1986（邦訳，pp. 222-223）.
9) この点についての検討は，以下の文献を参照.
　・稲垣保弘『組織の解釈学』白桃書房，2002, pp. 198-201.
10) この点についての詳細は，以下の文献を参照.
　・稲垣保弘「流れとしての組織」法政大学経営学会『経営志林』第47巻3号，2010年10月，pp. 75-77. 本書に第9章として収録.
11) Ginzburg, C., *op. cit*, 1986（邦訳，p. 234）.
12) *Ibid*., （邦訳，p. 195）.
13) Hayek, F. A., *The Counter-Revolution of Science : Studies on the Abuse of Reason*, Liberty Press, 1952, p. 24（佐藤茂行訳『科学による反革命：理性による濫用』木鐸

社,1979,p. 6).
14) 稲垣保弘「余韻と徴候のあいだ――戦略形成の兆し――」法政大学経営学会『経営志林』第48巻1号,2011年4月,pp. 115-129. 本書に第6章として収録.
15) Polanyi, M., *op. cit*, 1966, p. 35 (邦訳, p. 59).
16) 稲垣保弘「組織の二面性」法政大学経営学会『経営志林』第47巻2号,2010年7月,pp. 49-59. 本書に第8章として収録.
17) 稲垣保弘「前掲論文」2010年10月,pp. 79-81.
18) 稲垣保弘「前掲論文」2010年7月,pp. 49-59.
19) Dilthey, W., *Gesammelt Schriften*, 5. Band, 1924 (塚本正明訳「解釈学の成立」『解釈学の根本問題』晃洋書房, 1977, p. 106).
20) Gadamer, H. G., *Hermeneutik I : Wahrheit und Methode*, Tübingen, 1986, p. 311 (瀬島他訳『解釈学の根本問題』晃洋書房, 1977, p. 215).
21) Heidegger, M., *Sein und zeit*, Tübingen, 1927 (溝口兢一訳「解釈学的循環の問題」『解釈学の根本問題』晃洋書房, 1977, p. 127).
22) Polanyi, M., *op. cit*, 1966, p. 45 (邦訳, p. 72).
23) Barnard, C. I., *The Functions of the Executive*, Harvard University Press, 1938, p. 235 (山本安次郎・田杉競・飯野春樹訳『経営者の役割』ダイヤモンド社, 1968, p. 245).
24) *Ibid.*, p. 302 (邦訳, pp. 314-315).
25) *Ibid.*, p. 305 (邦訳, p. 318).
26) Mintzberg, H., "Crafing, Strategy", *Harvard Business Review*, 1987, July-August (ダイヤモンド・ハーバード・ビジネス・レビュー編集部訳「戦略クラフティング」『ダイヤモンド・ハーバード・ビジネス・レビュー』2003, 1月号, p. 79).
27) Thayer, L., "Leadership/Communication : A Critical Review and a Modest Proposal", in Goldhaber, G. M., and Barnett, G. A.., (eds), *Handbook of Organizational Communication*, Norwood, 1988, p. 250.
28) この点については,以下の論文を参照.
　・稲垣保弘「前掲論文」2010年7月.
29) 佐藤信夫『レトリック感覚』講談社, 1978, p. 115, p. 141.
30) Girard, R., *To Double Business Bound : Essays on Literature, Mimesis, and Anthropology*, The Johns Hopkins University Press, 1978, p. xi (浅野敏夫訳『ミメーシスの文学と人類学:ふたつの立場に縛られて』法政大学出版局, 1985, p. 8).
31) Thayer, L., *op. cit.*, 1988, p. 232.
32) この点については,以下の文献を参照.
　・稲垣保弘『前掲書』2002, 第5章.
　・Simon, H. A., *The New Science of Management Decision*, revised ed., Prentice-Hall,

1977.
　・Simon, H. A., *The Sciences of the Artificial*, 2nd ed., The MIT Press, 1981.
33) この点については，以下の文献を参照．
　・Taylor, F. W., *The Principles of Scientific Management*, Harper & Row, 1911.
　・稲垣保弘『前掲書』2002, pp. 7-12.
34) この点については，以下の文献を参照．
　・稲垣保弘『前掲書』2002, 第2章.
35) Thayer, L., *op. cit.*, 1988, p. 259, p. 234.
36) 岩井克人『会社はこれからどうなるのか』平凡社, 2003, p. 208.
37) 『同上書』pp. 204-205.
38) 『同上書』pp. 205-208.
39) 『同上書』p. 222.
40) この点については，以下の文献を参照．
　・稲垣保弘「前掲論文」2011年4月, pp. 116-119.
　・Chandler, A. D. Jr., *Strategy and Structure*, MIT Press, 1962.
　・Ansoff, H. I., *Corporate Strategy*, McGraw-Hill, 1965.
41) March, J. G., "The Technology of Foolishness" in March, J. G., and Olsen, J. P., *Ambiguity, and Choice in Organizations*, Universitetsforlaget, 1972, p. 72（遠田雄志・A. ユング訳『組織におけるあいまいさと決定』有斐閣, 1986, p. 115).
42) Weick, K. E., *The Social Psychology of Organizing*, Addison-Wesley, 1969（金児暁嗣訳『組織化の心理学』誠信書房, 1980, p. 14).
43) Lyotard, J. F., *La Condition Postmoderne*, Minuit, 1979（小林康夫訳『ポスト・モダンの条件：知・社会・言語ゲーム』風の薔薇, 1986).
44) Ginzburg, C., *op. cit.*, 1986（邦訳, p. 223).
45) 五木寛之『ガウディの夏』角川書店, 1987, p. 410.
46) 中井久夫「世界における索引と徴候」『へるめす』No. 26, 岩波書店, 1990, p. 2.
47) Mintzberg, H., *op. cit.*, 1987（邦訳, p. 84).
48) Mintzberg, H., *Mintzberg on Management : Inside Our Strange World of Organizations*, The Free Press, 1983, p. 253（北野利信訳『人間感覚のマネジメント：行き過ぎた合理主義への抗議』ダイヤモンド社, 1991, p. 394).
49) Polanyi, M., *op. cit.*, 1966, p. 45（邦訳, p. 72).
50) Thayer, L., *op. cit.*, 1988, p. 250.
51) *Ibid.*, p. 250.
52) Balandier, G., *Le Pouvoir sur Scèner*, André Balland, 1982（渡辺公三訳『舞台の上の権力』平凡社, 1982, p. 13).
53) Smircich, L. and Morgan, G., "Leadership : The Management of Meaning", *The*

Journal of Applied Behavioral Science, Vol. 18, No. 3, p. 258.
54) Mintzberg, H., Ahlstrand, B., and Lampel, J., *Strategy Safari : A Guided Tour through the Wilds of Strategic Management*, The Free Press, 1998, p. 17（斎藤嘉則監訳『戦略サファリ：戦略マネジメント・ガイドブック』東洋経済新報社，1999，p. 19）．
55) Thayer, L., *op. cit.*, 1988, p. 232.
56) 稲垣保弘「前掲論文」2011年4月，p. 124.
57) Polanyi, M., *op. cit.*, 1966, p. 35（邦訳，p. 59）．
58) 稲垣保弘『前掲書』2002，p. 221.
59) Heidegger, M., *op. cit.*, 1957（邦訳，p. 127）．
60) Serres, M., *Hermes I : La Communication*, Minuit, 1969, p. 19（豊田彰・青木研二訳『コミュニケーション〈エルメスI〉』法政大学出版局，1985，p. 12）．
61) Deleuze, G., "A quoi reconnaît-on le structura-lisme?" in Châtelet, F., ed., *Histoire de la philosophie*, t. VIII, Hachette, 1972（小泉義之訳「何を構造主義として認めるか」小泉義之他訳『無人島1969-1974』河出書房新社，2003，p. 76）．
62) Gilles Deleuze, Félix Guattari, *op. cit.*, 1980, p. 31（邦訳，p. 33）．

初出一覧

　各章に対応する初出論文のタイトルは以下のとおりである。本書では語句や内容について多少の加筆修正が施されている。

第1章　「組織の解釈学ノート」法政大学経営学会『経営志林』第40巻1号，2003年4月。

第2章　「官僚主義的組織の再検討——創造性と合理化のダイナミズム——」法政大学経営学会『経営志林』第39巻4号，2003年1月。

第3章　「組織編成の次元と形態」法政大学経営学会『経営志林』第42巻4号，2006年1月。

第4章　「リーダーシップと意味形成」法政大学経営学会『経営志林』第39巻1号，2002年4月。

第5章　「意思決定と意味形成」法政大学経営学会『経営志林』第40巻2号，2003年7月。

第6章　「余韻と徴候のあいだ——戦略形成の兆し——法政大学経営学会『経営志林』第48巻1号，2011年4月。

第7章　「『日本的経営』論ノート」法政大学経営学会『経営志林』第47巻4号，2011年1月。

第8章　「組織の二面性」法政大学経営学会『経営志林』第47巻2号，2010年7月。

第9章　「流れとしての組織」法政大学経営学会『経営志林』第47巻3号，2010年10月。

第10章　「組織の力動性」法政大学経営学会『経営志林』第48巻4号，2012年1月。

第11章　「組織における文化的必然性，あるいは恣意性」法政大学経営学会『経営志林』第49巻3号。2012年10月。

第12章 「経営の解釈学ノート」法政大学経営学会『経営志林』第48巻3号, 2011年10月。

事項索引

ア行

あいまい性　88
アート　252
アフォリズム　256
暗黙知　8, 151
暗黙知の構図　151
威嚇的パワー　191
意思決定　81
意思決定過程　81
意思決定スタイル　90
意思決定の契機　86
一体化結合　130
イデオロギー　212
意図された戦略　113
意図せざる結果　80
イマジネーションと直観　153
意味　7
意味形成の過程　12
意味形成の多様性　86
意味喪失の過程　30
意味体系　3
意味定着の過程　12
意味と実体の関係性　94
意味の管理　67, 73
意味の変容　246
異例　6
隠然たる条件づけ　192
影響力　196
英雄　226
大きな物語　255
オハイオ研究　56

カ行

回顧的合理性　11
解釈　182, 223
解釈学的循環　5, 182, 246
解釈学的状況　2
会社資産　139
会社の社会的責任　162
階層的意思決定体系　84
階層的秩序　148
階層的目的体系　84
外的指示性　175, 182
解読　99, 223
科学主義　223
科学的管理法　223
革新的組織　212
過去からの慣性　183
可視性と非可視性の権力　203
可視性の反転　204
過程　173
株式会社　139
株式会社の基本構造　139
株式の相互保有　139
株主主権　162
狩人の知　241
カリスマ　25, 32
カリスマ性　24
カリスマ的支配　25
関係性の論理　223
間人主義　131
管理　164
管理活動　134
管理的意思決定　102
官僚主義的組織　19
官僚主義的組織の逆機能　21
官僚制組織の特徴　19
機械的組織　210
企業家的組織　210
企業環境　226
企業の成長　127
企業の能力　103
企業文化　224

企業別労働組合　127
記号　233
記号体系　182, 223
記号的秩序　174
記号的な要素　174
記号の恣意性　235
規則と手続き　20
擬態　126
機能　36, 50
機能的統一　37
機能分析　36
機能分野別戦略　105
規模の経済性　39
客観的存在　93
逆機能　31
境界の人間　149
強制的パワー　198
強制力　196
競争上の優位性　103
競争戦略　107
業務的意思決定　102
虚構　160
虚構的なもの　118
儀礼と儀式　226
空間性　246
クラフティング　116
訓練された無能力　22
経営戦略　100, 101
計画　115
計画的戦略　113
契約結合　130
月明下の光景　109
権限　196, 198
権限受容説　198
現前　100
構造　174
構造化　179
構造化の理論　180
構造主義　174
構造設定　56

構造特性　180
構造の現実化　179
構造の再生産　179
構造の二重性　181
構造の要素　174, 175
行動の可能性の範囲　82
合法的支配　24
合目的な行動　82
合理性　82
考慮すべき要因の多様性　86
コンフィギュレーション　207
コンフィギュレーションの形成　210

サ行

差異　173
サイエンス　252
再検討活動　82
差異性　215
最適化意思決定　82
最適化基準　82
索引　98
錯乱のヒト　222
産業資本主義　254
散文的思考　251
恣意性　234
CSR　162
時間性　177, 246
事業戦略　105
事業部制組織　41
事業本部制　44
資源依存　199
自己主張的傾向　148
仕事志向　63
資質理論　55
支持的関係の原則　60
市場開拓　103
市場浸透　103
システム4　60
実現された戦略　113
実体　93, 153, 160

事項索引　267

実体性　9
実体的意味　94
シナジー　104
シニフィアン　234
シニフィエ　234
シーニュ　234
支配　23
支配株主　161
支配の根拠　24
支配の諸類型　23
事物の流動　173
社会的意味　223
社会的結合　130
周縁条件　153
従業員志向　59
集権化　231
終身雇用　127
囚人のジレンマ　134
重層的な意味の世界　9
集団凝集性　59
集団参加型　61
集団志向性　129
集団主義　128
柔軟な厳密性　243
重複的集団形態　60
周辺制御の原理　165
主観的意味　93
手段の目的化　21
状況好意性　62
条件づけパワー　191
常識　126
焦点的感知　8
上方影響力　59
情報活動　81, 86
職能別組織　38
人的資産　140
シンボル　93, 233
シンボル操作　68
シンボルの意味　93
神話　232

推進力　196, 212
推論的パラダイム　242
ステークホルダー　163
成果主義　143
生産志向　59
政治　212
政治的組織　212
生成の論理　223
成長ベクトル　103
正当化パワー　198
正当的支配　24
製品開発　103
制約された合理性　82
セクショナリズム　22
設計活動　82
潜在性　176, 177
潜在性の現実化　180
潜在的な構造　177
全社戦略　105
全体　148
全体から部分への過程　12
全体従属的感知　8
全体性と契機　181
選択　81
選択活動　82
選択機会　90
先入見　2
専門化　20
専門職業的組織　210
専門的パワー　198
戦略的意思決定　102
戦略的コンティンジェンシー理論　199
相互行為　179
操作力　196
創造性の確保　31
創発　115, 153
創発的意味　94
創発的戦略　113
組織　25, 83
組織階層　20

組織化された無秩序　89
組織化の進化論的モデル　172
組織構造　173
組織シンボリズム　67
組織選択のゴミ箱モデル　89
組織的意味空間　63
組織特殊的な人的資産　141
組織の解釈学　29
組織の階層的秩序　84
組織のコンティンジェンシー理論　174
組織の戦略　104
組織のドメイン　105
組織の流動性　169
組織編成の基軸　46
組織編成の次元　46
ソシュール理論　234

タ行

大企業病　21
対象の意味　7
代替的な世界像　70
多角化　103
多角的組織　210
多義性　80
タスク・フォース　47
小さな物語　255
知識の不完全性　82
秩序　126
知的熟練　139
地平の融合　6
中間組織　133
長期的な関係性　135
長期的な競争　138
長期的なバランス関係　136
徴候　99
直観　79
手がかり　104
テクスト解釈　5
伝統的支配　24
伝道の組織　212

同一化パワー　198
統合　109
統合的傾向　148
同調過剰　22
特異性　136, 176
特異点　136, 176
独立採算制　41
トップダウンの管理　157
ドラマ　92

ナ行

内在的意味　182
二項対立　93
二重の所有関係　139, 159, 162
日本的経営論　128
人間関係志向　63
年功序列　127

ハ行

排除　228
配慮　56
パターンとしての戦略　112
パノプティコン　203
幅広い知的熟練　138
パブロフの犬　189
パロール　235
パワー　194
パワー・ベース　198
パワーの内面化　204
汎用的な人的資産　141
微視的な過程　178
非連続性の察知　120
非論理的過程　249
貧弱な諸法則　112
不確定性　80
部分　148
部分から全体への過程　12
部分最適化　22, 30
部分的無知の状態　103
不明確なテクノロジー　88

事項索引　269

プラニング・スクール　113
プロジェクト・チーム　47
プロフィット・センター　41
文化的必然性　234
文化のネットワーク　226
文化論的アプローチ　128
分権化　231
文書化　20
分析　109
偏向の導入　195
編成原理　129
包括的全体　8
方向性＝意味　175
報償的パワー　191, 198
法人　139, 159
法人実在説　161
法人名目説　161
法人論争　159
ポスト産業資本主義　254
ホーソン実験　223
ボトムアップの管理　157
ホモ・デメンス　222
ホロン　148
本社スタッフ　41

マ行

マトリックス組織　44
満足化意思決定　82
満足化基準　82
ミシガン研究　57
未知の包括　12, 29
ミドル・アップダウン・マネジメント　157
未来完了思考　12
無関心圏　193

矛盾のマネジメント　214
メタファー　224
換喩　242, 251
目的　12
目的体系の階層性　83
目的の先与性　85, 87
目的の設定　84
目的―手段の連鎖　84
目標シート　143
目標の転移　21
物語の役割　231
問題のある選好　88

ヤ行

ヤヌス　147
優決定　111
余韻　99
予測の困難性　82

ラ行

ランガージュ　235
ラング　235
リスク分担　133
リーダーシップ・スタイル　55
理念　226
流動的な参加　89
ルールとしての戦略　103
歴史的事実　183
劣決定　111
連結ピン　60, 154
六大企業集団　139
論理実証主義　79, 109
論理性の断絶　109
論理的過程　249
論理の飛躍　79

人物索引

ア行

赤江瀑　125
伊丹敬之　133
五木寛之　4
出井伸之　14
今井賢一　133
岩井克人　135, 139, 159
岩田龍子　129

カ行

加護野忠男　131
鴨長明　169
北杜夫　1
キリコ（Chirico, G.）　169
小池和男　133, 136, 138
小室直樹　18

ナ行

中谷巌　133
西田耕三　130
野中郁次郎　157

ハ行

浜口恵俊　131

マ行

丸山圭三郎　234
宮間あや　215

ヤ行

山本七平　189

A

Abegglen, J. C.　127
Ansoff, H. I.　101

B

Bachrach, P.=Baratz, M. S.　195
Barnard, C. I.　192, 198, 248
Bentham, J.　203
Bernstein, R. J.　7

C

Cervantes, M.　77
Chandler, A. D.　38, 40, 100
Cohen, M. D., March, J. G.=Olsen, J. P.　89

D

Dahl, R. A.　194
Dandridge, T. C.　67
Dandridge, T. C., Mitroff, I.=Joyce, W. F.　232
Davis, M. S.=Lawrence, P. R.　44
Deal, T. E.=Kennedy, A. A.　226, 229
Deleuze, G.　174
Dilthey, W.　182
Doyle, A. C.　10
Drucker, P. F.　136

F

Fiedler, F. E.　62
Foucault, M.　202, 205
French, J. R. P.=Raven, B.　198

G

Gadamer, H. G.　2
Galbraith, J. K.　189
Geertz, C.　3, 93, 232
Giddens, A.　36, 179
Ginzburg, C.　241

H

Hall, R. H. 198
Halpin, A. W.=Winer, B. J. 54
Hayek, F. A. 223
Heidegger, M. 15, 31
Hickson, D. J. Hinings, C. R., Lee, C. A.,
　　Schneck, R. E.=Pennings, J. M. 199
Hofer, C. W.=Schendel, D. 104

K

Koestler, A. 148

L

Likert, R 57
Lowin, A.=Craig, J. R. 59
Lukes, S. 197
Lyotard, J. F. 255

M

March, J. G. 87
March, J. G.=Olsen, J. P. 87
Merton, R. K. 21
Mintzberg, H. 207
Mintzberg, H., Ahlstrand, B.=Lampel, J. 112
Mommsen, W. 27, 28
Morgan, G. 223
Morgan, G., Frost, P. J.=Pondy, L. A. 223, 233
Morin, E. 87, 221

P

Pavlov, I. P. 189
Pelz, D. C. 59
Pfeffer, J.=Salancik, G. R. 199
Polanyi, M. 8, 150
Popper, K. R. 164
Porter, M. 107

R

Radcliff-Brown, A. R. 35
Roethlisberger, F. J.=Dickson, W. J. 223

S

Salancik, G. R., Pfeffer, J.=Kelley, J. P. 200
Saussure, F. 234
Schattschneider, E. E. 195
Seashore, S. E. 59
Selznick, P. 231
Serres, M. 111
Simon, H. A. 79, 81, 231
Smircich, L.=Morgan, G. 64
Stogdill, R. M., Goode, O. S.=Day, D. R. 56

T

Taylor, F. W. 144
Thayer, L. 68
Thompson, J. D. 207

W

Weber, M. 17, 194
Weick, K. E. 12, 23, 117, 169, 171, 231
Whitehead, A. N. 173

■著者略歴

稲垣　保弘〔いながき　やすひろ〕
　1954年　前橋市に生まれる。
　1978年　早稲田大学政治経済学部卒業
　1983年　早稲田大学大学院商学研究科博士課程修了
　1987年　亜細亜大学経営学部助教授
　1994年　法政大学経営学部教授
　1997〜1999年　ケンブリッジ大学客員研究員
　　　　　　　　現在に至る
　主要著書『組織の解釈学』白桃書房，2002年。

■経営の解 釈 学　　　　　　　　　　　　　　〈検印省略〉
（けいえい　かいしゃくがく）

■発行日──2013年3月16日　初版第1刷発行

■著　者──稲垣保弘
　　　　　　（いながきやすひろ）

■発行者──大矢栄一郎

■発行所──株式会社　白桃書房
　　　　　　　　　　　　（はくとうしょぼう）
　　　〒101-0021　東京都千代田区外神田5-1-15
　　　☎03-3836-4781　℻03-3836-9370　振替00100-4-20192
　　　http://www.hakutou.co.jp/

■印刷・製本──藤原印刷

Ⓒ Yasuhiro Inagaki 2013 Printed in Japan　ISBN978-4-561-16180-6 C3034
本書のコピー，スキャン，デジタル化等の無断複製は著作権法上での例外を除き禁じられています。本書を代行業者等の第三者に依頼してスキャンやデジタル化することは，たとえ個人や家庭内の利用であっても著作権法上認められておりません。

JCOPY　〈㈳出版者著作権管理機構　委託出版物〉
本書の無断複写は著作権法上での例外を除き禁じられています。複写される場合は，そのつど事前に，㈳出版者著作権管理機構（電話 03-3513-6969, FAX 03-3513-6979, e-mail:info@jcopy.or.jp）の許諾を得てください。

落丁本・乱丁本はおとりかえいたします。

好 評 書

法政大学イノベーション・マネジメント研究センター叢書

渥美俊一【著】矢作敏行【編】
渥美俊一チェーンストア経営論体系［理論篇Ⅰ］ 本体 4,000 円

渥美俊一【著】矢作敏行【編】
渥美俊一チェーンストア経営論体系［理論篇Ⅱ］ 本体 4,000 円

渥美俊一【著】矢作敏行【編】
渥美俊一チェーンストア経営論体系［事例篇］ 本体 4,000 円

宇田川勝【監修】宇田川勝・四宮正親【編著】
企業家活動でたどる日本の自動車産業史 本体 2,800 円
——日本自動車産業の先駆者に学ぶ

宇田川勝【監修】長谷川直哉・宇田川勝【編著】
企業家活動でたどる日本の金融事業史 本体 2,800 円
——わが国金融ビジネスの先駆者に学ぶ

西川英彦・岸谷和広・水越康介・金 雲鎬【著】
ネット・リテラシー 本体 2,700 円
——ソーシャルメディア利用の規定因

矢作敏行・関根 孝・鍾 淑玲・畢 滔滔【著】
発展する中国の流通 本体 3,800 円

稲垣保弘【著】
経営の解釈学 本体 3,300 円

東京 **白桃書房** 神田

本広告の価格は本体価格です。別途消費税が加算されます。

好 評 書

坂下昭宣【著】
経営学への招待[第3版] 　　　　　　　　　本体 2,600 円

明治大学経営学研究会【編】
フレッシュマンのためのガイドブック 経営学への扉[第4版] 　　　本体 2,800 円

今口忠政【著】
事例で学ぶ経営学[改訂版] 　　　　　　　　本体 2,800 円

川村稲造【著】
仕事の経営学 　　　　　　　　　　　　　　本体 2,600 円
　　―職務の機能と進路を考える

沼上　幹【著】
行為の経営学 　　　　　　　　　　　　　　本体 3,300 円
　　―経営学における意図せざる結果の探究

大森　信【著】
トイレ掃除の経営学 　　　　　　　　　　　本体 2,800 円
　　―Strategy as Practice アプローチからの研究

田村正紀【著】
リサーチ・デザイン 　　　　　　　　　　　本体 2,381 円
　　―経営知識創造の基本技術

M.イースターバイ=スミス　他【著】
マネジメント・リサーチの方法 　　　　　　本体 2,800 円

伊藤博之【著】
アメリカン・カンパニー 　　　　　　　　　本体 4,200 円

日本ナレッジ・マネジメント学会【監修】森田松太郎【編著】
場のチカラ 　　　　　　　　　　　　　　　本体 2,381 円

――――――――― 東京 **白桃書房** 神田 ―――――――――

本広告の価格は本体価格です。別途消費税が加算されます。

好 評 書

金井壽宏【著】
変革型ミドルの探求 本体 4,800 円
　—戦略・革新指向の管理者行動

H. ミンツバーグ【著】奥村哲史・須貝栄【訳】
マネジャーの仕事 本体 3,200 円

M.H. ベイザーマン・M.A. ニール【著】奥村哲史【訳】
マネジャーのための交渉の認知心理学 本体 2,900 円
　—戦略的思考の処方箋

W.L. ユーリ　他【著】奥村哲史【訳】
「話し合い」の技術 本体 2,500 円
　—交渉と紛争解決のデザイン

上田和勇・岩坂健志【著】
NPO のリスクマネジメント 本体 1,905 円
　—NPO 経営　成功の鍵

小山和伸【著】
リーダーシップの本質 本体 1,800 円
　—失意から成功への回帰

北　寿郎・西口泰夫【編著】
ケースブック京都モデル 本体 3,000 円
　—そのダイナミズムとイノベーション・マネジメント

上野恭裕【著】
戦略本社のマネジメント 本体 3,600 円
　—多角化戦略と組織構造の再検討

S. デニング【著】高橋正泰・高井俊次【監訳】
ストーリーテリングのリーダーシップ 本体 3,300 円
　—組織の中の自発性をどう引き出すか

―――――――――― 東京　白桃書房　神田 ――――――――――

本広告の価格は本体価格です。別途消費税が加算されます。

好 評 書

稲垣保弘【著】
組織の解釈学 本体 3,200 円

坂下昭宣【著】
組織シンボリズム論 本体 3,000 円
　　―論点と方法

谷口真美【著】
ダイバシティ・マネジメント 本体 4,700 円
　　―多様性をいかす組織

寺本義也【著】
コンテクスト転換のマネジメント 本体 4,400 円
　　―組織ネットワークによる「止揚的融合」と「共進化」に関する研究

岸田民樹【著】
経営組織と環境適応 本体 4,700 円

野中郁次郎・大薗恵美・児玉　充・谷地弘安【著】
イノベーションの実践理論 本体 3,500 円

紺野　登【著】
ダイナミック知識資産 本体 3,500 円
　　―不完全性からの創造

田路則子【著】
アーキテクチュラル・イノベーション[改訂版] 本体 2,900 円
　　―ハイテク企業のジレンマ克服

J.D.ニコラス　他【著】野中郁次郎【監訳】
統合軍参謀マニュアル[新装版] 本体 2,800 円

──────── 東京　**白桃書房**　神田 ────────

本広告の価格は本体価格です。別途消費税が加算されます。

好 評 書

E.H.シャイン【著】二村敏子・三善勝代【訳】
キャリア・ダイナミクス　　　　　　　　　　　　　　本体 3,800 円

E.H.シャイン【著】金井壽宏【訳】
キャリア・アンカー　　　　　　　　　　　　　　　　本体 1,600 円
　　　―自分のほんとうの価値を発見しよう

E.H.シャイン【著】金井壽宏・髙橋　潔【訳】
キャリア・アンカー Ⅰ　　　　　　　　　　　　　　　本体 762 円
　　　―セルフ・アセスメント

E.H.シャイン【著】金井壽宏【訳】
キャリア・サバイバル　　　　　　　　　　　　　　　本体 1,500 円
　　　―職務と役割の戦略的プランニング

金井壽宏【著】
キャリア・デザイン・ガイド　　　　　　　　　　　　本体 2,100 円
　　　―自分のキャリアをうまく振り返り展望するために

E.H.シャイン【著】稲葉元吉・尾川丈一【訳】
プロセス・コンサルテーション　　　　　　　　　　　本体 4,000 円
　　　―援助関係を築くこと

C.D.マッコーレイ　他【編】金井壽宏【監訳】
CCL リーダーシップ開発ハンドブック　　　　　　　　本体 4,700 円

横山和子【著】
国際公務員のキャリアデザイン　　　　　　　　　　　本体 3,000 円
　　　―満足度に基づく実証分析

髙橋　潔【著】
Jリーグの行動科学　　　　　　　　　　　　　　　　本体 3,300 円
　　　―リーダーシップとキャリアのための教訓

―――――― 東京　**白桃書房**　神田 ――――――

本広告の価格は本体価格です。別途消費税が加算されます。